Dr. Carlos González

In Liebe wachsen

Liebevolle Erziehung
für glückliche Familien

Übersetzung aus dem Spanischen:
Elke Zdarsky

Überarbeitung der 5. Auflage:
Susanne Sehili

LA LECHE LIGA DEUTSCHLAND E.V.

Danksagung

Der Autor dankt Alicia Bair-Fassardi, Joana Guerrero, Rosa Jovè, Lourdes Martínez, Maribel Matilla, Pilar Serrano, Mónica Tesone, Eulalia Torras, Patricia Trautmann-Villalba und Silvia Wajnbuch für ihre wertvollen Anmerkungen zum Manuskript.
Die in diesem Buch zitierten Aussagen von Müttern stammen aus Briefen, die dem Autor zum größten Teil über die Zeitschrift »Ser Padres« geschickt wurden, sowie aus öffentlichen Internetforen. Um die Privatsphäre der Schreiberinnen zu wahren, wurden alle Namen geändert.

Impressum

Deutsche Erstausgabe 2005
Vom Autor überarbeitete und ergänzte 5. Auflage: Januar 2011
Diese deutsche Ausgabe ist eine Übersetzung des spanischen Buches mit dem Titel: »Bésame mucho – Cómo criar a tus hijos con amor«

Copyright Ediciones Termas de Hoy, S.A. (T.H.), 1999
Paseo de Recoletos. 28001 Madrid (Spain)

Copyright © 2003 by Dr. Carlos González
Copyright © 2005 für die deutsche Ausgabe bei La Leche Liga Deutschland e.V.
Übersetzung: Elke Zdarsky · Lektorat: Cordelia Koppitz

Überarbeitung der 5. Auflage: Susanne Sehili · Lektorat: Cordelia Koppitz

Umschlaggestaltung: Holger Kretschmann
Satz und Herstellung: Fotosatz Kretschmann GmbH, Bad Aibling
Druck und Verarbeitung: Friedrich Pustet KG, Regensburg

Herausgegeben von:
La Leche Liga Deutschland e.V.
Gesellenweg 13 · D-32427 Minden · www.lalecheliga.de

Printed in Germany

ISBN 3-932022-14-9

Die Rechte für die Fotos liegen bei der La Leche Liga Deutschland e.V.

*Für Joana, Daniel, Sara und Marina,
die mich lehrten, Vater zu sein.*

Carlos González, geboren 1960 in Zaragoza,
studierte Medizin an der Universidad Autónoma in Barcelona
und absolvierte dort am Hospital de Sant Joan de Déu
auch seine Ausbildung zum Facharzt für Kinderheilkunde.
Er ist Gründer und Vorsitzender der »Asociación Catalana
Pro Lactancia Materna« (einer katalanischen Vereinigung,
die sich für das Stillen einsetzt), Leiter von Stillberatungskursen
für Ärzte und medizinisches Fachpersonal sowie Übersetzer
mehrerer Bücher zu diesem Thema.
Außerdem ist er verantwortlich für die Rubrik Stillberatung
der spanischen Zeitschrift *»Ser Padres«*.
Er ist Autor des im selben Verlag erschienenen erfolgreichen
Werkes *»Mein Kind will nicht essen«*, das das Problem
der Appetitlosigkeit bei Kindern entschärft und Wege
zur Lösung aufzeigt.

Inhaltsverzeichnis

Vorwort der La Leche Liga Deutschland e.V. 6

Erster Teil: Das gute Kind und das böse Kind 7
Die flexible Erziehung 14
Das letzte Tabu 17
Ethik in der Kindererziehung 21

Zweiter Teil: Warum Kinder so sind 25
Natürliche und kulturelle Auslese 32
Wie Tiere ihre Jungen aufziehen 38
   Selbständig oder hilflos 38
   Verstecken, mit sich herumtragen, folgen 40
Im Schoß der Menschheit 46
Warum sie nicht allein bleiben wollen 48
Warum sie weinen, sobald man aus dem Zimmer geht 50
Die Reaktion auf Trennung 57
   Es will nicht in den Kindergarten gehen 64
Warum sie immer auf den Arm wollen 68
Warum sie nicht alleine schlafen wollen 70
Fremde in der Nacht 72
   In der Nacht der Urzeit 73
Ein Planet, zwei Welten 75
   Warum es häufiger als früher aufwacht 76
   Das Familienbett in der Praxis 80
   In welchem Alter wird unser Kind alleine schlafen 83
Warum sie unsere Aufmerksamkeit auf sich lenken 86
Warum läuft es nicht 94
Woher kommt die Eifersucht 102
Der Ödipus-Komplex 106
Wann wird es selbständig 109
Ihr Kind ist ein guter Mensch 111
   Ihr Kind ist uneigennützig 112
   Ihr Kind ist großzügig 112
   Ihr Kind ist gelassen 116
   Ihr Kind kann vergeben 117
   Ihr Kind hat Mut 118
   Ihr Kind ist diplomatisch 118

Ihr Kind ist ehrlich 120
Ihr Kind ist kontaktfreudig 122
Ihr Kind ist verständnisvoll 122

Dritter Teil: Theorien, denen ich nicht zustimme 125
Die »faschistische« Erziehung 126
Ordnung 133
Die behavioristische Erziehung 137
Einige Mythen rund um das Schlafen 144
   Durchschlafen 144
Die Gefahren des Familienbettes 148
   Das Familienbett verusacht keine Schlaflosigkeit 149
   Das Familienbett verursacht keine psychischen Probleme 154
   Das Familienbett löst keinen plötzlichen Kindstod aus 155
Nächtliches Stillen 159
   Was ist kindliche Schlaflosigkeit 161
   Kindern das Schlafen beibringen 163
   Eine Gewohnheit, die schwer zu brechen ist 167
   Es alleine lassen, wenn es noch wach ist 170
   Die Kinder, das Bett und der Sex 173
Weinen als Therapie 175
Die Familie, eine Gemeinschaft mit Grenzen 178
   Ein Mädchen ohne Grenzen 178
Das völlige Gewährenlassen: Angst vor der Freiheit 188
Auf Gedeih und Verderb den Kurs halten 190
Eine Ohrfeige zur rechten Zeit 195
   Ein Experte im Verprügeln von Kindern 202
Belohnungen und Strafe 209
Auf der Suche nach Problemen 212
Von jeder Beleidigung bleibt etwas hängen 216
Die Kontrolle des Schließmuskels 219
   Wie und wann die Windeln weglassen 223
Anschauen ja, aber nicht berühren 230
Auszeit 233
Frühförderung 239
Quality Time 243

NACHWORT – Der glücklichste Tag 245

Literaturhinweise 248

Vorwort von La Leche Liga Deutschland e.V.

Liebe Leserin, lieber Leser,
wir freuen uns sehr, Ihnen das zweite Buch des spanischen Kinderarztes Dr. Carlos González – neu überarbeitet und mit zahlreichen Bildern versehen – vorlegen zu können.
Der Autor ist ein leidenschaftlicher Anwalt der Kinder. Er weist mit Witz, Ironie und auch vehementer Strenge nach, wie doppelbödig und veraltet noch immer weit verbreitete Ansichten über Erziehung in der westlichen Gesellschaft sein können.
Indem Dr. González ganz grundsätzliche Überzeugungen von Erwachsenen in Bezug auf Erziehung hinterfragt, eröffnet er uns eine einfühlsame und respektvolle Blickweise auf die kindliche Entwicklung. Seine Thesen sind pointiert formuliert und mit gründlicher Recherche untermauert.
Dieses Buch ist für Eltern, Kinderärzte, Erziehungsberater und alle, die mit Kindern leben und arbeiten, eine einzigartige Quelle, die uns mit einfühlsamem Verständnis Einblicke in die kindliche Psyche nahe bringt.
Wir wünschen Ihnen viel Freude beim Lesen und hoffen, dass Sie viele Anregungen zum entspannten Umgang mit Ihren Kindern finden werden!

Cordelia Koppitz
La Leche Liga Deutschland e.V.

Teil 1
Das gute Kind und das böse Kind

Diesen Titel habe ich einer Erzählung von Mark Twain entliehen, aber nicht, um wie er über zwei konkrete Kinder zu sprechen, sondern über alle Kinder und jedes einzelne Kind, also ganz allgemein über das Kind an sich. Sind Kinder gut oder böse? Nun, es wird solche und solche geben, mag der Leser denken. Jedes Kind ist anders, und wahrscheinlich wird wohl die Mehrheit der Kinder wie die der Erwachsenen normal und eher gut sein.

Ohne die besonderen Verdienste jedes einzelnen Kindes zu berücksichtigen, vertreten jedoch viele Leute (Eltern, Psychologen, Lehrer, Kinderärzte und die Öffentlichkeit im Allgemeinen) eine vorgefasste und verallgemeinernde Meinung hinsichtlich der Frage, ob Kinder gut oder böse sind. Kinder sind »Engelchen« oder »kleine Tyrannen«; sie weinen, weil sie leiden oder weil sie uns hereinlegen; sie sind unschuldige Geschöpfe oder »mit allen Wassern gewaschen«; sie brauchen uns, oder sie manipulieren uns.

Von dieser Auffassung hängt es ab, ob wir unsere eigenen Kinder als Freunde oder Feinde betrachten. Für einige ist das Kind zart, zerbrechlich, hilflos, zärtlich und unschuldig. Es braucht unsere ganze Aufmerksamkeit und Fürsorge, um zu einem wunderbaren Menschen zu werden. Für andere ist das Kind egoistisch, böse, feindselig, grausam, berechnend und manipulierend. Nur wenn man von Anfang an seinen Willen bricht und ihm eine strenge Zucht auferlegt, kann man es vor Lastern bewahren und in einen wertvollen Menschen verwandeln.

Diese beiden gegensätzlichen Vorstellungen von der Kindheit prägen unsere Kultur seit Jahrhunderten. Sie erscheinen in den Ratschlägen von Angehörigen und Nachbarn, aber auch in den Werken von Kinderärzten, Erziehern und Philosophen. Die jungen und unerfahrenen Eltern, an die sich Bücher über Kindererziehung im Allgemeinen wenden (da man mit dem zweiten Kind meist weniger Vertrauen zu den Fachleuten und weniger Zeit zum Lesen hat), können Werke beider Ausrichtungen finden: Bücher, die uns ermutigen, liebevoll mit unseren Kindern umzugehen, und solche, die uns lehren, sie zu unterdrücken. Letztere sind bedauerlicherweise wesentlich zahlreicher. Deshalb habe ich mich entschlossen, dieses Buch zum Schutz der Kinder zu schreiben.

Die Einstellung eines Buches oder eines Fachmannes wird selten ausdrücklich erwähnt. Auf dem Umschlag eines Buches sollte aber eigentlich klipp und klar stehen: »Dieses Buch vertritt die

Auffassung, dass Kinder unserer Aufmerksamkeit bedürfen.« Oder auch: »Dieses Buch geht davon aus, dass Kinder uns bei jeder Gelegenheit versuchen hereinzulegen.« Kinderärzte und Psychologen sollten dies auch sofort beim ersten Termin klarstellen. So wären sich die Leute der verschiedenen Einstellungen bewusst, und sie könnten vergleichen und das Buch oder den Fachmann wählen, der mit ihrer eigenen Überzeugung am besten übereinstimmt. Einen Kinderarzt aufzusuchen, ohne vorher zu wissen, ob er ein Befürworter von Liebe oder von strenger Zucht ist, ist ebenso absurd, wie einen Priester aufzusuchen, ohne zu wissen, ob er Katholik oder Buddhist ist, oder ein Buch über Wirtschaft zu lesen, ohne zu wissen, ob der Autor Kapitalist oder Kommunist ist.

Denn darum geht es: um Glaubensüberzeugungen, nicht um Wissenschaft! Obwohl ich im Laufe dieses Buches versuchen werde, meine Meinung durch Argumente zu stützen, muss ich zugeben, dass letzten Endes die Vorstellungen von Kindererziehung (ebenso wie die politischen oder religiösen Überzeugungen) mehr von der persönlichen Haltung eines Menschen abhängen als von einem rationalen Beweis.

In der Praxis sind sich viele Experten und Eltern meist nicht dessen bewusst, dass es diese beiden Grundeinstellungen gibt. Sie halten nicht einmal inne, um darüber nachzudenken, welcher sie selbst angehören. Eltern lesen Bücher völlig verschiedener Richtungen, die sich sogar gänzlich widersprechen, glauben alles und versuchen, es gleichzeitig in die Praxis umzusetzen. Viele Autoren ersparen ihnen diese Arbeit, indem sie gleich ein unnatürliches Gemisch verfassen. Sie beteuern, ein Kind zu umarmen sei außerordentlich gut, aber niemals, wenn es weint, denn sonst könnte es sich daran gewöhnen; Muttermilch sei die allerbeste Nahrung, aber nach den ersten sechs Monaten nähre sie nicht mehr; Kinder schlecht zu behandeln stelle ein sehr schwer wiegendes Problem dar und sei ein Bruch der Menschenrechte, aber eine Ohrfeige zur rechten Zeit könne Wunder wirken ... Also, lieber Leser, ich bitte Sie: »Freiheit innerhalb von Regeln«?

Betrachten wir einmal ein klassisches Beispiel in dem Werk des Pädagogen Pedro de Alcántara García, der vor fast einem Jahrhundert den Philosophen Kant zitierte und schrieb:

Die ständige und übertriebene Unterdrückung kann ebenso schädlich sein, wie die andauernde und übereifrige Nachgie-

bigkeit. Kant hat uns diesbezüglich Folgendes gesagt: »Man darf den Willen der Kinder nicht brechen, sondern sollte ihn so lenken, dass sie lernen, den natürlichen Hindernissen nachzugeben – die Eltern, die normalerweise ihren Kindern alle Wünsche abschlagen, sind auf dem falschen Weg. Es ist absurd, ihnen grundlos das zu verweigern, was sie von der Güte ihrer Eltern erhoffen. Aber auf der anderen Seite schadet man den Kindern, wenn man immer tut, was sie wollen; zweifellos verhindert man so zwar, dass sie schlechte Laune haben, aber man macht sie auch anspruchsvoller.« Den Willen erzieht man also, indem man ihn ausübt und einschränkt, durch Übung und Unterdrückung, positiv wie negativ.[1]

Diese Sätze klingen recht vernünftig und ziemlich kinderfreundlich. (Obwohl das Wort »Unterdrückung« uns heutzutage ein wenig in den Ohren wehtut, nicht wahr? Wir unterdrücken unsere Kinder zwar weiterhin, aber wir sagen lieber, wir »bilden sie aus«, lenken oder erziehen sie.) Alles hängt davon ab, was wir für »übereifrige Nachgiebigkeit« halten. Man soll Dinge nicht grundlos verbieten, aber wenn ein Kind sich aus dem Fenster stürzen will, dürfen wir es ihm natürlich keinesfalls erlauben. Da sind wir uns alle einig.

Aber warum muss man gerade beim Gespräch über Kinder an diese Grenzen denken? Wir würden doch auch nicht zulassen, dass sich ein Erwachsener aus dem Fenster stürzt, ganz gleich, ob es sich um unseren Vater oder Bruder, unsere Ehefrau oder unseren Ehemann, unsere Chefin oder unsere Angestellte handelt. Das ist jedoch so selbstverständlich, dass wir beim Gespräch über erwachsene Menschen diese Erläuterung nicht für erforderlich halten.

Ersetzen Sie im vorangegangenen Text einmal das Wort »Kind« durch das Wort »Frau«: »Im Eheleben kann ständige und übertriebene Unterdrückung ebenso schädlich sein wie die andauernde und übereifrige Nachgiebigkeit. Man schadet den Frauen, wenn man immer tut, was sie wollen; zweifellos verhindert man so zwar, dass sie schlechte Laune haben, aber man macht sie auch anspruchsvoller.« In zwei Sätzen haben Sie Frauen anspruchsvoll und schlecht gelaunt genannt. Wer wollte sich da über ihre Wut wundern?

Jahrhundertelang war die Frau »natürlich« dem Ehemann unterstellt, und man schrieb ähnliche Sätze, ohne dass sich irgend-

jemand darüber aufregte. Heute würde es niemand mehr wagen, so über Frauen zu sprechen, aber noch immer erscheint es uns normal, so über Kinder zu reden.

Vielleicht meint irgendeiner meiner Leser, die Sache sei zu sehr an den Haaren herbeigezogen, es sei nicht so gemeint, ich hätte die Sätze von Pedro de Alcántara aus dem Kontext gerissen, in Wirklichkeit sei er sehr rücksichtsvoll gegenüber Kindern.
Das war jedoch nur der Anfang. Einige Seiten weiter lesen wir:

> *Um diese Impulse im Zaume zu halten und die Bildung ähnlicher Gewohnheiten zu verhindern, müssen wir unbedingt den Wünschen der Kinder Einhalt gebieten, ihren Launen in den Weg treten, dürfen nicht zulassen, dass sie alles tun, was sie wollen, und auch nicht so fürsorglich auf selbst den kleinsten Wunsch reagieren, wie es viele Eltern zu tun pflegen.*

Hier sprechen wir schon nicht mehr davon zu verhindern, dass das Kind mit einer Pistole spielt, ein anderes Kind schlägt oder eine Blumenvase zerbricht. Wir sprechen davon, Kinder ohne besonderen Grund nicht das tun zu lassen, was sie wollen, einfach so aus Spaß, um ihre Pläne zu durchkreuzen! Gerade eben hat der Autor doch noch gesagt, »es ist absurd, ihnen grundlos das zu verweigern, was sie erhoffen«. Anscheinend haben weder Autor noch Leser bemerkt, dass dies widersprüchlich ist.

Viele Leute fühlen sich zu solchen schwammigen Aussagen hingezogen, zu dem »Ja, aber ...« und dem »Nein, obgleich ...«, denn in unserer Gesellschaft ist die Meinung weit verbreitet, Extreme seien schlecht und der goldene Mittelweg das Richtige. Aber so ist das nicht, wenigstens nicht in allen Fällen. Oft liegt das Richtige gerade in einem Extrem.

Zwei Beispiele dazu, von denen ich glauben möchte, dass alle meine Leser zustimmen werden:

Die Polizei darf einen Häftling niemals foltern, der Ehemann darf niemals seine Frau schlagen. Finden Sie, in diesen Fällen sei das »Niemals« zu extrem, vielleicht sogar fanatisch? Sollten wir nicht eine gemäßigtere Haltung einnehmen, die toleranter und verständnisvoller ist: nur ein bisschen foltern und zwar nur Mörder und Terroristen; seine Frau nur dann schlagen, wenn sie untreu wurde? – Rundweg nein!

Nun gut, ebenso weigere ich mich zu akzeptieren, dass »eine Ohrfeige zur rechten Zeit« etwas anderes sei als eine Misshandlung, noch sehe ich irgendeinen Grund, warum man auf Kinder am Tage eingehen soll, aber nicht in der Nacht.

Das Buch, das Sie in Händen halten, sucht nicht den »goldenen Mittelweg«, sondern bezieht klar Stellung. Dieses Buch beruht auf der Überzeugung, dass Kinder im Grunde gut sind, dass ihre emotionalen Bedürfnisse wichtig sind und dass wir Eltern ihnen Liebe, Achtung und Aufmerksamkeit schulden.

Wer diesen Prämissen nicht zustimmt, lieber glaubt, sein Kind sei ein »kleines Monster«, und nun nach Tricks sucht, es aufs rechte Gleis zu bringen, der findet (bedauerlicherweise, wie ich meine) viele andere Bücher, die mit seinem Glauben besser übereinstimmen.

Dieses Buch setzt sich für die Kinder ein, aber das bedeutet keineswegs, dass es sich gegen die Eltern richtet! Gerade dieser Gegensatz besteht nur gemäß der Theorie des »bösen Kindes«. Wer die Kinder angreift, scheint zu glauben, damit die Eltern zu verteidigen (ein strenger Zeitplan, damit man Freiheit hat; Grenzen, damit es einen nicht hereinlegt; Zucht, damit es Achtung lernt; es alleine lassen, damit man seine eigene Intimsphäre wahren kann ...).

Das ist jedoch irreführend, denn in Wahrheit stehen Eltern und Kinder auf der gleichen Seite. Am Ende greifen nämlich die, welche an die Bosheit der Kinder glauben, auch die Eltern an: »Ihr seid inkonsequent, ihr erzieht sie schlecht, ihr folgt nicht den Regeln, ihr seid zu schwach ...«

Von Natur aus neigen Eltern nämlich eigentlich dazu, daran zu glauben, dass ihre Kinder gut sind, und sie wollen sie liebevoll behandeln.

Einmal kam ich verfrüht in meine Praxis und vertrieb mir die Zeit im Gespräch mit der Arzthelferin. Im Warteraum befand sich nur eine einzige Frau, die mit ihrem wenige Monate alten Säugling im Kinderwagen auf den Kollegen wartete. Das Baby fing an zu weinen, und die Mutter versuchte, es zu beruhigen, indem sie den Kinderwagen hin und her schob. Doch das Weinen wurde immer verzweifelter, die Mutter raste immer schneller hin und her. Wenn ein Kind aus vollem Halse schreit, dann werden Minuten zu Stunden. »Was macht sie da?«, dachte ich, »wieso holt sie ihr Kind nicht aus dem Kinderwagen und nimmt es auf den Arm?« Ich wartete und wartete, doch die Mutter tat nichts. Ich bin nie ein Freund ungebetener Ratschläge gewesen, aber schließlich entschied ich mich doch, so einfühlsam wie nur möglich indirekt einen Rat zu erteilen:

»Wie sich dieses Kind aufregt! Es scheint, als wolle es unbedingt auf den Arm genommen werden ...«

Da stürzte sich die Frau in Windeseile auf den Kinderwagen, um ihr Kind herauszunehmen (das sich augenblicklich beruhigte), und erklärte: »Ich habe es nicht hochgenommen, weil die Kinderärzte doch immer sagen, es sei nicht gut, es herauszunehmen ...«

Sie wagte nicht, ihr Kind auf den Arm zu nehmen, weil ein Kinderarzt anwesend war! An jenem Tage wurde mir bewusst, wie viel Macht wir Ärzte haben und wie viel Druck und Angst die Mütter jeden Tag aushalten müssen.

»Ich nähme das Baby eigentlich gerne auf den Arm, tue es aber nicht, weil man sagt, das würde zu einer schlechten Angewohnheit« – genau diese Erklärung habe ich Dutzende von Malen in weniger dramatischen Situationen gehört. Alle Mütter spüren das Verlangen, ihr weinendes Kind zu trösten, und nur starker Druck und eine komplette »Gehirnwäsche« können sie dazu bringen, das Gegenteil zu tun. Auf der anderen Seite habe ich nie das Gegenteil erlebt: eine Mutter, die ihr Kind spontan lieber weinen ließe, es aber aus Pflichtbewusstsein auf den Arm nimmt (»ich ließe es lieber weinen, tue es aber nicht, da man sagt, dies verursache ein Trauma ...«).

Die flexible Erziehung

> *Wenn es einen Engel gibt, der die Leiden der Menschen und ihre Sünden aufschreibt, wüsste man, wie viele und wie tief die Leiden sind, die aus falschen Vorstellungen entstehen und für die niemand die Schuld trägt.*
> George Elliot, »Silas Marner«

Ein anderes wichtiges Problem besteht darin, dass die Aussagen der Bücher und Experten wenig präzise sind, so dass sie jegliche Interpretation zulassen.

Einmal hörte ich über eine halbe Stunde lang einem Psychologen zu, der vor einer Gruppe von Eltern über Kindererziehung sprach. Ich verstand nichts. Ehrlich gesagt habe ich den Verdacht, dass er wirklich redete, ohne etwas zu sagen. Zum Schluss klatschten alle Beifall. Bewusst oder unbewusst scheinen einige Experten in Erziehungsfragen die Methoden von Horoskopverfassern zu übernehmen: Sie gebrauchen nichts sagende Verallgemeinerungen, mit denen sich jeder identifizieren kann.

Wenn ich zum Beispiel sage: »Zwilling-Geborene sind zärtlich und loyal, obschon sie es nicht ausstehen können, wenn sich jemand über sie lustig macht«, dann meinen viele Zwillinge, die dies lesen, ich hätte ihre Persönlichkeit exakt beschrieben. Und wenn ich geschrieben hätte: »Waage-Geborene sind zärtlich und loyal«? Noch ein Volltreffer. Na klar, alle Menschen sind mehr oder weniger so (oder glauben, es zu sein). Niemand gibt zu, abweisend und treulos zu sein, und niemand mag es, wenn man sich lustig über ihn macht. Ebenso werden alle der Aussage zustimmen, dass »Eltern die Fähigkeiten ihrer Kinder fördern sollten, ohne ihre Kreativität einzuschränken«.

Die Eltern von Marta und Heiner, zwei Sechsjährigen, sind sich darin völlig einig. Marta verlässt das Haus um sieben Uhr früh und kommt um sechs oder sieben Uhr abends zurück. Sie isst in der Schule zu Mittag, nimmt nach der Schule Unterricht in Englisch, Informatik und Tanzen. Eine Tagesmutter holt sie ab und betreut sie, bis die Eltern nach Hause kommen.

Auf der anderen Seite hat Heiners Vater aufgehört zu arbeiten, um für seinen Sohn zu sorgen. Heiner isst zu Hause. Er hat an zwei Tagen der Woche Gitarrenunterricht, weil es ihm Spaß macht, und nicht, weil er bis zur Rückkehr seiner Eltern irgendwie die Zeit verbringen muss.

Beide Elternpaare sind davon überzeugt, dass sie genau das machen, was der Experte empfiehlt: Sie tun ihr Möglichstes, um die Fähigkeiten ihres Kindes zu fördern. Nur die Sache mit der »Einschränkung der Kreativität« bereitet ihnen etwas Kopfzerbrechen: Könnte es sein, dass sie, ohne es zu merken, ihre Kinder doch etwas einschränken?

Heiners Vater beschließt, ab sofort mit seinem Sohn nicht nur Fußball, sondern auch Basketball zu spielen, denn vielleicht ist es nicht gut, sich nur auf eine Sportart zu beschränken. Martas Vater beschließt, sie zu Klavierstunden anzumelden, die zweimal die Woche von sieben bis acht Uhr abends stattfinden, um so ihre Bildung zu vervollständigen. Was meinen Sie nun, bekommen Marta und Heiner die gleiche Erziehung?

Oft sind die Sätze so dehnbar, dass man sie wie einen Socken verdrehen kann. Wenn Ihnen die Aussage, dass »Eltern die Fähigkeiten ihrer Kinder fördern sollen, ohne ihre Kreativität einzuschränken«, zugesagt hat, wie beurteilen Sie dann den Satz: »Eltern sollten ihren Kindern ermöglichen, ihre Fähigkeiten frei zu entfalten, jedoch ihrer ungeordneten Kreativität Grenzen setzen«? Wenn Sie diese beiden Sätze nebeneinander sehen, erkennen Sie, dass sie genau das Gegenteil voneinander aussagen; doch wenn Sie den einen Satz in einem Buch gelesen hätten und Monate später den anderen in einem anderen Buch, wäre Ihnen der Gegensatz wahrscheinlich nicht aufgefallen.

Und wie steht es mit dem Satz: »Die emotionale Bindung zwischen Mutter und Kind muss ausreichend stark sein, um dem Kind Geborgenheit zu geben; dabei darf es aber nicht übertrieben behütet werden, um die Entwicklung seiner Persönlichkeit nicht zu unterdrücken«? Was soll das bedeuten? Wann ist eine Bindung ausreichend stark, und wie soll man Bindungsstärke messen? Ist es möglich, die Entwicklung einer Persönlichkeit zu unterdrücken, und wie? Wie erkennt man beim Erwachsenen, ob seine Persönlichkeit »unterdrückt« ist? Als die beiden Mütter Isabel und Yolanda diesen Satz hörten, machten sie sich Gedanken. Isabels Tochter im Alter von zehn Monaten ist neun Stunden pro Tag in der Krippe, dann holt sie die Großmutter dort ab und sorgt von fünf bis acht Uhr für sie. Isabel fürchtet, ihre Schwiegermutter erziehe das Kind schlecht und verwöhne es zu sehr. Vielleicht wäre es besser, eine Tagesmutter für diese Zeit zu beauftragen, ehe die Persönlichkeit ihrer kleinen Tochter völlig unterdrückt wird?

Yolanda hat Erziehungsurlaub genommen, um für ihren zehn Monate alten Sohn zu sorgen. Er wird gestillt und schläft nachts im Bett der Eltern. Doch am vergangenen Dienstag ging Yolanda zum Friseur und musste dort länger als gedacht warten. Als sie nach Hause kam, erzählte ihr Mann, dass der Junge viel geweint habe. »Hat das unsere emotionale Bindung zerbrochen?«, fragt sich Yolanda. »Wird unser Sohn durch diese Trennung verunsichert? Ich hätte sofort nach Hause zurückkehren und den Haarschnitt auf einen anderen Tag verschieben müssen, als ich die lange Warteschlange sah.« Natürlich stimmen Yolanda und Isabel dem genannten Experten voll und ganz zu; keine zweifelt an der Notwendigkeit einer stabilen Bindung oder den Gefahren der Überbehütung.

Alle Welt kann mit dieser Art generalisierter Erklärung übereinstimmen, denn jeder kann sie seinen Vorstellungen entsprechend interpretieren. Ein kanadischer Experte, Robert Langis[2], liefert uns ein weiteres Beispiel. In seinem Buch *Wie man zu Kindern nein sagt* (ein Titel, der schon für sich spricht – das große Problem scheint zu sein, dass zu den Kindern nicht oft genug »Nein« gesagt wurde) zählt er »die 13 Gründe für die Versklavung heutiger Eltern« auf. Die genannten Gründe sind äußerst vieldeutig, zum Beispiel dieser erste:

Wir können die Bedürfnisse unseres Kindes nicht von seinen Launen unterscheiden.

Diesen Satz kann man auf tausend verschiedene Arten verstehen. Einige Eltern werden alles, worum ein Kind bittet, mit Ausnahme der Nahrung, als Laune betrachten; und die Nahrung muss genau die sein, die dem Kind auf den Teller gefüllt wurde, und keine andere. Sie muss außerdem zur festgelegten Stunde unter Einhaltung der unveränderlichen Tischregeln verzehrt werden.

Andere dagegen sehen es als berechtigtes Bedürfnis des Kindes an, einen großen Teil des Tages auf dem Arm der Eltern zu verbringen, im elterlichen Bett zu schlafen, gestreichelt und getröstet zu werden, wenn es weint, das zu essen, was es mag, und das zu lassen, was es nicht mag, verschiedene Spielzeuge zu haben, die ihm gefallen, und von Zeit zu Zeit eines davon zu zerbrechen. Doch auch diese Eltern werden darin übereinstimmen, dass es wichtig ist, zwischen Bedürfnis und Laune zu unterscheiden. Selbstverständlich werden sie nicht zulassen, dass ihr zweijähriges Kind den Gashahn aufdreht. Es ist sehr leicht, mit solchen allgemeinen Feststellungen alle zufrieden zu stellen. In diesem Buch werde ich versuchen, etwas konkretere Aussagen zu machen, auch um den Preis, bei einigen Lesern Missfallen zu finden.

Das letzte Tabu

> *Was haben die Kinder, dass wir sie so küssen,*
> *sie umarmen, sie so bemuttern [...]?*
> Erasmus von Rotterdam, *»Lob der Torheit«*

Unsere Gesellschaft scheint sehr tolerant zu sein, denn viele Dinge, die vor 100 Jahren verboten waren, betrachtet man heute als völlig normal. Doch bei genauerer Betrachtung gibt es auch Dinge, die vor 100 Jahren normal waren und heute verboten sind – so vollkommen verboten, dass uns dies sogar schon völlig selbstverständlich scheint, genauso selbstverständlich, wie unseren Urgroßeltern ihr System von Verboten und Tabus war.

Viele der früheren Tabus bezogen sich auf die Sexualität; viele heutige Tabus haben mit der Mutter-Kind-Beziehung zu tun, zum Leidwesen der Mütter und Kinder.

Zum Beispiel werden Begriffe wie »Laster« oder »schlechte Angewohnheit« heutzutage ganz anders benutzt als noch zu Zeiten unserer Großeltern. Fast alles, was damals als Laster galt, ist heute keines mehr:

Trinken, Rauchen oder Glücksspiele wurden zur Krankheit (Alkoholismus, Nikotinabhängigkeit, Spielsucht), und schon hat sich der Sünder in ein unschuldiges Opfer verwandelt. Selbstbefriedigung (das einsame Laster, das Ärzten und Erziehern so viel Sorge bereitete) hält man heute für normal. Homosexualität ist nur einfach ein Lebensstil. Spräche man in einem dieser Fälle von einem Laster, so würde das als schwere Beleidigung gelten. Heutzutage nennt man nur einige unschuldige Handlungen kleiner Kinder Laster oder schlechte Angewohnheit: »Sein Laster ist das Nägelkauen.« »Es hat die schlechte Angewohnheit, ohne Anlass zu weinen.« »Wenn du es auf den Arm nimmst, wird es zu sehr verhätschelt und später völlig verzogen sein.« »Es isst den Brei nur nicht, weil es die schlechte Angewohnheit hat, immer wieder an der Brust zu nuckeln.«

Wenn Sie noch Zweifel haben, welches die echten Tabus unserer Gesellschaft sind, stellen Sie sich vor, Sie gingen zu Ihrem Hausarzt und erzählten ihm eine der folgenden Geschichten:

1. »Ich habe ein dreijähriges Kind und bitte Sie um einen AIDS-Test, weil ich diesen Sommer mit mehreren Unbekannten Sex hatte.«
2. »Ich habe ein dreijähriges Kind und rauche täglich eine Schachtel Zigaretten.«
3. »Ich habe ein dreijähriges Kind; ich stille es, und es schläft bei uns im Bett.«

In welchem der drei Fälle würde der Arzt Ihnen Vorwürfe machen? Im ersten Fall wird er sagen: »Meinetwegen«, und er wird ohne mit der Wimper zu zucken den AIDS-Test machen; allenfalls wird er höflich an die Vorteile der Kondombenutzung erinnern. Auch im zweiten Fall wird er nur nett darauf hinweisen, dass das Rauchen ungesund ist (und wenn der Arzt selbst Raucher ist, wird er überhaupt nichts dazu sagen). Keiner wird Sie zurechtweisen: »Schämen Sie sich nicht? Wie können Sie es wagen, so etwas zu tun, als verheiratete Frau und Mutter?«

Und im dritten Fall?
Ich kenne eine wahre Begebenheit. Als die Psychologin der Krippe erfuhr, dass Marie ihr 16 Monate altes Kind noch stillte, bestellte sie sie zu sich, um ihr zu erklären, sie müsse sofort abstillen, weil ihr Kind andernfalls homosexuell würde (man weiß nicht, worüber man mehr erschrecken soll – über die Vorurteile gegenüber dem Stillen oder über die gegenüber der Homosexualität). Da Marie ihre »gefährliche« Haltung nicht aufgab, rief die Psychologin bei ihr zu Hause an, um mit ihrem Ehemann direkt zu sprechen und ihm klarzumachen, welchen Schaden seine Frau dem gemeinsamen Kind zufügte.

DAS GUTE KIND UND DAS BÖSE KIND

Unsere Gesellschaft, die in anderen Aspekten doch so nachsichtig ist, hat so wenig Verständnis für Kinder und Mütter.

Diese modernen Tabus könnte man in drei große Gruppen unterteilen:

- Tabubereich Weinen: es ist verboten, sich um weinende Kinder zu kümmern, sie in den Arm zu nehmen, ihnen das zu geben, worum sie bitten.
- Tabubereich Schlafen: es ist verboten, Kinder in seinem Arm oder beim Stillen einschlafen zu lassen, ihnen ein Schlaflied zu singen oder sie in den Schlaf zu wiegen, bei ihnen zu schlafen.
- Tabubereich Stillen: es ist verboten, jederzeit oder an jedem Ort zu stillen oder ein »zu« großes Kind zu stillen.

Fast alle Tabus haben eines gemeinsam: Sie verbieten den körperlichen Kontakt zwischen Mutter und Kind. Auf der anderen Seite genießen alle Handlungen, die zu einer Verringerung des Körperkontaktes führen und die Distanz zwischen Mutter und Kind fördern, besondere Anerkennung:

- Das Kind alleine lassen, im eigenen Zimmer
- Es im Kinderwagen oder in einer dieser extrem unbequemen Sitzschalen aus Plastik transportieren
- Es so früh wie möglich in die Krippe geben, bei der Großmutter lassen oder noch besser bei der Tagesmutter (denn Großmütter verziehen ihre Enkel nur!)

- Es möglichst bald und recht lange zu Freizeiten oder Zeltlagern schicken
- Elterliche »Privatbereiche« haben, ohne Kinder ausgehen und ein »Leben als Paar« führen.

Obwohl einige Menschen versuchen, diese Empfehlungen damit zu begründen, dass »die Mutter ausruhen kann«, verbietet keine einzige etwas, was wirklich anstrengend ist. Niemand sagt: »Du sollst nicht so viel putzen, sonst verwöhnst du die Kinder zu sehr mit der Sauberkeit im Haus.« Oder: »Willst du ihm immer noch die Wäsche waschen, wenn er längst erwachsen ist?« In Wahrheit wird normalerweise der angenehmste Teil der Mutterschaft untersagt: das Kind in seinen Armen einschlafen zu lassen, ihm etwas vorzusingen, die Zeit mit ihm zu genießen.

Vielleicht macht gerade das einigen Müttern die Kindererziehung so schwer. Sie haben zwar weniger Arbeit als früher (wir haben fließendes Wasser, eine Waschmaschine, Wegwerfwindeln, ...), aber sie bekommen auch weniger zurück. Wenn die Mutter die Freiheit genießt, so für ihr Kind zu sorgen, wie es ihr angenehm erscheint, weint das Baby normalerweise selten, und wenn es weint, dann tut es der Mutter Leid und sie hat Mitgefühl mit ihm (»Armer kleiner Schatz, was ist passiert?«). Aber wenn es verboten ist, das Kind in den Arm zu nehmen, bei ihm zu schlafen, es zu stillen und zu trösten, dann weint das Kind mehr, und die Mutter erlebt dieses Weinen mit einem Gefühl der Machtlosigkeit, das sich im Laufe der Zeit in Wut und Feindseligkeit verwandelt (»Was ist denn nun schon wieder mit diesem Balg los?«).

All diese Tabus und Vorurteile führen dazu, dass Kinder weinen, und genauso wenig machen sie die Eltern glücklich. Wem ist dann damit gedient? Vielleicht einigen Kinderärzten, Psychologen, Erziehern und Nachbarn, die sie vertreten? Aber diese haben keinerlei Recht, Ihnen Vorschriften zu machen und zu sagen, wie Sie zu leben oder Ihr Kind zu erziehen haben!

Zu viele Familien haben ihr eigenes Glück und das Glück ihrer Kinder auf dem Altar unbegründeter Vorurteile geopfert.

Mit diesem Buch möchte ich Mythen entlarven, Tabus brechen und jeder Mutter die Freiheit geben, ihre Mutterschaft so zu genießen, wie sie es sich wünscht.

Ethik in der Kindererziehung

> *Wie glücklich ist der Mensch über den sich wie himmlischer Tau die Küsse seiner Eltern ergossen haben!*
> Armando Palacio Valdés, *»Testamento literario«*

Angehende Kinderärzte erzählen einander gerne diesen alten Witz: »Was haben ein Kinderarzt und ein Tierarzt gemeinsam, und worin unterscheiden sie sich voneinander?« – »Beide haben Patienten, die nicht sprechen und sie nicht freiwillig aufsuchen, sondern von einem Erwachsenen zu ihnen gebracht werden. Der Kunde (nämlich derjenige, der die Entscheidung gefällt hat, den Arzt aufzusuchen und auch für die Kosten aufkommt) ist in beiden Fällen nicht der Patient. Aber während der Tierarzt seine Patienten mit dem Hauptziel behandelt, den Kunden zufrieden zu stellen, muss der Kinderarzt das Beste für den Patienten tun, auch wenn es nicht dem Wunsch des Kunden (der Eltern) entspricht. Zumindest theoretisch.«

Unsere Gesellschaft behandelt Kinder nicht mit der gleichen Achtung wie Erwachsene. Wenn wir von einem Erwachsenen sprechen, sind ethische Überlegungen immer entscheidend und haben Vorrang vor Effizienz und Nutzen.

Vergleichen Sie hierzu einmal die folgenden Absätze:

FALL A: Wenn man eine Frau bestraft, was ist dann der Unterschied zwischen »vernünftiger« und »übertriebener« Gewalt? Diese heikle Frage blieb im Januar offen, als der Oberste Gerichtshof von Ontario eine strafrechtliche Bestimmung aus dem Jahr 1892 bestätigte, die es Ehemännern und Unternehmern gestattet, Frauen in disziplinarischer Absicht zu schlagen. Die drei Richter wollten keine bestimmte Art des Schlagens für illegal erklären. Stattdessen gaben sie bekannt: Ehemänner sollten weder alte Frauen noch Jugendliche unter 20 Jahren schlagen, außerdem für die körperliche Züchtigung keine Dinge wie Gürtel oder Stöcke verwenden und auch Ohrfeigen und Schläge auf den Kopf der Frau vermeiden.

> FALL B: Wenn man ein Kind bestraft, was ist dann der Unterschied zwischen »vernünftiger« und »übertriebener« Gewalt? Diese heikle Frage blieb im Januar offen, als der Oberste Gerichtshof von Ontario eine strafrechtliche Bestimmung aus dem Jahr 1892 bestätigte, die es Eltern und Lehrern gestattet, Kinder in disziplinarischer Absicht zu schlagen. Die drei Richter wollten keine bestimmte Art des Schlagens für illegal erklären. Stattdessen gaben sie bekannt: Erziehende sollten weder Jugendliche noch Kinder unter zwei Jahren schlagen, außerdem für die körperliche Züchtigung keine Dinge wie Gürtel oder Stöcke verwenden und auch Ohrfeigen und Schläge auf den Kopf des Kindes vermeiden.

Einer der beiden Texte ist frei erfunden; der andere erschien im Jahr 2002 in einer Zeitschrift des Kanadischen Ärztebundes CMA.[3] Erraten Sie, welcher?

Im selben Artikel erläutert man die Gründe, die gegen die körperliche Bestrafung sprechen:
> Es scheint einen linearen Zusammenhang zu geben zwischen der Häufigkeit von Schlägen und Ohrfeigen in der Kindheit und dem Vorkommen von Seelenangst, Missbrauch oder Alkoholabhängigkeit und anderen Problemen im Lauf des späteren Lebens.

Und eine Expertin fügt hinzu:
> [...] wir suchen nach wissenschaftlichen Beweisen für jedwede Meinung oder Erklärung. Aber in dieser Angelegenheit gibt es nicht die Art Beweise, die wir gerne hätten, weil sie sich nicht für Interventionsstudien eignet.

Eine Interventionsstudie ist eine Studie, bei der die Teilnehmer per Zufall in zwei Gruppen eingeteilt werden, denen zwei unterschiedliche Behandlungen zuteil werden. Im Gegensatz dazu macht bei der Fallstudie jeder, was er will. Angenommen, Sie wollen wissen, ob Gymnastik vor Rückenschmerzen schützt. Dann können Sie eine Fallstudie machen, die Turnhallen der Stadt aufsuchen und 100 Personen befragen, die oft Gymnastik machen. Anschließend befragen Sie auf der Straße oder am Kinoausgang 100 Personen, die fast nie Gymnastik machen. Angenommen, die

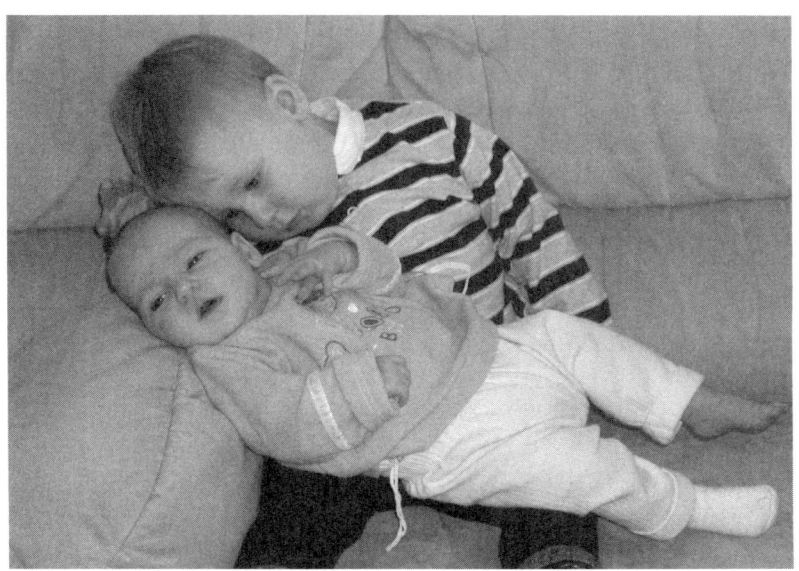

Sportler haben seltener Rückenschmerzen, dann stellt sich die Frage: Liegt das daran, dass Gymnastik gut für den Rücken ist, oder daran, dass Leute, die Rückenschmerzen haben, sich sorgfältig davor hüten, eine Turnhalle auch nur zu betreten?

Um diese Frage zu klären, brauchen Sie eine Interventionsstudie. Nehmen Sie mit 200 Jugendlichen im Alter von 20 Jahren Kontakt auf, und überzeugen Sie 100 davon, täglich Gymnastik zu treiben, und 100, überhaupt keine Gymnastik zu machen (dies ist dann die Kontrollgruppe). Warten Sie fünf, zehn oder 20 Jahre, um zu sehen, wer mehr Rückenschmerzen bekommt. Es ist leicht zu verstehen, warum Interventionsstudien viel zuverlässiger sind, aber sie sind auch teurer und schwieriger durchzuführen.

Nun gut, nach den Worten der kanadischen Expertin schaden Schläge den Kindern vermutlich, weil sie zu Alkoholikern werden und geistige Probleme bekommen können, wenn man sie viel schlägt. Ganz sicher sind wir uns aber nicht, weil niemand 200 Kinder nach dem Zufallsprinzip in zwei Gruppen geteilt hat, von denen die eine regelmäßig geschlagen wurde und die andere nicht, um dann festzustellen, wie es ihnen später ergeht.

Mangels Interventionsstudie könnte es sich um eine einfache, nicht kausale Verbindung handeln, oder es könnte sogar einen umgekehrten Zusammenhang geben (das heißt, jene Kinder, die als Erwachsene Alkoholiker werden und geistige Probleme haben, benehmen sich von klein auf schlecht, weshalb sich ihre Eltern »gezwungen« sehen, sie zu schlagen).

So könnte es allenfalls sogar sein, dass es letzten Endes gar nicht so schlecht ist, Kinder zu schlagen, weshalb wir zurzeit keine offizielle Erklärung gegen die körperliche Bestrafung abgeben wollen (nebenbei: Warum nennt man das Schlagen eines Erwachsenen »häusliche Gewalt« und das Schlagen eines Kindes »körperliche Bestrafung«?).

Anscheinend ist das Schlagen von Kindern nur dann schlecht, wenn dies Alkoholismus und geistige Probleme verursacht; das Schlagen eines Erwachsenen dagegen ist immer schlecht und prinzipiell abzulehnen. Es ist eine Straftat, eine Verletzung der Menschenrechte, ganz gleich ob es Alkoholismus verursacht oder nicht. Selbst wenn das Schlagen Erwachsene vor Alkoholismus bewahren würde, bliebe es schlecht, nicht wahr?

Wir würden Unternehmern nicht erlauben, ihre Arbeiter zu schlagen, auch wenn dies ihre Produktivität erhöhte. Genauso wenig würden wir eine Legalisierung der Folter hinnehmen, selbst wenn dies die Anzahl der Straftaten verringerte.

Wir würden auch kein von Ernährungswissenschaftlern kontrolliertes Einheitsessen verpflichtend in allen Restaurants einführen, selbst wenn dies das Cholesterin senkte. Und Feuerwehrleute würden auch nicht aufhören, nachts ans Telefon zu gehen, damit die Leute aufhören, wegen Lappalien anzurufen.

Nein, im Umgang mit Erwachsenen ist nicht alles okay. Es gibt Dinge, die man prinzipiell tut oder lässt, unabhängig davon, ob sie »funktionieren« oder »nicht funktionieren«.

In diesem Buch trete ich dafür ein, dass es auch im Umgang mit Kindern Prinzipien gibt. Wir könnten mit gewissen Methoden vielleicht erreichen, dass unsere Kinder »besser essen«, mehr schlafen, ohne Widerstand gehorchen oder leiser sind ..., aber wir dürfen sie keinesfalls einsetzen. Und dies nicht notwendigerweise deshalb, weil diese Methoden unnütz oder schädlich wären, und auch nicht, weil sie ein »psychologisches Trauma« auslösen. Einige der Methoden, die ich in diesem Buch kritisiere, sind effektiv, und es kann sogar sein, dass einige unschädlich sind.

Aber es gibt eben Dinge, die macht man einfach nicht.

Teil 2
Warum Kinder so sind

> *Das ist das Volk dieser Welt,*
> *das seine Kinder am meisten liebt*
> *und am besten behandelt.*
> Alvar Núñez Cabeza de Vaca, »*Naufragios*«

Manche beklagen sich darüber, dass Kinder ohne Betriebsanleitung auf die Welt kommen, oder darüber, dass Elternschaft keine Ausbildung und keinen Meisterbrief voraussetzt. Hinter diesen vordergründig witzigen Aussagen steht die gefährliche Annahme, es sei nicht möglich, ein Kind angemessen zu erziehen, ohne die Ratschläge des zurzeit anerkannten Experten zu befolgen. In Wirklichkeit machen Eltern im Allgemeinen ihre Sache ziemlich gut – wie schon seit Millionen von Jahren. Die meisten Fehler, die sie machen, sind ihnen nicht selbst eingefallen, sondern stammen von früheren Experten.

Es waren Ärzte, die vor 100 Jahren empfahlen, Babys alle vier Stunden zehn Minuten lang zu stillen, was bewirkte, dass das Stillen fast völlig scheiterte. Es waren Pharmakologen, die vor kaum siebzig Jahren quecksilberhaltiges »Zahnungspulver« verkauften, das höchst giftig war und den Babys gegeben werden sollte, damit sie »sabberten«, da der »zurückgehaltene Schleim« angeblich schwere Krankheiten auslöste.

Es waren Ärzte und Erzieher, die vor zwei Jahrhunderten darauf aufmerksam machten, dass Selbstbefriedigung das »Gehirn austrocknet«, und schreckliche Strafen und komplizierte Apparate erfanden, damit Kinder sich nicht selbst berührten. Es waren Experten, die vor fünf Jahrhunderten empfahlen, Kinder wie Mumien einzuwickeln, so dass sie nicht krabbeln konnten, da sie wie Menschen aufrecht gehen und nicht wie Tiere am Boden kriechen sollten.

Möglicherweise sind alle Fehler, die wir bei der Erziehung unserer Kinder begehen, nur eine Folge der irrigen Ratschläge, die Psychologen, Ärzte, Priester und Zauberer jahrhundertelang gegeben haben. Also ist es nicht so schlimm, dass Babys ohne Bedienungsanleitung auf die Welt kommen und für Eltern noch keine Meisterprüfung gefordert wird.

Wie muss die Kaninchenmutter ihre Jungen aufziehen? Das kann man ganz leicht herausfinden: Man fährt aufs Land und beobachtet irgendeine Kaninchenmutter. Alle machen es perfekt, auf die beste Art und Weise, die ihre Gene und ihre Umgebung ermöglichen. Sie brauchen keinerlei Anleitungen zu lesen, und niemand erklärt ihnen, was sie machen müssen.

Auch eine Kaninchenmutter, die in Gefangenschaft lebt, wird ihre Jungen perfekt großziehen, so gut das in ihrer misslichen Lage eben geht. Ihr gesamtes mütterliches Verhalten ist von ihren Genen gesteuert.

Doch mit den großen Primaten ist es nicht ganz dasselbe: Gorillas, die in Gefangenschaft geboren und aufgezogen wurden und kaum Kontakt zu anderen Tieren ihrer Art hatten, sind unfähig, ihre Jungen angemessen zu versorgen. Sie zeigen abnorme Verhaltensweisen, die sogar zum Tod ihres Jungen führen können.

In einigen Zoos ist man dazu übergegangen, junge Affenweibchen gemeinsam mit anderen Affen zu halten, die erfahrener sind und gerade ihre Jungen aufziehen, damit sie ihnen zusehen, oder ihnen Videofilme zu zeigen. Man hat sogar menschliche Mütter geholt, damit sie mehrere Stunden am Tag in der Nähe des Käfigs eines trächtigen Gorillaweibchens ihre Säuglinge stillen und versorgen.

Und die Menschen? Auf welche Weise wird ein menschliches Kind »normal« aufgezogen?

Wir brauchen nur ein paar Mütter zu beobachten, die »in Freiheit leben«. Das ist das Problem, denn es gibt keine Menschen mehr »in Freiheit«, das heißt solche, die sich ausschließlich von ihren Instinkten und biologischen Notwendigkeiten leiten lassen. Wir alle leben »in Gefangenschaft«, das heißt in einer künstlichen Umgebung im Schoße menschlicher Gesellschaften mit kulturellen Normen.

Wie die Affenweibchen im Zoo scheinen viele moderne Mütter die Fähigkeit verloren zu haben, bei der Kindererziehung ihren ureigenen Instinkten zu folgen. Sie stecken voller Zweifel, haben Angst, schlagen in Büchern nach und fragen Experten ... ja, sie fühlen sich sogar schuldig, wenn ein anderes Buch oder ein anderer Experte Jahre später genau das Gegenteil sagt.

In Europa hat die Art, Kinder zu versorgen, in den letzten 200 Jahren radikale, manchmal von einem Extrem zum anderen schwankende Veränderungen durchgemacht, und zwar die grundlegendsten Aspekte betreffend: wie lange man stillt, in welchem Alter andere Nahrung zugefüttert wird, wo das Kind zu schlafen hat, wie man es schlafen legen soll, wer es während der 24 Stunden des Tages zu betreuen hat, in welchem Alter es anfangen kann, zur Schule oder in einen Kindergarten zu gehen, wie es zu kleiden ist, wo es zu spielen hat, welche Normen man ihm einzuschärfen hat und mit welchen Methoden ...

Jede Elterngeneration hat diese Fragen auf komplett andere Art beantwortet, und viele wüssten wir schon nicht mehr zu beantworten. War es richtig, was unsere Urgroßeltern taten? Ist das, was wir tun, richtig? Oder ist vielleicht alles richtig – und wieso machen wir uns dann so viele Sorgen darum, es »gut« zu machen?

Oder noch schlimmer – womöglich haben sich sowohl unsere Urgroßeltern als auch wir geirrt und sind willkürlichen Regeln falscher Experten gefolgt, statt das zu tun, was für unsere Gattung normal wäre?

Zweifellos brauchten die Mütter vor 100.000 Jahren keine Bücher und Experten, um in jedem Augenblick die zutreffendste Entscheidung zu fällen. Wie schade, dass wir nicht dabei waren, um das zu sehen. Hatten sie ihre Babys auf dem Arm oder im Kinderwagen? Schliefen die Kinder bei den Eltern oder in einem getrennten Zimmer? Bis zu welchem Alter wurden die Kinder gestillt? Wann fingen sie an zu laufen? Was machten die Mütter, wenn ihre Kinder Schimpfwörter benutzten oder sich stritten? Wie brachten sie ihnen Disziplin bei, wie setzten sie ihnen Grenzen? Wir werden es nie wissen. Aber wir können einige logische Vermutungen anstellen, da anzunehmen ist, dass es weder Kinderwagen noch Zimmer gab.

Mangels Daten über unsere Vorfahren fühlen wir uns versucht, uns mit den Völkern zu beschäftigen, die wir »Urvölker« nennen.

Vor vielen, vielen Jahren, als ich neun oder zehn war, las ich in einem Bildband, dass die australischen Ureinwohner niemals ihre Kinder schlugen. Dieser Satz prägte sich in mein Gehirn ein – und prägt mein Leben.

Nein, meine Eltern schlugen mich nicht; aber ich wusste nicht, warum. Ich dachte damals wie viele Kinder in meinem Alter, die Bücher wie *Die Abenteuer von Zipi und Zape* lasen oder im Radio den Geschichten von *Matilde, Perico und Periquín* lauschten, dass Kinder normalerweise geschlagen werden. In jeder Episode kam es irgendwann dazu, dass Zipi, Zape und Periquín vor ihren Eltern flohen, die sie verfolgten, um sie zu schlagen.

Für mich war es eine richtige Enthüllung, als ich erfuhr, dass es möglich ist, Kinder anders zu erziehen, dass sogar eine ganze Kulturgemeinschaft entschieden hat, Kinder nicht zu schlagen, und zwar nicht zufällig oder weil sie brav waren, sondern aus Prinzip.

Ich bin jetzt einen Moment vom Computer fortgegangen, um jenen Bildband zu holen, den ich mehr als 30 Jahre nicht geöffnet hatte, der aber mein Leben und das Leben meiner Kinder veränderte und vielleicht, liebe Leser, auch das Leben Ihrer Kinder verändern wird. Dies ist die Textstelle:

> *Das Leben der australischen Kinder ist sehr angenehm, denn ganz gleich, wie groß die Schwierigkeiten sein mögen, mit denen sich die Gruppe auseinander setzt, zu der ihre Familie gehört – der beste Teil des Essens gehört immer den Kindern, sie werden von ihren Eltern immer sehr liebevoll behandelt und von ihnen zwar ermahnt, wenn sie etwas anstellen, aber nie bestraft.*[4]

Das ist ja noch besser, als ich es in Erinnerung hatte! Sie schlagen sie nicht nur nicht, sondern bestrafen sie nicht einmal! Ich bin keineswegs der Erste, der die Art und Weise bewundert, wie andere Völker ihre Kinder erziehen. Im Zitat am Anfang dieses Kapitels spricht Cabeza de Vaca, ein Soldat und Forscher des 16. Jahrhunderts, weder von den hoch entwickelten Azteken noch von den mächtigen Inka, sondern von einem zerlumpten, elenden, hungrigen und von Epidemien geplagten Indianerstamm. Diese Indianer nahmen nämlich trotzdem Dutzende von Spaniern auf, die an den Küsten von Florida landeten, und teilten mit diesen illegalen Einwanderern aus Europa – ohne von ihnen Papiere zu verlangen – das Wenige, was sie besaßen.

Zufall? Es scheint, dass die Menschen, die als Kind liebevoll behandelt wurden, zu friedlicheren, freundlicheren, verständnisvolleren und auch zu gesünderen und glücklicheren Erwachsenen heranwachsen. Über diese langfristigen Auswirkungen finden Sie umfassende Informationen in dem hervorragenden Buch *Vital Bonds* (»lebenswichtige Bindungen«) von Shelley Taylor.[5]

Wir werden aber unsere Kinder selbstverständlich nicht deshalb liebevoll behandeln, »weil sie so zu freundlicheren, friedlicheren, ... Erwachsenen heranwachsen.« Nein. Wir werden sie liebevoll behandeln, weil wir sie lieben. Wenn das außerdem dazu führt, dass sie so auch selbst liebevoller werden, umso besser! Aber wir würden sie auch dann genauso liebevoll behandeln, wenn sie als Erwachsene unsympathisch würden, einfach weil sie unsere Kinder sind.

Es wäre ein Irrtum zu glauben, die »primitiven Urvölker« besäßen die richtige Antwort, denn es gibt keine primitiven Urvölker mehr. Alle Völker, die es gegenwärtig gibt, sind per definitionem Völker der Gegenwart. Sie alle haben wie wir Jahrtausende der Geschichte hinter sich.

Es gibt Hunderte von verschiedenen menschlichen Kulturen, und jede hat ihre eigene Art, ihre Kinder großzuziehen. Einige Aspekte haben fast alle gemeinsam: Das Kind wird gestillt und hauptsächlich von der Mutter versorgt, es hat während der ersten Lebensjahre fast ständig Körperkontakt mit der Mutter oder einer anderen Person.

Es ist wahrscheinlich, dass diese Aspekte, die fast alle gemeinsam haben, »das Normale« sind, die Art und Weise, in der die ersten Menschen ihre Kinder großzogen. Und wenn das so ist, dann sollte es uns ein Anlass zur Sorge sein, dass ausgerechnet unsere Kultur die beinahe einzige Ausnahme bildet.

Die *Human Relations Area Files* (Datenbank von Kulturen aus aller Welt) ist eine internationale Organisation, die Universitäten und Forschungseinrichtungen in mehr als 30 Ländern umfasst. Sie versucht, alle vorhandenen ethnologischen Forschungsunterlagen zusammenzustellen, angefangen von Büchern und Zeitschriften bis zu Notizen und Schriftstücken, die nie veröffentlicht wurden. Sie verfügt über eine Million Seiten Information über 400 Kulturen der Gegenwart und Vergangenheit. Die Dokumente über 60 dieser Kulturen, welche repräsentativ für die fünf Kontinente stehen, wurden in eine elektronische Datenbank aufgenommen, die 200.000 Seiten Information umfasst.

Die Wissenschaftler[6] analysierten diese elektronische Datenbank in allen Einzelheiten, um die Kindererziehung in 60 menschlichen Kulturen miteinander zu vergleichen (leider ist die Information unvollständig, und in vielen Fällen verfügt man nicht über die erforderlichen Daten).

In 25 der 29 Kulturen, für die diese Daten bekannt waren, schliefen die Kinder bei der Mutter oder bei beiden Elternteilen.

In 30 der 30 wurden sie von der Mutter auf dem Rücken getragen. In keiner der Kulturen, für die diese Daten vorlagen, schlief das Baby nachts in einem getrennten Raum, und nur in einer von 24 hielt es sich tagsüber in einem getrennten Raum auf.
In 28 von 29 Kulturen war der Säugling die ganze Zeit mit einem Menschen zusammen oder unter ständiger Aufsicht. In 48 von 48 Kulturen stillte man Kinder immer nach Bedarf. In 35 Fällen liegen Daten über den üblichen Zeitpunkt des Abstillens vor: Er liegt in zwei Fällen unter einem Jahr, in sieben Fällen zwischen einem und zwei Jahren, in 14 Fällen zwischen zwei und drei Jahren und in zwölf Fällen in einem Alter von über drei Jahren.

Im Wesentlichen stimmen praktisch alle überein; aber in anderen Bräuchen, wie Kleidung oder Ernährung, ist jede Kultur anders, und bestimmt haben viele davon gleichermaßen richtige Lösungen gefunden. Das Verhalten der Schimpansen ist vielseitiger und flexibler als das der Kaninchen; mit Sicherheit ist der Mensch in seinem Verhalten noch anpassungsfähiger, und es gibt sicher auch viele unterschiedliche Arten, ein Kind gut großzuziehen.

Aber es gibt auch traditionelle Bräuche einiger Gesellschaften, die für Kinder schädlich sind, wie zum Beispiel Tätowierungen und Verstümmelungen. Und mit Sicherheit sind viele Dinge in unserer Kultur wie zum Beispiel das Tragen von Schuhen oder das Schreibenlernen nützlich, und wir haben keinen Grund, darauf zu verzichten. Nein, zu versuchen, unsere Kinder wie die Buschmänner oder die Eskimo zu erziehen, ist nicht die Antwort.

Es wird nicht leicht sein zu entscheiden, was am besten für unsere Kinder ist, was die normale Art ist, ein Menschenkind großzuziehen. Wir werden beobachten müssen, was andere Säugetiere, vor allem die mit uns verwandten Primaten, machen. Wir werden vergleichen müssen, was verschiedene menschliche Gesellschaften machen, und die Dinge auswählen, die uns am besten zu funktionieren scheinen. Wir werden unseren Verstand benutzen müssen, um zu erraten, wie unsere Vorfahren lebten und warum die Kinder so sind, wie sie sind.

Vor allem werden wir unser Herz fragen müssen; wir werden uns unsere Kinder ansehen und überlegen, wie wir sie glücklich machen.

Natürliche und kulturelle Auslese

*Unsere Kinder sind uns oft ähnlich,
und so bereiten sie uns die erste Freude.*
Joan Manuel Serrat

Unsere Kinder sind uns ähnlich, und das ist nicht verwunderlich, denn sie haben unsere Gene geerbt. Aber in dem komplizierten Vorgang, unsere Gene für die Nachkommenschaft zu vervielfältigen, tritt von Zeit zu Zeit ein Fehler auf. Das nennt man Mutation.

Mutationen entstehen zufällig. Meist sind es chemische Veränderungen ohne praktische Bedeutung, und man bemerkt ihre Existenz nicht. Wenn die Mutation bedeutend genug ist, um eine Wirkung zu zeigen, ist dies in den meisten Fällen für den Betroffenen schädlich: Ein Löwe mit schlechten Augen, eine Fliege, die nicht fliegen kann ... Diese Tiere sterben jung und hinterlassen wenige oder gar keine Nachkommen; so eliminiert die natürliche Auslese schädliche Mutationen.

Manchmal hat eine Mutation weder im positiven noch im negativen Sinne irgendeine Auswirkung auf die Fähigkeit des Geschöpfes, sich zu vermehren und zu überleben. Blaue oder braune Augen, glattes oder gewelltes Haar, diese Eigenschaften verteilen sich rein zufällig über den ganzen Planeten.

In ganz seltenen Fällen erweist sich eine Mutation als günstig für ein Lebewesen. Eine Blume, deren Farben anziehender auf Bienen wirken, hat eine größere Wahrscheinlichkeit, bestäubt zu werden und Samen zu bilden. Eine flinkere Gazelle kann den Löwinnen entkommen. Eine Giraffe mit einem längeren Hals kann die Blätter von den oberen Zweigen der Bäume fressen, wenn die anderen an den unteren Ästen schon nichts Genießbares mehr finden können. Diese Tiere und Pflanzen haben mehr Nachkommen als ihre Mitbewerber, haben einen größeren Fortpflanzungserfolg, so dass sich ihre Gene weiter verbreiten.

Die natürliche Auslese bezieht sich nicht nur auf die körperlichen Merkmale, sondern auch auf das Verhalten, soweit es angeboren ist (das heißt von den Eltern geerbt wird, ohne dass es gelernt werden muss). Die Turteltaube, die ihre Eier nicht bebrütet oder ihr Nest nicht verteidigt, und die Hirschkuh, die ihr Junges nicht ständig beleckt, um es von Gerüchen freizuhalten, die Wölfe anlocken könnten, haben wenig Chancen auf Nachkommenschaft oder darauf, dass diese überlebt, um ihrerseits Nachkommen zu zeugen. Im Laufe von Jahrmillionen hat jedes Tier das angemessenste Verhalten entwickelt, das am besten den Fortpflanzungserfolg gewährleistet.

Das angemessenste Verhalten hängt natürlich von bestimmten vorgegebenen Bedingungen ab. Diese sind oft zufällig, zum Beispiel: Mäuse könnten Katzen leichter entkommen, wenn eine Mutation ihnen wie den Fledermäusen Flügel gegeben hätte. Aber offenbar ist eine solche Mutation nicht aufgetreten.

Außerdem hängen sie von den charakteristischen Eigenschaften des Tieres ab. Eine größere Aggressivität mag für den Tiger nützlich sein, aber für ein Kaninchen ist es besser zu fliehen und sich zu verstecken. Ein Kaninchen, das den Kampf mit den Wölfen aufnähme, würde nicht viele Nachkommen hinterlassen.

Und schließlich hängen sie auch von Umweltfaktoren ab. Ein dichtes Fellkleid ist in kaltem Klima sehr nützlich, aber in heißem Klima nicht.

Alle diese Faktoren machen die Entwicklungsumwelt einer Spezies aus. Und diese Umwelt kann sich verändern. Eine perfekt angepasste Spezies kann plötzlich damit konfrontiert werden, dass Körper und Verhalten angesichts einer Veränderung von Klima oder Vegetation oder angesichts des Auftauchens von Jägern mit neuen Jagdtechniken unbrauchbar geworden sind. Wenn der Wandel langsam und nicht sehr abrupt vonstatten geht, kann es sein, dass Mutationen auftreten, die eine Veränderung der Spezies ermöglichen, so dass eine neue Rasse oder sogar eine neue Spezies entsteht. In jedem Fall wird die alte Spezies, so wie wir sie kannten, aussterben.

Dank der natürlichen Auslese können wir sagen, dass jedes Tier seine Nachkommen auf die bestmögliche Weise versorgt. Im Laufe von Jahrmillionen haben diejenigen, die besser für ihre Nachkommen sorgten, mehr lebenden Nachwuchs bekommen, und ihre Gene haben sich vervielfältigt.

Das Verhalten der Menschen und in etwas geringerem Grade auch das der anderen Primaten wird nicht nur von den Genen bestimmt, sondern wird erlernt. Die erlernten Verhaltensweisen kann man nicht über die Gene weitergeben, sondern über Vorbild und Erziehung, und zwar nicht nur an die Nachkommen, sondern auch an andere Mitglieder der Spezies. Dies hat es uns ermöglicht, uns an alle Umweltbedingungen anzupassen, vom Wald bis zur Wüste, von grünen Wiesen bis zum ewigen Eis. Und es befähigt uns außerdem, uns an alle Veränderungen sehr rasch anzupassen, denn die Lösung, die ein Mensch für ein bestimmtes Problem gefunden hat, wird nicht nur im Laufe der Jahrtausende an einige wenige Nachkommen weitergegeben, sondern kann Millionen Menschen in wenigen Jahren, ja sogar in wenigen Tagen erreichen.

Wenn wir bei den Tieren von der natürlichen Auslese sprechen, ist es üblich, eine bildhafte Sprache zu benutzen, die Freiheit, Willen und Absicht dem zuschreibt, was in Wirklichkeit nichts weiter als ein zufälliger Prozess ist. So pflegt man zu sagen, »der männliche Pfau hat große und auffällige Federn entwickelt, um die Aufmerksamkeit des Pfauenweibchens auf sich zu lenken« – als ob der Pfau sein Gefieder selbst gestalten und herstellen würde (während es in Wahrheit nur eine zufällige Mutation war) und als ob das Weibchen außerhalb des Prozesses stünde. (Es nützt doch gar nichts aufgeplustert herumzustolzieren, wenn das dem Weibchen nicht gefällt. Die Pfauhennen zeigen ein instinktives Interesse für die Federn ihres Liebhabers, ein Interesse, das auch genetisch übertragen wird.)

Natürlich glaubt keiner, der Pfau habe auch nur eine Feder bewusst entworfen, und jeder versteht, dass es sich bei dem Ausdruck nur um dichterische Freiheit handelt (denn schließlich haben auch Wissenschaftler Sinn für Poesie).

Wenn wir aber vom menschlichen Verhalten sprechen, bei dem die natürliche Auslese der kulturellen Auslese gewichen ist, dann kann dies leicht ziemliche Verwirrung stiften, wenn man das Verhalten eines jungen Mannes mit dem des Pfaus vergleicht: Er plustert sich wegen seines Motorrades auf oder stolziert in seiner Lederjacke herum wie ein Pfau, und die Evolution würde dieses Verhalten fördern, weil es den Fortpflanzungserfolg vergrößert.

... Doch die Lage ist ganz anders. Erstens, weil der Mensch seine Kleidung wirklich selbst entwirft oder gezielt mit Absicht auswählt und nicht zufällig trägt. Zweitens, weil diese Absicht nicht mit dem Fortpflanzungserfolg zusammenhängen muss. Es ist durchaus möglich, dass dieser junge Mann, der herumstolziert wie ein Pfau, keineswegs die Absicht hat, Nachkommen zu zeu-

WARUM KINDER SO SIND 35

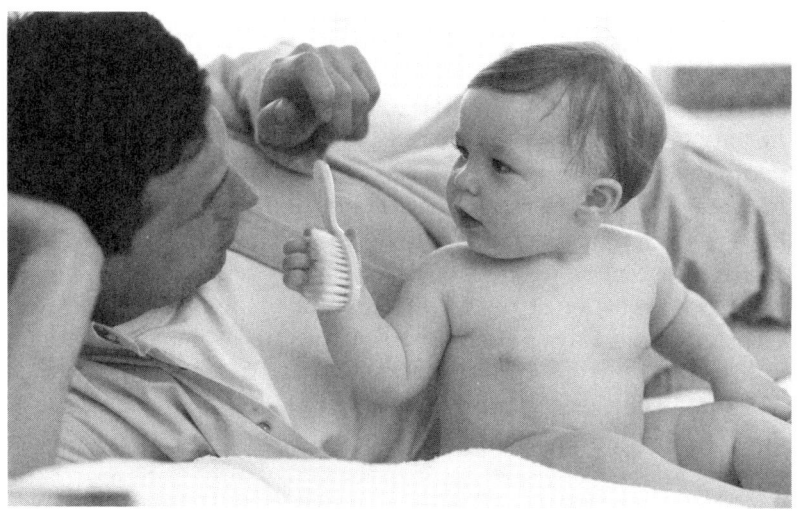

gen (auch wenn er an bestimmten Aspekten, die eine Voraussetzung dafür sind, durchaus Interesse hat). Drittens, weil uns – ganz gleich welches Ziel wir haben – niemand garantiert, dass das fragliche Verhalten tatsächlich dieses Ziel verwirklichen wird.

Jemand kann seine Kleidung, seine Frisur und seine »Pose«, seine Art zu sprechen und sich zu benehmen sorgfältig mit dem Ziel auswählen, auf das andere Geschlecht unwiderstehlich zu wirken ... und dann herausfinden, dass man ihn nur für einen Snob, einen Angeber oder einen Vollidioten hält. Und trotzdem kann es vorkommen, dass andere ihn nachmachen und, zumindest eine Zeit lang, seiner Mode folgen.

Die kulturelle Auslese ist schuld daran, dass wir nicht mehr behaupten können, wir Menschen erzögen unsere Kinder auf die bestmögliche Weise. Eine Neuerung braucht nicht mehr einen Beitrag zu unserem Überleben oder dem unserer Nachkommen zu leisten, um sich auszubreiten. Langfristig wird sich die Wahrheit wahrscheinlich durchsetzen; aber mittelfristig (für ein paar Jahrhunderte) kann es sein, dass eine ganze Kultur mit ihren Kindern Dinge macht, die ihnen schaden, ohne sich dessen bewusst zu sein, ja sogar in der festen Überzeugung, alles perfekt zu machen. Die neuere europäische Geschichte gibt uns zahlreiche Beispiele von Irrtümern, die unter Ärzten und Erziehern weit verbreitet waren:

IN LIEBE WACHSEN

Es gab eine Zeit, als man Babys wie Mumien einwickelte, mit engen Binden von Kopf bis Fuß, und eine Zeit, als man die bestrafte, die mit der linken Hand zu schreiben versuchten. Sind wir so arrogant zu meinen, heute, ausgerechnet in unserer Zeit, würden wir alles gut machen? Werden nicht auch wir Dinge glauben, tun oder für wichtig halten, die bei unseren Urenkeln in 100 Jahren Entsetzen, maßloses Erstaunen oder Gelächter auslösen?

Bei den anderen Tieren dient fast jedes Verhalten der Anpassung (das heißt, es ist nützlich für das Überleben). Wenn wir eine Tiermutter etwas mit ihrem Jungen machen sehen, ist es vernünftig zu denken: »Das ist zu irgendetwas nütze, denn wenn es nicht nützlich wäre, würde sie es nicht tun.« Als die erste Gazelle den Tag damit verbrachte, ihr Junges abzulecken, tat sie es nicht zum Spaß, weil es ihr in diesem Moment einfiel und sie nichts Besseres zu tun hatte; sie tat es auch nicht bewusst aus der Überlegung heraus: »So werden die Leoparden mein Kind nicht riechen.« Sie tat dies, weil eine Mutation ihr Verhalten geändert hatte; sie konnte nicht anders handeln. Und wenn Gazellen das heute weiterhin tun, dann deshalb, weil es sich in der Tat erwiesen hat, dass dieses Verhalten nützlich ist.

Im Gegensatz dazu hat der erste Mensch, der einem Kind eine Ohrfeige gab, es weinen ließ, ohne es in den Arm zu nehmen, oder ihm die Brust nach Zeitplan gab oder ihm ein Amulett umhängte, dies tatsächlich gemacht, weil es ihm gerade einfiel. Das sind freiwillige Verhaltensweisen, die den Genen nicht gehorchen. Man kann es tun oder auch lassen.

Der erste Mensch, der sein Kind schlug, tat dies möglicherweise versehentlich, oder weil er verärgert und unfähig war, seinen Zorn zu beherrschen, oder vielleicht, weil er eine bestimmte Absicht damit verfolgte. Und diese Absicht kann das Wohl des Kindes oder das der Eltern, der Wille der Götter oder sonst irgendeine seltsame philosophische Theorie gewesen sein.

Oft machen verschiedene Familien dasselbe, aber aus unterschiedlichen Motiven. Einige schlagen ihr Kind, um es dafür zu bestrafen, dass es sich mit anderen Kindern geprügelt hat, weil sie glauben, ihm so beizubringen, dass Schläge wehtun und man friedlich sein sollte.

Andere schlagen ihr Kind, um es abzuhärten, damit es zu einem angriffslustigen Krieger wird und sich nicht unterjochen lässt. Einige hängen ihm ein Amulett um den Hals, um es vor dem »bösen Blick« zu schützen, andere tun dies, um ihre Zugehörigkeit zu einer bestimmten Gruppe zu demonstrieren; wieder andere tun dies einfach, weil sie das Amulett dekorativ finden. Die einen lassen ihr Kind weinen, weil sie meinen, das sei gut für die Lunge, die anderen, um seinen Charakter zu stärken, und wieder andere, damit es nicht lernt, sich auf diese Weise durchzusetzen (das heißt, damit es keinen starken Charakter entwickelt).

Und all diese Neuerungen können sich verbreiten, ganz gleich, ob sie funktionieren oder nicht. Das Entscheidende ist die Fähigkeit des Urhebers, die anderen Eltern davon zu überzeugen. In alter Zeit setzte sich ein Brauch schneller durch, wenn er von Medizinmännern und Zauberern unterstützt wurde; heutzutage kann es zweckmäßiger sein, viele Bücher zu verkaufen oder im Fernsehen aufzutreten. Es ist sogar möglich, dass Verhaltensweisen aufkommen und sich durchsetzen, die unser Überleben erschweren oder unseren Fortpflanzungserfolg verringern. Wenn der Konsum von Alkohol und anderen Drogen von einem Gen herrührte und nicht durch Nachahmung entstünde, hätte er sich schwerlich so verbreiten können.

Selbst wenn kulturelle Veränderungen vorteilhaft sind, können sie mit körperlichen Eigenschaften oder Verhaltensweisen kollidieren, die Folge des genetischen Erbes sind und nicht über Nacht verändert werden können. Unsere Ernährung ermöglicht es uns, länger zu leben als unsere Vorfahren, die Höhlenmenschen – aber mit mehr Karies. Unsere Arbeitswelt ermöglicht uns Wohlstand und Gedeihen, aber am Montagmorgen würden wir lieber im Bett bleiben ...

Angesichts von Verhaltensweisen, die nicht genetisch, sondern kulturell bedingt sind, ist es darum nicht mehr gerechtfertigt zu sagen: »Wenn alle das machen, dann wird es schon zu etwas nütze sein.« Es ist weder für unsere, noch für irgendeine andere Kultur gerechtfertigt. Man kann die Dinge nicht damit rechtfertigen, dass »man das schon immer so gemacht hat«, und auch nicht damit, dass »die Eingeborenen in Neuguinea das so machen«.

Wie Tiere ihre Jungen aufziehen

Selbständig oder hilflos

> *Für jeden, der etwas von Kindern versteht,
> ist es offensichtlich, dass wir hilflos in diese Welt kommen.*
> Daniel Defoe, »Moll Flanders«

Insekten, Fische, Reptilien und Amphibien haben im Allgemeinen viele Nachkommen und lassen sie allein. Von den vielen wird der eine oder andere überleben. Vögel und Säugetiere haben dagegen nur wenige Nachkommen, sorgen für sie und ernähren sie, bis sie herangewachsen sind.

Bei den neugeborenen Säugetieren ist der Grad der Selbständigkeit extrem unterschiedlich. Viele Fleischfresser wie Katzen oder Wölfe haben hilflose Neugeborene, die sich kaum fortbewegen können, die warmgehalten und in einem Nest oder einer Höhle versteckt werden müssen. Die kleinen Pflanzenfresser wie die Kaninchen halten ihre Jungen auch in ihrem Bau versteckt, denn die Mutter kann sich einige Wochen in der gleichen Gegend aufhalten, den Bau zum Fressen verlassen und von Zeit zu Zeit zum Säugen zurückkehren.

Die großen Pflanzenfresser, besonders die Herdentiere, haben nach kurzer Zeit alles abgegrast und müssen jeden Tag weiterziehen, um neue Weideplätze zu finden. Die Jungen müssen sie vom ersten Tag an beim Weiterziehen begleiten. Darum bekommen sie normalerweise Nachwuchs, der schon wenige Minuten nach seiner Geburt gehen und rennen kann.

In ihrem hervorragenden Buch, aus dem ich den größten Teil der Informationen über die Aufzucht der Tierkinder entnommen habe, behauptet Susan Allport, dass »Raubtiere, also Tiere, die sich und ihre Nachkommen verteidigen können, es sich erlauben können, hilflose Jungen zu haben«.[7] Aber ich habe den Eindruck, dass ein Pflanzen fressender Büffel seine Jungen erheblich besser verteidigen kann als eine Fleisch fressende Katze. Und außerdem, inwiefern wäre es für einen Tiger ungünstig, wenn seine Jungen von Geburt an laufen könnten? Auch wenn er sich »hilflose Jungen erlauben kann«, wäre es nicht noch viel besser, selbständige Jungen zu haben?

Ich vermute, das hat etwas mit dem Erlernen zu tun. Der Hirsch kann nicht lernen, vor Wölfen zu fliehen. Er muss von Anfang an richtig fliehen, denn sonst wird er keine Gelegenheiten zur Flucht mehr haben. Darum ist die Fähigkeit zur Flucht angeboren; er setzt sie angesichts jeglicher Gefahr immer auf die gleiche Art und Weise ein. Die Raubtiere dagegen verfolgen ihre Beute im Laufe ihres Lebens Hunderte von Malen, und das gibt ihnen die Gelegenheit, aus ihren Fehlern zu lernen, ihre Technik zu vervollkommnen und neue Strategien zu entwerfen, die jedem Gelände oder jeder Art von Beute angepasst sind.

Als Jungtier jagt ein Kater Fliegen, einem Wollknäuel oder seinem eigenen Schwanz nach; später begleitet er seine Mutter, um von ihr die Jagdkunst zu erlernen; er spielt oft »Katz und Maus« mit seiner Beute, indem er sie zur Übung freilässt und wieder einfängt. Möglicherweise könnte der Kater nichts lernen, wenn er schon mit dem »fertigen Wissen« geboren würde. Die Hilflosigkeit in den ersten Wochen seines Lebens ist der Preis für ein Verhalten, das nicht allein von den Genen abhängt, sondern auch teilweise erlernt wird und sich deshalb flexibler an Umweltveränderungen anpasst.

Auch die Primaten werden hilflos geboren, möglicherweise infolge ihrer Anpassung an das Leben auf den Bäumen. Bambi (wie alle Rehkitze im wirklichen Leben) fällt mehrfach hin, bevor es seine ersten Schritte machen kann; das spielt keine Rolle, wenn man sich schon auf dem Boden befindet, aber es kann lebensgefährlich sein, von einem Ast zu fallen. Die kleinen Affen werden hilflos geboren und eine Zeit lang von ihrer Mutter herumgetragen. Sie wagen es erst dann, sich selbst fortzubewegen, wenn sie es voll und ganz beherrschen, ohne ein einziges Mal zu fallen. Neugeborene Affen halten sich selbst an ihrer Mutter fest, mit Ausnahme der Schimpansen- und Gorillasäuglinge. Sie ähneln uns so sehr, dass ihre Mütter während der ersten Wochen ihre Jungen festhalten müssen.

Wir sind unseren Vettern, den großen Affen, derartig ähnlich, dass wir uns in ihrem Verhalten wiedererkennen und sie sich in unserem. Sie können von uns lernen und uns lehren, wie uns Eva, eine Mutter aus Barcelona, berichtet, die das Glück hatte, einen zauberhaften Augenblick zu erleben und ihn als solchen zu erkennen vermochte:

> *Wir waren im Zoo und gingen zum Schimpansengehege. Dort beobachteten wir die Tiere durch eine riesige Glasscheibe, als unser kleiner Sohn Xaver, der damals drei Monate alt war, zu weinen anfing. Einige Schimpansen näherten sich der Scheibe, wandten sich ihm zu und versuchten, ihn zu berühren, indem sie mit den Händen gegen das Glas schlugen. Einer der Schimpansen war ein älteres Weibchen; als es sah, dass Xaver weiterhin unglücklich war, hob es den Arm und bot meinem Baby ihre Brustwarze an. Xaver hielt einen Moment inne, und das Weibchen löste sich von der Glasscheibe, blieb aber in seiner Nähe und versuchte, ihn mit ihren Fingerknöcheln zu streicheln. Und als sie sah, dass sein Protestgeschrei wieder anfing, bot sie ihm erneut die Brust an.*
>
> *Ich spürte, dass wir etwas ganz Besonderes erlebt hatten, aber die Erfahrung war auch deprimierend. Vor zwei Tagen bot eine alte Schimpansendame, die gezwungen ist, im Zoo zu leben, ihre Brust ohne zu zögern einem weinenden Säugling einer anderen Spezies an. Vor anderthalb Monaten schrie mein Baby in einer Versammlung, und die Mehrheit der anwesenden Personen verlangte beharrlich, ich solle es nicht erneut stillen, damit ich es nicht verziehe, und ich solle es im Kinderwagen lassen. (Es gab sogar einen, der sagte, das Kind sei verärgert, weil es seine Wiege vermisse... kein Kommentar!)*

Verstecken, mit sich herumtragen, folgen

Ein anderer grundlegender Unterschied zeigt sich zwischen den Säugetieren, die ihre Jungen in ihrem Schlupfwinkel oder Bau verstecken (wie Kaninchen etwa), und denen, die ihre Jungen überallhin mitnehmen, sei es, dass sie wie junge Primaten getragen werden, oder wie junge Schafe ihrer Mutter hinterherlaufen.

Die Kaninchenmutter verbringt möglichst viel Zeit einige Meter von ihrem Bau entfernt, damit ihr Geruch keine Wölfe anlockt (der Geruch der Jungen ist viel weniger ausgeprägt als der ihrer Mutter).

Merken Sie, was ich gerade geschrieben habe? Ich verwende schon wieder diese poetische Sprache, die uns suggeriert, die Kaninchenmutter täte es absichtlich. Aber sie weiß weder etwas vom Geruch noch von den Wölfen. Sie tut es, weil ihre Gene sie dazu veranlassen, und im Laufe der Jahrmillionen haben Kaninchenmütter mit dem Gen »sich vom Bau entfernt halten« mehr überlebende Junge gehabt als die mit dem Gen »im Bau bleiben«. Der Sieg dieses Gens beweist, dass es in der Evolutionsumgebung dieser Spezies nützlich war, zumindest als es noch Wölfe gab. Da es in vielen Ländern keine Wölfe und auch kaum andere Raubtiere mehr gibt, kann dies Verhalten der Kaninchenmutter heute unnütz sein, aber sie weiß es nicht und verhält sich daher weiterhin so.

Die Kaninchenmutter lässt ihre Jungen im Bau versteckt und säugt sie nur ein oder zwei Mal am Tag.[8] Um so lange Zeit ohne Nahrung auszukommen, brauchen die jungen Kaninchen eine hoch konzentrierte Milch: 13 Prozent Eiweiß und neun Prozent Fett.[9]

Ein Zicklein begleitet seine Mutter überall und wird fast ständig gesäugt, weshalb die Geißenmilch nur 2,9 Prozent Eiweiß und 4,5 Prozent Fett enthält.[10] (Übrigens enthält Muttermilch ca. 0,9 Prozent Eiweiß und 4,2 Prozent Fett. Was meinen Sie, wie lange ein Baby es damit ohne Stillen aushalten kann?)

Wie bei einer einfühlsamen Choreographie hat sich das Verhalten der Jungen im Einklang mit dem ihrer Mütter und mit der Milchzusammensetzung entwickelt: Die Kaninchen, die ihren Bau früh verließen und versuchten, ihrer Mutter zu folgen, starben jung, genau wie die Lämmer, die sich hinsetzten, um auf ihre Mutter zu warten, anstatt ihr nachzulaufen. Wenn die Kaninchenjungen alleine im Bau bleiben, sind sie vollkommen ruhig und still, denn wenn sie schrien und nach ihrer Mutter riefen, könnten sie Wölfe anlocken. Im Gegensatz dazu fangen Zicklein, die ihre Mutter einen Moment aus den Augen verlieren, sofort an, verzweifelt nach ihr zu rufen.

So ist das Verhalten der Mütter und ihrer Jungen für jede Spezies unterschiedlich und charakteristisch, angepasst an ihre Art zu leben und an ihre Bedürfnisse. Es wäre lächerlich zu versuchen, einer Kaninchenmutter zu erklären, sie müsse eine »gute Mutter« sein und mehr Zeit bei ihren Jungen verbringen, ebenso, wie es absurd wäre, einer Ziege zu sagen, sie solle ihr Junges nicht immer am »Rockzipfel« haben, weil ihr Zicklein »unabhängig werden« muss und die Mutter »auch intime Augenblicke für das Leben als Paar braucht«.

Die Primaten brauchen im Allgemeinen einen ständigen Kontakt zu ihrer Mutter. John Bowlby, ein englischer Jugendpsychiater, beschreibt in *»El vínculo afectivo«* (*»Die affektive Bindung«*)[11] das Zuneigungsverhalten verschiedener Primaten auf der Grundlage der Beobachtungen zahlreicher Wissenschaftler. Er erläutert zum Beispiel Vorkommnisse im Hause eines anderen Forschers namens Bolwig, der beschloss, einem verwaisten Husarenaffen Ersatzmutter zu sein und ihn zu Hause aufzuziehen, um seine Reaktionen zu beobachten. Merkwürdigerweise erhielt er, genau wie normale Mütter, von allen möglichen Leuten Ratschläge, wie man Affen am besten erzieht:

> *Bolwig beschreibt die starke Anhänglichkeit, die sein Husarenäffchen jedes Mal zeigte, wenn man seinen Betreuer (seinen Überlegungen zum Trotz) von der Notwendigkeit überzeugte, es zu bestrafen, indem er zum Beispiel die Türen seines Hauses vor ihm schloss oder es in einen Käfig sperrte. »Jedes Mal, wenn ich das versuchte ..., verzögerte sich die Entwicklung des Affen. Er wurde anhänglicher und unartiger, schwieriger zu lenken.«*

Strafe und Trennung führen beim Affen wie beim Kind zu schlechten Ergebnissen. Sehen Sie, was an einem Tag geschah, als Bolwig seinen Affen in einen Käfig sperrte:

> *Er klammerte sich an mich und ließ es den Rest des Tages nicht zu, dass ich mich aus seinem Blickfeld entfernte. In der Nacht, während des Schlafes, wachte er von Zeit zu Zeit auf, stieß kurze Schreie aus und klammerte sich an mich, und wenn ich versuchte, mich aus der Umklammerung zu lösen, geriet er in Panik. (Bolwig nach Bowlby)*

Wenn Wissenschaftler ein neues, bisher unbekanntes Tier fänden und schnell herausfinden wollten (ohne es wochenlang beobachten zu müssen), wie dieses Tier normalerweise seine Jungen versorgt, könnten sie ein sehr einfaches Experiment machen: Sie könnten die Mutter mitnehmen und die Jungen alleine lassen. Wenn die Jungen ruhig und still sitzen bleiben, ist es bei dieser Tierart normal, die Jungen alleine zu lassen. Wenn die Jungen zu schreien anfangen, als würde man sie umbringen, dann ist es bei dieser Tierart das Normale, dass die Jungen sich nicht einen einzigen Augenblick von ihrer Mutter entfernen.

Und Ihr Kind? Wie reagiert es, wenn Sie weggehen? Was scheint Ihnen das Normale bei unserer Spezies zu sein?

Aus dem Verhalten unserer Kinder, der Beobachtung unserer nächsten (tierischen) Verwandten und der Zusammensetzung unserer Muttermilch können wir schließen, dass das menschliche Wesen voll und ganz zur Gruppe der Tiere gehört, die kontinuierlich stillen. Bei den Buschmännern (Kung!) tragen die Mütter ihre Kinder ständig mit sich, und die Babys bedienen sich selbst: Sie trinken jahrelang Muttermilch viermal pro Stunde oder häufiger.

Blurton Jones, ein britischer Ethologe (Verhaltensforscher), der das Verhalten von Kindern untersuchte, legt nahe, dass die »Dreimonatskoliken« die Reaktion der Babys darauf sein könnten, dass man versucht, sie in Intervallen statt kontinuierlich zu ernähren. In der Tat hat man Folgendes beobachtet:

Makaken, die in Gefangenschaft mit der Flasche großgezogen und alle zwei Stunden gefüttert wurden, leiden im Gegensatz zu solchen Tieren, die kontinuierlich von ihrer Mutter gesäugt werden, häufig unter Erbrechen und Aufstoßen. Susan Allport legt nahe, dass der Schritt vom kontinuierlichen Stillen zum Stillen in Abständen vor sehr langer Zeit gemacht wurde, vielleicht schon zu Beginn der Landwirtschaft:

> *Die Frauen dürften angesichts der Möglichkeit, ihre Kinder irgendwo (im Haus, im Bett, in der Fürsorge eines älteren Geschwisterkindes) in Sicherheit zurückzulassen und ihre Arbeit ohne Störung zu erledigen, Freudensprünge vollführt haben.*[7]

Mir scheint diese Interpretation allzu sehr auf die nordamerikanische Kultur des 20. Jahrhunderts ausgerichtet zu sein. Zwar scheinen die Frauen der Buschmänner den Weltrekord in der Häufigkeit des Stillens zu halten, aber so viel ist gewiss: In vielen landwirtschaftlichen Gesellschaften tragen die Mütter ihre Kinder bei der Arbeit auf dem Rücken, und das Stillen in regelmäßigen Abständen ist eine sehr moderne Erfindung. Die Großmütter (oder

Urgroßmütter) vieler Leserinnen trugen ihr Kind noch überall mit sich. Die Idee, die Brust nach einem regelmäßigen Zeitplan zu geben ist neu, und am Anfang waren es keineswegs alle drei, geschweige denn alle vier Stunden. Im Jahre 1927 empfahl man noch, in den ersten drei Lebensmonaten alle zweieinhalb Stunden zu stillen.[12] Man kann einen Teil der Leute für eine gewisse Zeit täuschen; aber der größte Teil der Menschheit hat während des größten Teils der Menschheitsgeschichte nach Bedarf gestillt.

Auf der anderen Seite glaube ich nicht, dass die Mehrheit der Mütter seit Jahrhunderten ihre Kinder als »Störung« betrachtet hätten, noch dass sie angesichts der Möglichkeit, sich von ihnen zu trennen, »Freudensprünge« vollführt hätten. Ich kenne viele Mütter, die ihre Kinder als ihren wertvollsten Schatz betrachten und sich traurig (viele verwenden das Wort »schuldig«) fühlen, wenn sie sich notgedrungen von ihnen trennen müssen, um einen Beruf auszuüben.

Seit Jahrmillionen, vor Beginn unserer kulturellen Entwicklung, haben bei den Vorfahren der Menschen Mütter für ihre Kinder gesorgt. Sowohl die Mütter als auch die Kinder zeigten ein angeborenes, instinktives Verhalten, das von den Genen bestimmt war. Dieses Verhalten war voll und ganz an die Umgebung angepasst, in der sich unsere Spezies entwickelte; wahrscheinlich lebten kleine Gruppen von Sammlern und Jägern in einer Steppe, die von gefährlichen Raubtieren bevölkert war.

Seit damals haben verschiedene menschliche Gruppen Dutzende von Methoden der Kinderaufzucht erdacht und wieder vergessen.

In den traditionellen Kulturen erlernten die Eltern durch Beobachtung die »normale« Art, Kinder zu erziehen. Veränderungen gab es langsam und selten. In unserer haltlosen Informationsgesellschaft kann eine Mutter die Art und Weise, wie sie von ihrer eigenen Mutter aufgezogen wurde, als unangemessen oder veraltet ablehnen und durch Ratschläge ihrer Freundinnen ersetzen oder durch das, was sie in Büchern gelesen oder in Filmen gesehen hat.

Infolgedessen existieren sehr unterschiedliche Methoden der Kindererziehung nebeneinander. Einige Eltern schlafen bei ihrem Kind, andere lassen es in einem getrennten Raum übernachten. Einige halten es fast die ganze Zeit auf dem Arm, andere lassen es in einer Wiege, auch wenn es weint. Einige tolerieren geduldig die Wutanfälle und Forderungen der Kleinkinder, andere versuchen, sie durch harte Strafen zu bessern.

Jeder ist natürlich davon überzeugt, das Beste für seine Kinder zu tun – wenn nicht, dann täte er es nicht! Aber was auch immer wir im Laufe unseres Lebens gelernt, gelesen, gehört, geglaubt oder abgelehnt haben, unsere Kinder kommen auf die gleiche Weise auf die Welt. Sie werden geboren, ohne sich ein Urteil durch Sehen, Hören, Lesen, Glauben oder Ablehnen gebildet zu haben. Im Augenblick der Geburt sind ihre Erwartungen nicht durch unsere kulturelle Entwicklung geprägt, sondern sind die Folge unserer natürlichen Entwicklung, sind genetisch bedingt.

Im Augenblick der Geburt sind unsere Kinder praktisch genauso wie die Kinder, die vor hunderttausend Jahren geboren wurden. In den letzten Jahrtausenden – und wir sagen nicht »in den letzten Jahrzehnten« – hat es enorme kulturelle Veränderungen gegeben; es gab aber keine nennenswerten genetischen Veränderungen im Verhalten der Babys.

Die Art, wie sich Babys spontan verhalten, die Art, wie sie behandelt zu werden hoffen, die Art, wie sie auf die unterschiedlichen Behandlungen reagieren, die ihnen zuteil werden, hat sich im Laufe der Jahrtausende nicht geändert. In dem Maße, in dem das Baby größer wird, wird es die Normen und Gebräuche seiner Kultur kennen und akzeptieren lernen, in einem allmählichen Prozess, der Monate und Jahre dauert. Wir können nicht erwarten, dass es sich in unsere Wünsche von jetzt auf gleich fügt. Wenn wir verstehen wollen, warum die Kinder so sind wie sie sind, dann müssen wir uns um viele Jahrtausende zurückversetzen und betrachten, wie wir uns an die Umgebung anpassten, in der wir uns entwickelten.

Im Schoß der Menschheit

> O Herr! Mit dieser heidnischen Mannschaft zu segeln,
> die so wenig Zärtlichkeit von einer
> menschlichen Mutter empfangen hat!
> Das von Haien verseuchte Meer hat sie geboren.
> Herman Melville, »Moby Dick«

Ich habe bewusst den häufig verwendeten Titel »Wiege der Menschheit« vermieden, denn es ist wohl bekannt, dass es am Anfang keine Wiegen gab.

Man sagt, unsere primitiven Vorfahren, die noch keine Menschen waren, fingen an, sich zu dem zu entwickeln, was wir heute sind, als sie von den Bäumen herabstiegen, um in der Steppe zu leben. Theoretisch hätte das Leben auf dem festen Boden wieder frühreifere und autonomere Nachkommen fördern können. Aber zunächst erfuhren unsere Vorfahren eine viel wichtigere Mutation, die mit der Frühreife der Nachkommen absolut unvereinbar ist: die Intelligenz.

Auf der einen Seite erfordert die Intelligenz das Lernen (das heißt ein hoch entwickeltes Verhalten, das sich im Gegensatz zu den festgelegten angeborenen Verhaltensweisen an die wechselnden Umstände anpassen kann). Und: Je größer die Intelligenz, desto länger die Zeit des Lernens. Auf der anderen Seite erfordert die Intelligenz ein großes Gehirn. Um jedoch aufrecht gehen zu können, braucht man ein enges Becken. (Wenn wir ein so breites Becken hätten wie ein Vierbeiner, würden wir uns einen Bruch zuziehen, und wegen der Schwerkraft würden unsere Eingeweide durch die Öffnung rutschen.)

Wie kann man einen immer größeren Schädel durch ein immer engeres Becken befördern? Die Geburt wurde schwierig. Die alten Hebräer scheinen den Kern des Problems schon erfasst zu haben: »Unter Schmerzen sollst du Kinder gebären« ist die Konsequenz davon, die Frucht vom Baume der Erkenntnis gekostet zu haben.

Der Kopf des Neugeborenen kann nicht noch größer sein, also förderte die Evolution eine absolut originelle und unter allen Säugetieren einzigartige Mutation. Wir werden mit einem halbfertigen Gehirn geboren; noch ehe sich die Myelinscheide fertig gebildet hat, eine Hüllstruktur im Gehirn, welche die Neuronen umgibt und ihre Funktion ermöglicht. Aus diesem Grunde ist der Kopf der Körperteil, der nach der Geburt am schnellsten wächst, und aus diesem Grunde dauert es bei unseren Kindern viel länger als bei allen anderen Säugetieren, bis sie das Laufen lernen.

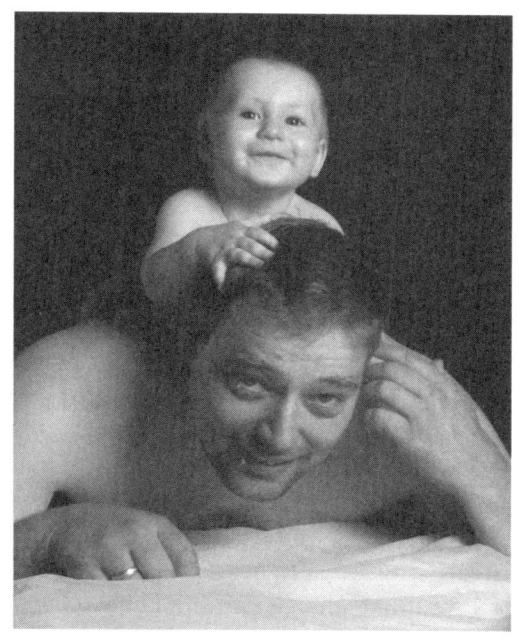

Kein anderes Tier muss so viele Jahre lang ernährt und geschützt werden. Ein 19-Jähriger, der in der eigenen Wohnung von der eigenen Arbeit lebt, scheint uns wohl ein sehr aufgeweckter Junge zu sein. Aber einen 14-Jährigen, der alleine lebt, betrachten wir als verlassenes Kind, das unser Mitleid erregt. In welchem Alter werden Ihrer Meinung nach Ihre Kinder für sich selbst sorgen können?

Für einen einzelnen Menschen ist es schwierig, so lange seine Kinder zu versorgen, zu ernähren und zu beschützen. Die Mütter brauchen die Hilfe ihrer Familie (Vater, Großmutter, Onkel, Tanten und ältere Geschwister) und der gesamten Gemeinschaft, des ganzen Stammes. In fast allen menschlichen Kulturen bleibt der Vater jahrelang bei der Mutter und hilft ihr, ihre Kinder zu beschützen und zu ernähren.

Diese Zusammenarbeit beim Aufziehen der Kinder bestand nicht immer nur darin, sie auf dem Arm zu tragen oder ihnen die Windeln zu wechseln. In vielen Kulturen und in vielen Zeitepochen kommt die Aufgabe, sich physisch um die kleinen Kinder zu kümmern, fast ausschließlich Müttern und anderen Frauen zu. Aber der Vater hilft weiterhin, jagt, beschützt oder arbeitet im Büro.[7] Selbst in den Gesellschaften, in denen der Männlichkeitswahn am stärksten ausgeprägt ist, wird ein Mann, der sich nicht um den Unterhalt seiner Familie kümmert, von seinen Kameraden verachtet.

Warum sie nicht allein bleiben wollen

Kein Zweifel, niemand kann die Angst und den Schmerz jenes unglücklichen Kindes lindern, dessen Mutter nicht auf sein Weinen reagierte.
Fernán Caballero, »La noche de Navidad«

Was würde mit einem kleinen Kind geschehen, wenn es allein und nackt im Wald läge? Nach kaum zwei Stunden hätte das Baby je nach Wetter einen Sonnenbrand oder würde im Schatten erfrieren, oder es würde von Hyänen verschlungen oder von einfachen Ratten gefressen werden. Die Mütter, die ihre Kinder länger als wenige Minuten alleine ließen, hatten bald keine Kinder mehr. Ihre Gene verschwanden durch natürliche Auslese. Im Gegensatz dazu wurde das Gen, das Mütter veranlasste, mit ihren Kindern zusammenzubleiben, auf zahlreiche Nachkommen übertragen.

Einer dieser Nachkommen sind Sie! Die heutigen Mütter haben eine spontane, genetisch bedingte Veranlagung dazu, bei ihren Kindern zu bleiben. Dies hat Langis[2] sehr gut beobachtet, auch wenn er es unter den »13 Gründe für die Versklavung heutiger Eltern« aufführt (als ob dies früher anders gewesen wäre oder als ob es Versklavung wäre, das zu tun, was man will):

Wir entschließen uns, das Kind nicht in fremden Händen zu lassen...

Natürlich können modernere Glaubensüberzeugungen, Meinungen oder Gewohnheiten, die Folge der kulturellen Entwicklung sind, dieser Neigung leicht Einhalt gebieten. Die Mütter verlassen ihre Kinder, um zur Arbeit oder zum Einkaufen zu gehen oder um sich hinzusetzen und fernzusehen. Sie verlassen sie für Minuten oder Stunden. Sie lassen sie bei anderen Familienmitgliedern oder Babysittern oder in der Krippe... Aber das Gen ist weiterhin da, und die Mehrzahl der Mütter spürt seine Wirkung.

Die innere Unruhe, unter der die Mutter leidet, wenn sie sich von ihrem Kind trennt, ist von den Fernsehkomödien bis zum Überdruss ausgeschlachtet worden:

die Mutter, die mitten in der Nacht aufwacht und ins Zimmer des Säuglings geht, um zu überprüfen, ob er noch atmet, oder die mit ihrem Mann ausgeht und dem Babysitter eine lange Liste mit Anweisungen und Notfalltelefonnummern hinterlässt und dann unzählige Male vom Restaurant aus anruft.

Kürzlich sah ich eine nordamerikanische Komödie über eine ledige, gestresste und mit Arbeit überhäufte Mutter. Ihre Freundin und Psychiaterin überzeugt sie davon, dass es gut für sie wäre, ihr Kind, das noch kein Jahr alt zu sein scheint, bei der Babysitterin zu lassen und ganz alleine ein Wochenende lang Urlaub zu machen. Alle lachen über ihre innere Unruhe, ihre Seelenangst, das Kind allein zu lassen, und darüber, wie sie schließlich vorzeitig zurückkehrt, weil das Baby leicht erhöhte Temperatur hat. Keiner im Film begreift, dass gerade die tägliche Trennung von ihrem Kind, um zu arbeiten, einer der Faktoren ist, die den Stress erhöhen; keiner kann sich überhaupt vorstellen, dass eine Mutter entspannende Ferien mit ihrem Kind verbringen kann.

Schleichend, aber unerbittlich bietet man uns immer wieder kulturelle Modelle an, erklärt uns, was gut und was schlecht ist. In unserer Gesellschaft sind Ferien ohne Kinder in Ordnung, während Urlaub ohne den Ehemann oder ohne die Ehefrau fast undenkbar ist.

Viele Mütter fühlen sich schlecht, wenn sie ihre Kinder in eine Krippe lassen, und an den ersten Tagen kann es vorkommen, dass die Mutter ebenso viel weint wie ihr Kind. »Mein Kind dort zu lassen, bricht mir das Herz«, erklären sie. Viele Frauen fühlen sich schlecht, wenn sie wieder berufstätig werden. Unsere Gesellschaft interpretiert dieses schlechte Gefühl als »Schuldgefühl«; aber so etwas gibt es nicht in den Genen, das ist nur die Erklärung unserer Kultur für das zugrunde liegende Phänomen. Für einige ist dieses Schuldgefühl nützlich. Lästig subversiv wirkt dagegen eine Mutter, die diese unguten Gefühle nicht als Schuld wertet, sondern als Wut oder Empörung angesichts der Unmenschlichkeit unseres Arbeitswesens oder der Unzulänglichkeit unseres Erziehungsurlaubs (in der Schweiz haben Frauen 14 Wochen Erziehungsurlaub; Weißrussinnen[13] haben drei Jahre).*

* *Anmerkung der Übersetzerin:*
In Deutschland kann bis zur Vollendung des dritten Lebensjahres eines Kindes Elternzeit genommen werden, in Spanien nur 16 Wochen, bei Mehrlingen maximal 18 Wochen.

Warum sie weinen, sobald man aus dem Zimmer geht

> [...] löst ein plötzliches Entsetzen aus, so wie man sich vorstellt, dass das Herz eines verlorenen Kindes schlägt.
> Charles Dickens, »Eine Geschichte aus zwei Städten«

Die Unmittelbarkeit ist eine der Eigenschaften des kindlichen Weinens, die viele Leute verwundert und stört. »Die Sache ist die: Ich lasse das Kind in der Wiege, und es fängt an zu brüllen, als würde man es umbringen.«

Für einige Erziehungsexperten ist dies eine unerwünschte Facette des kindlichen Charakters, und das Ziel muss es sein, seinen »Egoismus« und seinen »Eigensinn« zu überwinden und es zu lehren, die Befriedigung seiner Bedürfnisse aufzuschieben. Wieso kann das Kind nicht ein bisschen mehr Geduld haben, warum kann es nicht ein bisschen länger warten? Wir könnten es verstehen, wenn Babys eine Viertelstunde, nachdem die Mutter fortging, anfingen ein wenig beunruhigt zu sein, wenn sie eine halbe Stunde später leise wimmerten und nach zwei Stunden mit aller Kraft brüllten. Das erschiene uns logisch und vernünftig. So machen wir Erwachsenen es, so machen es die älteren Kinder, wenn wir ihnen »beigebracht« haben, geduldig zu sein, nicht wahr?

Aber stattdessen brüllen unsere kleinen Kinder sofort aus Leibeskräften, sobald man sie von ihrer Mutter trennt; nach fünf Minuten brüllen sie (was unmöglich schien!) sogar noch lauter und hören erst auf, wenn sie völlig erschöpft sind. Das scheint unlogisch! Aber das ist es keineswegs. Sofort zu weinen ist das »logische« Verhalten, das angepasste Verhalten, das Verhalten, das die natürliche Selektion während Jahrmillionen gefördert hat, denn es ermöglicht das Überleben. Wenn in einem Stamm vor 100.000 Jahren ein Baby von seiner Mutter getrennt wurde und sofort aus Leibeskräften schrie, dann ging wahrscheinlich seine Mutter gleich zurück, um es zu holen.

Diese Mutter hatte weder Kultur noch Religion, noch kannte sie die Begriffe »Güte«, »Nächstenliebe«, »Pflichtbewusstsein« oder »Gerechtigkeit«; sie sorgte nicht für ihr Kind, weil sie dies als ihre Aufgabe betrachtete, noch weil sie sich vor dem Gefängnis oder der Hölle fürchtete. Das Weinen des Babys löste ganz einfach einen starken, unwiderstehlichen Drang in ihr aus, herbeizueilen und es zu beruhigen. Wenn ein Säugling aber 15 Minuten lang still blieb und dann schwach wimmerte und erst nach zwei Stunden aus Leibeskräften schrie, dann konnte inzwischen seine Mutter schon zu weit weg sein, um es zu hören. Dieses verspätete Schreien nützte schon nicht mehr seinem Überleben, sondern beschleunigte vielmehr sein Ende. Denn damals wie heute war der Angstschrei eines verlassenen Säuglings Musik in den Ohren der Hyänen.

Und wenn wir ein wenig überlegen, werden wir erkennen, dass dieses Verhalten, das uns so »logisch« und »vernünftig« erscheint – nämlich angesichts der Trennung von einem geliebten Menschen einige Zeit zu warten und sich erst dann »nach und nach« darüber zu ereifern – von uns Erwachsenen nur dann gezeigt wird, wenn wir fest damit rechnen, dass der Abwesende zurückkehren wird.

Stellen Sie sich einmal vor, Ihre 15-jährige Tochter wäre in der Schule. Während des Unterrichts machen Sie sich wegen der Trennung keinerlei Sorgen, denn Sie wissen ja genau, wo sie ist und wann sie zurückkommen wird. (Weiß Ihr Zweijähriger, wo Sie sind und wann Sie zurückkommen? Auch wenn Sie es ihm sagten, könnte er es doch nicht verstehen.) Eine halbe Stunde nach der Zeit, zu der Ihre Tochter normalerweise daheim ist, wird es Ihnen noch leicht fallen, Ihre ersten Ängste zu beschwichtigen (»Der Bus hat Verspätung ... sie wird wohl noch mit den Freunden reden ... sie ist vielleicht noch losgegangen, um einen Kugelschreiber zu kaufen ...«). Wenn sie mehr als eine Stunde Verspätung hat, fangen Sie an, ärgerlich zu werden (»Es ist unglaublich, wie verantwortungslos diese Jugendlichen sind! Sie hätte wenigstens anrufen können, dafür habe ich ihr doch das Handy gekauft!«). Wenn sie zwei oder drei Stunden auf sich warten lässt, werden Sie anfangen, ihre Freundinnen anzurufen, um zu erfahren, ob sie bei einer von ihnen ist.

Wenn sie nach fünf Stunden immer noch nichts von sich hat hören lassen, werden Sie weinend die Krankenhäuser anrufen, um zu erfahren, ob sie überfahren wurde. Ehe zwölf Stunden vergangen sind, werden Sie noch mehr weinen und sich an die Polizei wenden, die Ihnen erklären wird, dass viele Jugendliche wegen irgendeiner Dummheit durchbrennen, aber innerhalb von drei Tagen fast alle zurückkommen. Drei Tage lang werden Sie sich an diese Hoffnung klammern. Aber Sie werden immer mehr weinen, und am Ende einer Woche werden Sie die Verzweiflung in Person sein.

Aber nun stellen Sie sich vor, Sie hätten eine heftige Auseinandersetzung mit Ihrer 15-jährigen Tochter, in der bittere Vorwürfe und schwere Beleidigungen geäußert werden. Schließlich stopft sie einige Kleidungsstücke in einen Rucksack und schreit Sie an: »Ich hasse dich, ich hasse euch, ich bin diese Familie leid, ich gehe für immer fort, ich will dich nie mehr im Leben sehen!« Dann geht sie und schlägt die Tür hinter sich zu. Wie viele Stunden warten Sie fröhlich und unbesorgt, bevor Sie zu weinen beginnen? Werden Sie nicht sogar schon weinen, ehe sie das Haus verlassen hat, ihr auf der Treppe folgen, ihr auf der Straße hinterherrennen, werden Sie nicht versuchen, sie festzuhalten, ohne Angst, sich vor allen Nachbarn zu blamieren, werden Sie nicht vor ihr auf die Knie fallen und sie anflehen, werden Sie nicht erst dann innehalten, wenn die Erschöpfung Sie daran hindert weiterzurennen?

Finden Sie, ein solches Verhalten von Ihnen wäre »kindisch« oder »egoistisch«? Meinen Sie, die Nachbarn würden sagen: »Stellen Sie sich vor, was für eine ungezogene Mutter, ihre Tochter ist noch nicht einmal fünf Minuten weg, und schon heult sie hysterisch. Sicher tut sie das nur, um auf sich aufmerksam zu machen«?

Ja, es ist leicht, geduldig zu sein, wenn man davon überzeugt ist, dass der geliebte Mensch zurückkommen wird. Aber Sie werden nicht ganz so geduldig sein, wenn Sie diesbezüglich Zweifel hegen. Wenn Sie aber die Gewissheit haben, dass der geliebte Mensch nicht die Absicht hat wiederzukommen, dann werden Sie natürlich überhaupt nicht geduldig sein.

Sie brauchen keine 15 Jahre zu warten, um eine solche Szene zu erleben. Ihre Tochter verhält sich jetzt schon so – jedes Mal, wenn Sie gehen. Denn sie ist noch zu klein, um zu wissen, ob Sie zurückkommen werden oder nicht, wann Sie wiederkommen oder ob Sie inzwischen in der Nähe oder weit weg sein werden. Und auf alle Fälle wird ihr spontanes, instinktives Verhalten, das im Laufe der Jahrtausende von den Vorfahren vererbt wurde, darin bestehen, mit dem Schlimmsten zu rechnen. Jedes Mal, wenn Sie sich von ihr trennen, wird Ihre Tochter weinen, als seien Sie für immer fortgegangen. Und wie ist das dann erst bei Müttern, die versuchen, ihr Kind zur »Ruhe« zu bringen, indem sie Dinge sagen wie »Wenn du böse bist, geht Mama weg« oder »Wenn du dich schlecht benimmst, habe ich dich nicht mehr lieb«?)

Innerhalb von drei, vier, fünf Jahren wird Ihre Tochter in dem Maße, in dem sie begreift, dass ihre Mutter wiederkommen wird, immer ruhiger und immer länger warten können. Aber das liegt nicht daran, dass sie »weniger egoistisch« oder »verständiger« wird, noch daran, dass Sie, den Ratschlägen irgendeines Buches folgend, »ihr beigebracht haben, die Verwirklichung ihrer Einfälle auf später zu verschieben«.

Neugeborene brauchen Körperkontakt. Man hat experimentell nachgewiesen, dass in der ersten Stunde nach der Geburt diejenigen, die in einer Wiege liegen, zehnmal häufiger weinen als diejenigen, die von ihrer Mutter in den Armen gehalten werden.[14]

Nach einigen Monaten ist es wahrscheinlich, dass Säuglinge sich mit dem Blickkontakt zufrieden geben. Ihr Kind wird zumindest eine Weile zufrieden sein, wenn es Sie sehen kann und Sie es von Zeit zu Zeit anlächeln und ihm ein paar Worte sagen. Vor 100.000 Jahren trennten sich Säuglinge im Alter weniger Monate wahrscheinlich nie von ihrer Mutter, denn das hätte bedeutet, nackt auf dem Boden liegen zu bleiben. Heutzutage sind Säuglinge gut zugedeckt an einem bequemen Ort, und auch wenn ihr Instinkt ihnen weiterhin sagt, auf dem Arm wäre es besser, sind sie so verständig und haben ein so starkes Verlangen, uns glücklich zu machen, dass die meisten von ihnen es hinnehmen, ein paar Minuten in einem Kindersitz zu verbringen. Aber sobald Sie aus seinem Blickfeld verschwinden, wird Ihr Kind zu weinen beginnen, »als würde man es umbringen«. Wie oft habe ich diesen Satz von Müttern gehört! Denn der Tod war in der Tat Tausende von Jahren lang das Schicksal der Babys, deren Weinen keine Antwort erzielte.

Natürlich ist das Umfeld, in dem unsere Kinder heutzutage aufwachsen, ganz anders als das, in dem sich unsere Spezies entwickelte. Wenn Sie Ihr Baby in seiner Wiege lassen, wissen Sie, dass es weder unter Kälte noch Hitze leiden wird, dass das Dach es vor Regen und die Wände vor Wind schützen, dass weder Wölfe noch Ratten es verschlingen, noch Ameisen es beißen werden. Sie wissen, dass Sie sich wenige Meter entfernt im angrenzenden Zimmer aufhalten und beim kleinsten Problem sofort herbeieilen werden. Aber Ihr Baby weiß das nicht. Es kann das nicht wissen. Es reagiert ganz genau so wie ein Baby der Altsteinzeit in seiner Lage reagiert hätte. Es hat keine Angst vor Wölfen; es weiß nicht einmal, dass es Wölfe gibt (und dass es immer weniger Wölfe gibt). Was es hat, ist größte Angst allein zu sein. Sein Weinen steht nicht im Zusammenhang mit einer realen Gefahr, sondern mit einer Situation, der Trennung, die Jahrtausende lang unveränderlich Gefahr bedeutet hatte. Babys weinen, wenn man sie allein lässt, ob es Wölfe gibt oder nicht.

Also wird es in 1000 Jahren Babys geben, die, dank der Evolution, anders geboren werden und keine dauernde Begleitung mehr brauchen? Sicherlich nein. Damit Evolution zum Tragen kommt, braucht es Zeit; aber die Zeit ist keine Ursache für Evolution. Es braucht Mutationen und es braucht ein selektives Fenster. Ohne Mutation und ohne selektives Fenster können Millionen Jahre ohne Veränderung vergehen.

Es gibt natürlich graduelle Unterschiede im Verhalten der Babys, der Art, dass einige bei der kleinsten Trennung verzweifelt weinen und andere wenig oder fast gar nicht. Bei Neugeborenen sind die Unterschiede über die Gene erklärbar; einige Wochen später sind die Umgebung und die Lebenserfahrungen mit der genetischen Grundausrüstung in Interaktion getreten und haben das Verhalten der Babys verändert (die Babys in der westlichen Welt, die viel Zeit im Kinderbett verbringen weinen viel mehr als die in anderen Kulturen, wo die Babys die meiste Zeit auf dem Arm sind).

Nehmen wir an, es gäbe ein Prozent von hundert Babys, die nie weinen. Wenn es kein selektives Fenster gibt, wenn also die Kinder, die weinen und die, die nicht weinen, die gleichen Nachkommen haben, würde es in 10.000 Jahren immer noch ein Prozent aller Babys geben, die nicht weinen. Damit sich das Verhältnis ändert, damit die Babys, die nicht weinen 5, 15 oder 80% der Menschheit ausmachen, müsste es ein selektives Fenster geben: Dass etwa die Kinder, die weinen, eine größere Sterblichkeitsrate hätten oder dass die Eltern, deren Kinder nicht weinen, sich entschlössen, mehr Kinder zu haben. Und dieser Unterschied müsste bedeutsam und über Tausende von Jahren hin wirksam sein.

In dem Maße, wie es wächst, wird Ihr Kind lernen, in welchen Fällen eine Trennung eine reale Gefahr mit sich bringt und in welchen Fällen sie belanglos ist. Es wird ruhig zu Hause bleiben können, wenn Sie zum Einkaufen gehen, aber in Tränen ausbrechen, wenn es im Supermarkt verloren geht und glaubt, Sie seien alleine nach Hause gegangen... Das Weinen wäre unnütz, wenn die Mutter nicht auch genetisch veranlagt wäre, darauf zu reagieren. Das Weinen eines Säuglings gehört zu den Geräuschen, die bei einem erwachsenen Menschen die stärkste Reaktion hervorrufen. Die Mutter, der Vater, ja sogar Fremde fühlen sich gerührt, besorgt, bedrückt; sie spüren sofort das Verlangen, etwas zu tun, damit das Weinen aufhöre. Es stillen, spazieren fahren, ihm die Windel wechseln, es auf den Arm nehmen, ihm etwas anziehen oder ausziehen – man ist bereit, alles zu tun, um das Kind zu beruhigen. Wenn das Weinen besonders heftig ist und andauert, werden sie sich an den Rettungsdienst wenden (und das oft mit gutem Grund).

Wenn es uns unmöglich ist, das weinende Kind zu beruhigen, kann sich unser Gefühl der eigenen Ohnmacht in Wut verwandeln. Das passiert, wenn man das Weinen aus der Nachbarwohnung hört: Die gesellschaftlichen Konventionen verbieten es, dass wir eingreifen, aber gerade das ärgert uns besonders (»Was denken sich diese Eltern? Wollen die denn gar nichts machen?« »Dieses Kind ist ungezogen, unsere Kinder haben nie so geschrien!«). Viele Nachbarn kritisieren hinter vorgehaltener Hand die Mütter, deren Kinder »zu viel« weinen, oder weisen sie gar direkt zurecht, und einige gehen sogar so weit, bei ihnen an der Tür zu klingeln, um sich zu beschweren.

Mehr als einmal hat mir eine Mutter geklagt: »Der Arzt hat mir gesagt, ich solle es weinen lassen, denn es halte mich nur zum besten. Aber ich kann das nicht, weil sich die Nachbarn beschweren.« Bei gleicher Lautstärke stört uns ein Kind, das in einem Gebäude weint, mehr als ein Arbeiter, der hämmert oder ein Jugendlicher, der Hardrock hört.

Wenn die absurden Regeln einiger Experten es den Eltern verbieten, so effektiv wie möglich auf das Weinen zu reagieren (indem sie das Baby auf den Arm nehmen, es wiegen, ihm etwas vorsingen, es stillen...), was dann? Man kann es weinen lassen und versuchen, fernzusehen, Essen zu machen, ein Buch zu lesen oder mit seinem Partner zu reden, während man das gellende, anhaltende, herzzerreißende Schreien seines eigenen Kindes hört, ein Weinen, das die »Papierwände« der modernen Häuser durchdringt und fünf, 10, 30, 90 Minuten andauern kann. Und wann fängt es an, beängstigende Geräusche zu machen, als ob es erbricht oder erstickt? Und wann hört es so plötzlich auf zu weinen, dass man es keineswegs als Erleichterung empfindet, sondern sich vorstellt, nun atme es nicht mehr, werde blass und laufe dann blau an? Ist es den Eltern dann gestattet hinzurennen, oder wäre das eine »Belohnung für sein Geplärr« und infolgedessen ebenfalls untersagt?

Die Alternative wäre zu versuchen, das Kind zu beruhigen, aber ohne es auf den Arm zu nehmen, ohne ihm etwas vorzusingen, ohne es zu wiegen und ohne es zu stillen. Warum nicht auch noch eine Hand auf den Rücken gefesselt, um es noch schwieriger zu machen? Soll man etwa das Radio anschalten, beten oder es mit Geld zu bestechen versuchen? Ein Experte, Dr. Estivill, schlägt vor, ihm das Folgende (aus einer Entfernung von mehr als einem Meter, damit es die Mutter nicht anfassen kann) zu sagen:

»Mein Liebes, Mama und Papa lieben dich sehr und bringen dir gerade bei zu schlafen. Du schläfst hier mit Pepito, dem Poster, den Schnullern... Also, dann bis morgen.«[15]

Welch Worte des Trostes und wahrer Liebe, die, was auch immer die Ursache des Weinens sein mag, der Seele jedes Kindes zweifellos Ruhe und Trost spenden – und das ab dem sechsten Monat! (Pepito ist natürlich eine Puppe. Sie haben doch nicht allen Ernstes einen Moment lang geglaubt, ein menschliches Wesen leiste ihm Gesellschaft!?) Allerdings glaubt vielleicht nicht einmal der Autor selbst so recht an die beruhigende Wirkung dieser Worte, denn er weist die Eltern darauf hin, dass sie gleich danach wieder fortgehen sollen, auch wenn das Kind weiterhin weint oder schreit (dieses undankbare Wesen!).

In unserem Land ist Kindesmisshandlung wie in vielen anderen Ländern ein immer größer werdendes Problem. Dutzende Kinder sterben jährlich durch die Hand der eigenen Eltern, und viel mehr erleiden Prellungen, Knochenbrüche, Verbrennungen... Die Armut, der Alkohol und andere Drogen, die Arbeitslosigkeit und die Ausgrenzung zählt man zweifellos zu den tiefliegenden Ursachen der Misshandlungen. Aber es bedarf auch eines Anlasses. Warum schlugen sie das Kind heute und nicht gestern? Das Weinen ist ein häufiger Auslöser. »Es weinte und weinte, bis ich es nicht mehr aushalten konnte.« Was können Eltern machen, wenn alles, was ein weinendes Kind zu beruhigen vermag (Stillen, Tragen, Singen, Liebkosungen), verboten ist?

Die Reaktion auf Trennung

> *Das kleine Kind weiß nichts von elterlicher Liebe;*
> *es kennt nur ein Angesicht und einen Schoß,*
> *in deren Richtung es seine Arme streckt und Zuflucht*
> *und Zuwendung sucht.*
> George Elliot, »Silas Marner«

Im Jahre 1950 übertrugen die Vereinten Nationen John Bowlby die Aufgabe, ein Gutachten über die Bedürfnisse von Waisenkindern zu erstellen. Das Ergebnis seiner Arbeit ist ein Buch[16], das die Wirkung der Trennung auf Kinder analysiert; es basiert vor allem auf der Beobachtung von Kindern, die in Krankenhäuser eingeliefert wurden, sowie der Londoner Kinder, die während des Krieges von ihren Eltern getrennt und aufs Land evakuiert wurden, um den Bombenangriffen zu entkommen.

Als kurzfristige Auswirkung der Trennung zeigen Kinder häufig eine der folgenden Reaktionen:
- Wenn die Mutter zurückkommt, zeigt sich das Kind ärgerlich oder weigert sich, sie zu begrüßen und gibt vor, sie nicht zu sehen.
- Das Kind benimmt sich sehr anspruchsvoll gegenüber der Mutter oder den Menschen, die für das Kind sorgen; es fordert ununterbrochen Aufmerksamkeit, will, dass alles nach seinem Willen läuft, hat Eifersuchtsanfälle und fürchterliche Wutausbrüche.
- Es nimmt mit jedem Erwachsenen, der gerade in der Nähe ist, eine oberflächliche, aber offensichtlich fröhliche Beziehung auf.
- Es wird apathisch, verliert das Interesse an den Dingen, macht rhythmische Bewegungen (als ob es sich selbst wiegte), manchmal schlägt es mit dem Kopf auf.

In einigen Fällen können diese rhythmischen Bewegungen und das Schlagen des Kopfes als normal gelten. So sagt Dr. Ferber (ein engagierter Vertreter der Methode, Kindern das Schlafen beizubringen, indem man sie erst eine Minute, dann drei, dann fünf Minuten weinen lässt... In den meisten Ländern nennt man das die »Ferber-Methode«, was in Spanien als »Estivill-Methode« bekannt ist):

> *Viele Kinder machen irgendwelche rhythmischen, sich wiederholenden Bewegungen, wenn sie schlafen gehen oder wenn sie mitten in der Nacht oder am Morgen aufwachen. Sie hocken auf allen vieren im Bett und schaukeln, drehen den Kopf von einer Seite zur anderen, schlagen mit dem Kopf gegen das Kopfteil des Bettes oder lassen den Kopf wiederholt auf das Kissen oder die Matratze fallen. Nachts kann das bis zum Einschlafen andauern und morgens, bis sie vollständig wach sind. [...]*
> *Wenn dieses Verhalten vor dem 18. Lebensmonat beginnt und zum größten Teil vor dem dritten oder vierten Lebensjahr verschwindet, ist es normalerweise kein Zeichen einer emotionalen Störung. Die meisten Kinder mit solchen Gewohnheiten sind sehr glücklich und gesund, und in ihren Familien entdeckt man weder Probleme noch Spannungen.*[17]

Es fällt auf, dass mit zweierlei Maß gemessen wird, welches Verhalten normal und welches nicht normal ist. »Meine Tochter wacht mitten in der Nacht auf...« »Na klar, sie weint und ruft ihre Eltern. Ihre Tochter hat eine kindliche Schlaflosigkeit aufgrund erlernter schlechter Gewohnheiten. Das ist eine Veränderung des Schlafverhaltens, die, wenn sie nicht rechtzeitig behandelt wird, zu schweren psychologischen Folgeerscheinungen führen kann.« »Nein, Sie haben mich nicht richtig verstanden, Herr Doktor. Meine Tochter wacht auf, aber sie weint nicht und ruft auch keinen; sie schlägt nur mit dem Kopf gegen die Wand.« »Ach so, gut. Das hätten Sie gleich sagen sollen. Wenn sie nur mit dem Kopf gegen die Wand schlägt, ist das völlig normal, kein Grund zur Sorge.«

Zurück zu Bowlby, der uns daran erinnert, dass einige der schwerwiegendsten Veränderungen bei den Kindern zu beobachten sind, die von ihren Müttern getrennt in Krankenhäusern oder Waisenhäusern sind. Hier wird der falsche Eindruck vermittelt, alles sei in Ordnung:

> *Man muss besonders auf die Kinder ein Augenmerk haben, die mit Apathie oder einem fröhlichen und zu jedermann freundlichen Verhalten reagieren, da dies für die Menschen, die über die Prinzipien der mentalen Gesundheit nicht Bescheid wissen, im Allgemeinen irreführend ist. Diese Kinder sind normalerweise still, gehorsam, leicht zu lenken, wohlerzogen, ordentlich und körperlich gesund; viele von ihnen scheinen sogar glücklich zu sein. Solange sie in der Institution bleiben, gibt es augenscheinlich keinen Anlass zur Sorge; aber wenn sie die Institution verlassen, drehen sie durch, und es wird offensichtlich, dass die Anpassung nur oberflächlich war und nicht auf einer echten Persönlichkeitsentwicklung beruhte.*

Zum Glück bleiben nur wenige Kinder in einer Institution (einem Krankenhaus oder Waisenhaus). Aber viele sieht man wiederholt von ihrer Mutter getrennt, jeden Tag einige Stunden lang. Die Folgen sind natürlich nicht so schrecklich, aber es gibt Parallelen. In der Krippe gibt es Kinder, die »still, gehorsam ... sogar glücklich« scheinen, aber in Tränen ausbrechen, sobald sie gehen. Es gibt Kinder, die sich scheinbar sehr gut daran gewöhnt haben, jede Nacht alleine zu schlafen, aber »durchdrehen«, sobald sich eine Lücke in ihrer Isolierung öffnet:

> *Es genügt, dass die Mutter <u>ein einziges Mal</u> den Wunsch des Kindes erfüllt – Wasser, ein Lied, seine Hand »einen Moment« halten, es auf den Arm nehmen... –, um auf ganzer Linie zu verlieren: alles, was bisher erreicht wurde [nämlich das Kind zu »lehren«, alleine zu schlafen], wird verschwinden.*[15]

Die schwersten Folgen entstehen nach langen Trennungen von mehreren Tagen. Aber auch kurze Trennungen haben Folgen. In der Tat ist die Methode, die Psychologen verwenden, um zu prüfen, ob die Mutter-Kind-Beziehung normal ist, der »Test der unbekannten Situation«: Man beobachtet, wie ein Kind von einem Jahr reagiert, wenn die Mutter den Raum verlässt und nach drei Minuten wiederkommt.

Die Folgen der Trennung werden mit zunehmendem Alter immer weniger schwerwiegend, wie uns Bowlby in Erinnerung bringt:

> *Während es gute Gründe gibt zu glauben, dass alle Kinder unter drei Jahren und viele Kinder zwischen drei und fünf Jahren unter der Deprivation [fehlende mütterliche Zuwendung, Anmerkung der Übersetzerin] leiden, ist es bei Kindern zwischen fünf und acht Jahren wahrscheinlich nur eine Minderheit, und es stellt sich die Frage: Warum die einen und die anderen nicht?*

Nun gut, nach Bowlby ist der verantwortliche Faktor dafür, dass einige Kinder die Trennung besser verkraften als andere, die vorherige Beziehung zur Mutter – eine Beziehung, die je nach Alter offensichtlich gegensätzliche Auswirkungen hat.

Bei den Kindern unter drei Jahren veränderte sich das Verhalten nach der Trennung umso mehr, je besser die Beziehung zur Mutter war. Die Kinder, die zu Hause bereits misshandelt oder ignoriert wurden, weinen kaum, wenn man sie ins Waisenhaus oder Krankenhaus bringt. Aber das bedeutet nicht, dass sie den Verlust besser verkraften, sondern dass sie schon fast nichts mehr zu verlieren hatten. Sie zeigen nicht die normale Reaktion eines gesunden Kindes in ihrem Alter.

Bei den Kindern zwischen fünf und acht Jahren halten dagegen diejenigen die Trennung besser aus, die eine festere Beziehung zu ihrer Mutter hatten, mehr Zärtlichkeit erfuhren und längere Zeit auf dem Arm waren. Der enge Kontakt in den ersten Lebensjahren hat ihnen die notwendige Kraft gegeben, um schwierige Situationen zu ertragen, eine Kraft, die den Psychologen heute als Spannkraft bekannt ist.[18] Dickens beschrieb sie schon vor anderthalb Jahrhunderten sehr gut:

> *Er sah, dass diejenigen, die liebevoll versorgt und mit Zärtlichkeit erzogen worden waren, angesichts der Entbehrungen fröhlich blieben und Leid überwanden, das viele mit einer gröberen Veranlagung erdrückt hätte; denn in ihrem Innersten trugen sie die Grundlagen des Glücks, der Zufriedenheit und des Friedens.*

Charles Dickens: *»Die Pickwickier«*

Bowlby meint, dass die Beziehung oder emotionale Bindung, die zwischen Mutter und Kind aufgebaut wird, dem Einzelnen als Modell für alle emotionalen Beziehungen dient, die er im Laufe seines ganzen restlichen Lebens anknüpft. Die Beziehung zur Mutter erweitert sich später auf den Vater, die Geschwister und andere Familienmitglieder; auf Freunde, Klassenkameraden und Lehrer; auf den eigenen Ehepartner und die eigenen Kinder. Im Gegensatz zu vielen anderen Psychiatern, die Erwachsene und ihre verschwommenen Kindheitserinnerungen untersuchten, gelangte er zu dieser Schlussfolgerung, indem er die Kinder sowie die Nachkommen anderer Spezies beobachtete.

Im Laufe meines Buches werde ich diese Parallele zwischen der Mutter-Kind-Beziehung und anderen affektiven Bindungen nutzen, um durch Analogien einige Aspekte kindlichen Verhaltens zu erklären, indem ich in umgekehrter Richtung den Weg Bowlbys zurückverfolge.

Viele Verhaltensweisen, die man bei Kindern ohne weiteres als »Launen«, »Theater« oder »Ungezogenheiten« abtut, akzeptiert man als legitim bei einem Erwachsenen. Dabei muss uns aber klar sein, dass diese Analogien rein didaktisch sind: Was wir über das Verhalten der Kinder wissen, hat man nicht aus der Beobachtung von Erwachsenen und daraus gezogenen Schlussfolgerungen abgeleitet, sondern an den Kindern direkt beobachtet.

Stellen Sie sich einen Sonntag vor, an dem Sie und Ihr Mann zu Hause sind. Jeder ist mit seinen Angelegenheiten beschäftigt, und dabei begegnen Sie sich ein Dutzend Mal im Flur. Bleiben Sie jedes Mal stehen, um sich zu begrüßen und zu umarmen? Meistens werden Sie wortlos aneinander vorbeigehen, ohne sich auch nur anzusehen.

Nun geht Ihr Mann los, um etwas Kuchen zu kaufen. Sagt er nicht »Tschüss!«, wenn er geht, und »Ich bin schon wieder da!«, wenn er kommt? Da er kaum 15 Minuten weg war, ist es gut möglich, dass Sie nicht einmal zur Tür gehen, um ihn zu empfangen, sondern sich weiter Ihren Angelegenheiten widmen und nur von fern »Hallo!« rufen.

Am nächsten Tag kommt Ihr Mann abends von der Arbeit. Er war neun Stunden unterwegs. Haben Sie nicht vor, zur Tür zu gehen, um ihn zu begrüßen? Werden Sie ihm keinen Kuss geben (und erwarten, dass er ihn erwidert)? Ist das Begrüßungsritual nicht etwas länger? Ungefähr so:

– Hallo Schatz!
– Hallo.
– Wie war's?
– Gut.

In diesem Moment verdrückt sich Ihr Mann halb und wendet sich dem Fernseher zu. In den ersten Monaten der Ehe erwarteten Sie eine etwas längere Erklärung. Aber inzwischen haben Sie eingesehen, dass Männer eben so sind und man sie so annehmen muss.

Stellen Sie sich nun vor, Ihr Mann geht eine Woche auf Geschäftsreise nach New York. Bei seiner Rückkehr entwickelt sich der gewohnte Dialog:
- Hallo Schatz!
- Hallo.
- Wie war's?
- Gut.

Und er geht zum Fernsehen... Wie ist Ihnen zumute? Werden Sie das zulassen?
- Was heißt hier gut? So erzähl mir doch etwas! Was hast du gemacht? Was hast du gesehen? Was gab es zu essen? Warst du oben auf dem Empire State Building? Was hast du mir mitgebracht? Das kann doch nicht wahr sein, dass du eine Woche in New York verbringst und mir nichts erzählst! Komm, gib mir einen Kuss...! Liebst du mich denn nicht mehr?

Die Trennung zweier emotional verbundener Menschen beunruhigt beide. Um sich wieder zu beruhigen, brauchen sie einen besonderen körperlichen und verbalen Kontakt (und manchmal andere Zeichen von Liebe und Zuneigung, wie zum Beispiel ein Geschenk). Dieser Kontakt wird umso länger und vielgestaltiger sein, je länger die Trennung war. Wenn einer dem anderen diesen beruhigenden Kontakt verweigert, reagiert dieser normalerweise mit noch größerer Beunruhigung und manchmal mit Feindseligkeit. Zum Schluss werden mehr Worte und mehr Kontakt erforderlich sein, um eine Beruhigung herbeizuführen (das heißt, eine Entschuldigung wird fällig).

Beim ersten Beispiel, wenn beide zu Hause sind und sich im Flur begegnen, braucht man keinen besonderen Kontakt, weil es nicht einmal eine Trennung gab. Beide waren zu Hause, und deshalb waren beide »zusammen«.

Aber zwischen einem Baby und seinen Eltern ist das etwas anderes. In ein anderes Zimmer zu gehen, ist für das Baby eine Trennung, weil es nicht weiß, wohin seine Mutter gegangen ist. Es dauert mehrere Jahre, bis es begreift, dass die Mutter im Nebenzimmer ist und daher »nicht fortgegangen« ist. Für Babys gelten auch andere Maßeinheiten: Einige Minuten sind für Ihr Kind wie mehrere Stunden, ein paar Stunden empfindet es wie Tage oder Monate und einige Meter erscheinen ihm wie Kilometer.

Verstehen Sie jetzt, warum Ihr Kind zu weinen anfängt, sobald Sie das Zimmer verlassen, warum es länger auf dem Arm sein will und mehr Aufmerksamkeit braucht, wenn Sie von der Arbeit kommen oder es im Krankenhaus war, und warum es darauf besteht, Ihnen nach der Krippe stammelnd zu erzählen, was es gemacht hat, und will, dass Sie ihm etwas Süßes kaufen?

Manchmal bittet das Kind um ein Karamellbonbon, ein Eis oder ein dringend ersehntes Spielzeug. Selbstverständlich fordere ich Sie nicht auf, ihm alles zu kaufen, was es will; das ist abhängig von Ihren finanziellen Möglichkeiten, der Ernährung Ihres Kindes (das heißt um wie viel Eis und wie viele Bonbons Ihr Kind pro Woche bittet), der Anzahl der Spielzeuge, die es zu Hause hat, und dem Wert, den es darauf legt.

Was ich aber in diesem Buch zum Ausdruck bringen will, ist: Wenn Sie entscheiden, ihm das, was es will, nicht zu geben, dann sollten Sie einen vernünftigen Grund dafür haben: Weil es schon so viele Spielsachen hat, weil es sehr teuer ist, weil die Karamellbonbons schlecht für die Zähne sind..., aber nicht einfach nur, um es zu »erziehen«, damit es »lernt zurückzustecken«. Sagen Sie nicht »Nein« zu Ihrem Kind, nur um es zu ärgern.

In anderen Fällen dagegen bitten die Kinder nur um Süßigkeiten oder Spielzeuge, um »auf sich aufmerksam zu machen«. Wenn Eltern nach der Schule nicht genug Interesse an dem Bericht ihres Kindes zeigen, wegen seines stotternden Erzählens ungeduldig werden, es ständig korrigieren, statt geduldig zuzuhören, es kaum küssen und umarmen, sich weigern, es auf den Arm zu nehmen, oder es sogar feindselig begrüßen (»Was für dreckige Hände du hast! Wäschst du dich denn gar nicht, ehe du gehst? Schau doch mal deine neuen Hosen an, was hast du damit nur gemacht? Und die Mantelknöpfe! Bildest du dir etwa ein, ich bin hier, um den lieben langen Tag Knöpfe anzunähen?«), dann wird das Kind wahrscheinlich um alles bitten, was es im erstbesten Schaufenster sieht. Es fordert einen Liebesbeweis. Einen irrigen Liebesbeweis, denn Achtung, Beziehung und Verständnis beweisen wahre Liebe, nicht Geschenke und Süßigkeiten.

Für die Eltern kann diese unechte Zuneigung, die in der Anhäufung materieller Güter besteht, durchaus sehr attraktiv sein. Zeit ist Geld, aber der Tag hat nur 24 Stunden. Wenn man genug richtiges, echtes Geld hat, kann es »billiger« sein, der Tochter eine Puppe zu kaufen, die läuft und spricht, als mit einer normalen Puppe eine Stunde des Tages mit ihr zu spielen. Und so »verziehen« wir unsere Kinder Schritt für Schritt, das heißt, wir lehren sie, auf materielle Dinge mehr Wert zu legen als auf Menschen. Es ist nicht einfach die Anhäufung von Reichtümern, die Kinder verzieht. Reiche Kinder haben immer mehr Dinge als arme, aber dennoch gibt es arme Kinder, die verzogen sind, und reiche Kinder, die es nicht sind. »Verziehen« bedeutet »schlecht erziehen«, das heißt mit wenig Liebe, wenigen Umarmungen, wenig Achtung, wenig Zärtlichkeit.

Es ist unmöglich, ein Kind zu verziehen, indem man viel Rücksicht nimmt, es viel umarmt, es viel tröstet, wenn es weint, oder viel mit ihm spielt.

Wir sagten, es war am Sonntag nicht erforderlich, sich zu begrüßen, wenn man sich auf dem Flur traf, weil es keine Trennung gegeben hatte. Aber wenn ein Ehepaar einen ganzen Sonntag verbringt, ohne ein Wort oder einen Blick zu wechseln, ohne sich zu küssen oder zu umarmen, glauben Sie dann nicht auch, dass es kurz vor der Scheidung steht? Zwei Menschen, die eine emotionale Bindung miteinander haben, müssen selbst dann, wenn sie ununterbrochen zusammen sind, von Zeit zu Zeit etwas miteinander machen. Wenn Sie das vergessen, wird Ihr Kind Sie daran erinnern.

Es will nicht in den Kindergarten gehen

Bei vielen täglichen Trennungen beobachtet man ähnliche Auswirkungen wie die, welche Bowlby beschreibt, und Mütter wie Fachkräfte bewerten die Tatsachen weiterhin falsch. Susanne beschreibt uns, wie ihr Kind auf die Trennung reagiert:

Seit der vergangenen Woche geht Robert in den Kindergarten. Er ist fast zwei Jahre alt und war bisher nie weg, das heißt abgesehen von zwei Monaten letztes Jahr, sonst nicht.
Das Problem ist, dass er, seitdem er in den Kindergarten geht, genauer gesagt, seit dem zweiten Tag, mich emotional unverschämt unter Druck setzt. Und das macht mich »fix und fertig«. Er wacht wie immer fröhlich auf, frühstückt, schaut sich den morgendlichen Zeichentrickfilm an und dann... mit einem Male... sagt er nur noch ununterbrochen: »Mami, nicht Kindergarten, Mami, Kindergarten nicht...!« Und das kann bis zu einer halben Stunde so gehen. Mit kummervollem Gesicht natürlich.

> Unterwegs zum Kindergarten geht es leidlich, bis er ihn sieht. Dann fängt das Theater erst richtig an: »Mami, pazieren (spazieren gehen), schöne Mama, nicht Kindergarten, Mama, Kuss geben, Mama Arm, Mama, heimgehen, schlafen...« Und dabei rollen Krokodilstränen über sein trauriges Gesicht... Wenn ihn sein Erzieher bei der Hand nimmt, ist es, als würde man ihn umbringen, den Ärmsten, wie er weint..., und auch ich bin den Tränen nahe. Ich gehe nach Hause und fühle mich »saumäßig«. Ich habe Gewissensbisse, überdenke die Situation, überlege, ob ich es richtig gemacht habe, meine, dass ich ja Zeit brauche, um Arbeit zu suchen, dass es für ihn gut sein wird... und so geht das täglich seit letztem Montag. Um Viertel vor eins bin ich schon da, damit der Ärmste nicht noch länger weint..., und was sehe ich? Er spielt ganz fröhlich mit den Kindern. Ohne rote Augen, das heißt, er hat kaum geweint. Aber wenn er mich sieht... holla...! »Mami, auf, auf, Mama, heim, Mami, Kindergarten nein!«... Das nächste Mal dasselbe, ganz ohne Tränen. Die Leiterin lacht sich halb tot und erzählt mir, dass er den ganzen Vormittag überhaupt nicht geweint habe, dass er aufhört, sobald ich weg bin, dass er allenfalls fragt: »Wo ist Mami?«
> So geht das jeden Tag. Nachmittags ist es zu Hause schrecklich. Er hängt mir am Rockzipfel, ich kann nicht einmal alleine zur Toilette gehen, ohne dass er kläglich nach mir ruft. Wenn er nachts aufwacht und sein Vater zu ihm geht, sagt er, Mami soll kommen. Wenn ich einkaufen gehe, muss ich ihn mitnehmen...

Robert zeigt mehrere typische Reaktionen auf die Trennung: wie eine Klette an seiner Mutter hängen und ständig Aufmerksamkeit fordern, sich im Kindergarten offensichtlich ruhig und kooperativ zeigen, zusammenbrechen, sobald er mit ihr fortgeht... Offensichtlich überzeugt gerade die Tatsache, dass er im Kindergarten nicht weint, seine Mutter davon, dass das ganze nur eine »Show« ist. Was braucht diese Mutter, um zu begreifen, dass ihr Sohn wirklich leidet? Dass er die vielen Stunden im Kindergarten pausenlos weint? Niemand weint so lange. Angesichts der furchtbarsten Unglücksfälle und Katastrophen weint der Mensch einige Zeit, und dann geht er zur Tagesordnung über. Menschen weinen nicht pausenlos, sie tun das weder bei Beerdigungen noch in

Krankenhäusern noch im Gefängnis noch im Konzentrationslager. Wenn sie zu weinen aufhören, sogar »protzen« und ihre Lage standhaft zu ertragen versuchen, bedeutet das nicht, dass sie aufgehört hätten, darunter zu leiden.

Weiter oben sahen wir, dass gerade die Kinder unter drei Jahren, welche die beste Beziehung zu ihrer Mutter haben, unter der Trennung am meisten leiden. Die eindrucksvolle Reaktion von Robert zeigt uns gerade, dass er seine Mutter liebt und sie ihn immer sehr gut behandelt hat. Wie schade, dass Susanne das nicht weiß!

Das Tragische an der Sache ist, dass dieser Mangel an Verständnis das Leiden vergrößern kann. Das Ideale wäre, da wollen wir uns nichts vormachen, dass Robert erst einige Monate später in den Kindergarten geht. Aber das ist nicht immer möglich; Susanne muss Arbeit suchen und hat keine andere Wahl, als ihren Sohn in den Kindergarten zu bringen. Nein, das ist kein Weltuntergang. Es handelt sich um eine relativ kurze Trennung, die man ausgleichen kann. Robert zeigt seiner Mutter, wie sie die Trennung ausgleichen und die Verletzung heilen kann:

Er fordert, dass sie den ganzen Nachmittag mit ihm verbringt, dass sie kommt, wenn er nachts nach ihr ruft (ich vermute, er würde sogar noch lieber ganz bei ihr schlafen), dass sie ihn zum Einkaufen mitnimmt, dass sie ihn oft in den Arm nimmt und liebkost. Susanne könnte ihm all dies geben und sich dabei besser fühlen und auch die Verletzung heilen, die sie selbst durch die Trennung erleidet.

Aber die Erzieherin (theoretisch eine Expertin in Kindererziehung) erkennt ebenso wenig die Auswirkungen der Trennung auf ein Kind dieses Alters und lacht sogar über das Leid des Jungen.

Tragischerweise wählte Susanne den entgegengesetzten Weg: Statt zuzugeben, dass ihr Sohn wirklich leidet, statt ihn an ihr Herz zu drücken und über das Wirtschaftssystem wütend zu sein, das sie zwingt, trotz des so kleinen Kindes nach Arbeit zu suchen, versucht sie, sich einzureden, das Leid ihres Sohnes sei Theater und die Tränen bloße Krokodilstränen. Jetzt ist Susanne auf ihren eigenen Sohn wütend und klagt ihn an, sie emotional zu erpressen. Wie werden sie da das Verlorene wiedergewinnen oder ausgleichen können?

Warum sie immer auf den Arm wollen

> *Manche Frauen hielten Säuglinge im Arm und arbeiteten mit der freien Hand auf dem Herd.*
> Franz Kafka, »*Der Process*«

Vor 100.000 Jahren, irgendwo in Afrika. Eine Gruppe Menschen zieht langsam über die Grasweide. Vielleicht bilden sie eine fast militärische Formation wie es die Babuine [Pavianart in Afrika, Anmerkung der Übersetzerin] tun: Die Frauen und Kinder gehen in der Mitte; die Männer umgeben sie, einige mit Stöcken bewaffnet. Einige Frauen sind schwanger, andere tragen ihre Babys auf dem Arm. Der ganze Stamm drosselt sein Marschtempo, um es an das der langsamsten Mitglieder anzupassen.

Hier und da halten sie an, um einige Früchte zu pflücken, nach Wurzeln zu scharren oder nahrhafte Ameisen zu verzehren. Wenn sie Glück haben, gelingt es ihnen, dank ihrer Intelligenz, ihrer Zusammenarbeit und ihrer Geschicklichkeit im Steinwurf, irgendein kleines Tier zu erlegen oder den Hyänen die Beute streitig zu machen.

Wo sind die Babys? Hat man sie daheim gelassen, in einer Wiege, in der Obhut eines Babysitters, um zur Arbeit zu gehen? Sicher nicht! Es gab keine Häuser, es gab keine Wiegen, der ganze Stamm wanderte gemeinsam.

Neugeborene Äffchen klammern sich mit Händen und Füßen ans Fell ihrer Mutter und mit dem Mund an ihre Brustwarze. So wandern sie von Baum zu Baum; ihre fünf stabilen Haltepunkte geben ihnen Sicherheit. Schimpansen und Gorillas dagegen sind uns so ähnlich, dass ihre Neugeborenen nicht in der Lage sind, sich an der Mutter festzuhalten; sie muss sie mit einem Arm unterstützen, damit sie nicht fallen. Aber nur während der ersten zwei oder drei Wochen; danach hält sich das Junge alleine fest.

Ab welchem Alter würden Sie es wagen, Ihr Kind ohne Tragetuch und Tragebeutel zu tragen, ohne es mit einer Hand zu stützen, und dabei von Baum zu Baum zu springen? Nirgends auf dieser Erde findet sich ein anderes Wesen, bei dem es über ein Jahr dauert, bis sich das Junge einfach an seiner Mutter festhalten kann. Als es keinen Stoff und keine Seile gab, geschweige denn Kinderwagen, trugen die Mütter ihre Babys den ganzen Tag

auf dem Arm, meist auf dem linken, um den rechten zum Essen frei zu haben (oder umgekehrt, wenn die Mutter Linkshänderin war). Wahrscheinlich stillten sie häufig und kurz, wie die heutigen Buschmann-Frauen, mehrfach pro Stunde (solch intensives Stillen verhindert den Eisprung, und die meisten Frauen bekommen nur alle drei bis vier Jahre ein Baby..., es sei denn, ein Baby starb früher).

In den Ruhepausen setzte sich die Mutter mit dem Baby auf dem Schoß oder legte sich mit dem Baby im Arm hin. Je größer das Kind wurde, desto weniger brauchte es seine Mutter und desto mehr wog es auch; wahrscheinlich halfen Großmutter, Vater und ältere Geschwister der Mutter beim Tragen. Mit an Sicherheit grenzender Wahrscheinlichkeit hatten die Babys jeden Moment der 24 Stunden des Tages Körperkontakt mit einem anderen Menschen – meist der Mutter – bis sie zu krabbeln anfingen. Und mehrere Jahre danach hatten sie weiterhin vielleicht nicht die ganzen 24 Stunden, aber zumindest den größten Teil der Zeit Körperkontakt. Selbst Kinder im Alter von drei oder vier Jahren, die schon eine ganze Weile gehen konnten, mussten auf den Arm genommen werden, wenn der Stamm mehrere Kilometer weiterzog.

So hat die natürliche Evolution Millionen Jahre lang diejenigen Kinder gefördert, die es genießen, auf dem Arm zu sein, und sich ärgern, wenn man sie alleine lässt. Es war eine Frage des Überlebens.

Warum sie nicht alleine schlafen wollen

> *[...] dieses Entsetzen, das Kinder befällt,*
> *wenn sie nachts oder alleine aufwachen.*
> Alexandre Dumas, *»Zwanzig Jahre danach«*

Wo schliefen die Babys vor 100.000 Jahren? Es gab keine Häuser, es gab keine Wiegen, es gab keine Kleidung. Zweifellos schliefen sie dicht bei ihrer Mutter oder auf ihr in einem behelfsmäßigen Lager aus Laubwerk. Der Vater schlief wohl ganz in der Nähe und der gesamte Stamm kaum einige Meter entfernt. Nur so konnten sie den Schlaf überleben, den verletzlichsten Zustand ihrer Reise. Aus dieser Zeit stammt die Sitte, dass Eheleute im gleichen Raum schlafen, und das Unbehagen, das uns Erwachsene befällt (gelegentlich richtige Schlaflosigkeit), wenn eine Reise uns zwingt, getrennt von unserem gewohnten Partner zu schlafen. Wenn der Ehemann auswärts übernachtet, »erlauben« viele Mütter ihren Kindern, ins Ehebett zu kommen, und es ist nicht immer leicht zu klären, für wen dieses Zusammensein tröstlicher ist.

Können Sie sich ein nacktes Baby vorstellen, das alleine im Freien auf dem Boden fünf oder zehn Meter von seiner Mutter entfernt sechs oder acht Stunden am Stück schläft? Es hätte nicht überlebt. Es musste einen Mechanismus geben, der dafür sorgte, dass das Baby auch in der Nacht in ständigem Kontakt mit seiner Mutter blieb, und wieder handelt sich um einen doppelten Mechanismus: Die Mutter hat das Bedürfnis, bei ihrem Baby zu sein (ja, trotz aller anders lautenden Tabus haben noch viele Mütter dieses Bedürfnis), und das Kind wehrt sich heftig dagegen, alleine zu schlafen.

Alleine schlafen! – das große Ziel der Kindererziehung im 20. Jahrhundert. Wie gesagt, ein Kind, das die Mutter alleine und wach auf dem Boden liegen lassen konnte, das nicht sofort protestierte, sondern einschlief (!), hätte wohl kaum mehr als einige Stunden überlebt. Wenn es einmal solche Kinder gab, dann sind sie vor Tausenden von Jahren ausgestorben. (Gut, nicht alle. Man hört manchmal von Kindern, die spontan und freiwillig die ganze Nacht durchschlafen. Wenn Ihr Kind eines dieser seltenen Kinder

ist, dann bekommen Sie keinen Schreck: Es ist sicher auch normal.) Unsere Kinder sind genetisch darauf ausgelegt, in Gesellschaft zu schlafen.

Für ein Tier ist der Schlaf ein gefährlicher Zustand. Unsere Gene zwingen uns, wach zu bleiben, wenn wir uns bedroht fühlen, und nur einzuschlafen, wenn wir uns sicher fühlen. An einem unbekannten Ort fühlen wir uns bedroht, und viele Leute haben Schwierigkeiten, in Hotels zu schlafen, weil »das Bett ungewohnt ist«. Es fällt uns schwer, in Abwesenheit unseres Partners oder in Anwesenheit von Fremden einzuschlafen.

Angenommen, Sie mussten in einer weit entfernten Stadt umsteigen und haben den letzten Zug verpasst. Es ist zwei Uhr früh, alles ist geschlossen, und Sie müssen im Bahnhof auf den Sechs-Uhr-Zug warten. Stellen Sie sich jetzt verschiedene mögliche Situationen vor: a) Sie sind ganz alleine im Wartesaal; b) Sie reisen alleine, aber im Wartesaal sind ein Dutzend Leute, zwei komplette Familien, einige ältere Damen und eine kleine Gruppe Pfadfinder; c) Sie sind mit fünf halb betrunkenen Gestalten alleine im Wartesaal; d) Sie reisen in Begleitung Ihres Ehemannes und zweier befreundeter Ehepaare. Glauben Sie, es wird Ihnen in allen Fällen gleich leicht fallen einzuschlafen?

Fremde in der Nacht

> *Wo immer sie war, da war Eden.*
> Mark Twain, *»Adam und Evas Tagebuch«*

Xaver, 18 Monate alt, ist ein »schlechter Schläfer«. Immer wieder ruft er seine Mutter Marie: weil er eine Geschichte hören will, weil er Durst hat, wegen eines Wehwehchens... Jede Nacht wird zur Tortur für die ganze Familie. »Er nutzt dich aus«, sagen alle, »du solltest ihn weinen lassen, es geschieht ihm ja nichts.«

Heute haben sich Marie und Xaver auf den Weg gemacht, um die Großeltern in ihrem entlegenen Dorf zu besuchen. Papa arbeitet und kann nicht mitkommen. Sie müssen in einer Kleinstadt, besser gesagt, in einem größeren Dorf, in einen anderen Bus umsteigen. Aber der Bus, der aus der Hauptstadt kommt, hat sich um mehrere Stunden verspätet. Marie und ihr Sohn sind die einzigen Fahrgäste, die an dem einsamen Busbahnhof um halb zwei Uhr früh aussteigen. Der Linienbus, der zum Dorf der Großeltern fährt, kommt nicht vor halb acht am nächsten Morgen. Mutter und Kind sind alleine im schlecht beleuchteten Wartesaal. Der Busbahnhof liegt außerhalb des Dorfes, einige Schrebergärten und das Industriegebiet trennen ihn von den ersten bewohnten Straßen. Marie traut es sich nicht zu, das Dorf zu Fuß zu erreichen. Neben dem Busbahnhof gibt es eine Tankstelle. Sie wird den Tankwart bitten, ihr ein Taxi zu rufen, in diesem Dorf wird es doch irgendein Hotel geben... Hat sie genug Geld dabei? Entsetzt stellt sie fest, dass sie kaum genug Geld für die Busfahrkarte bei sich trägt und vergessen hat, sich die Kreditkarte einzustecken. Nun gut, es sind nur fünf Stunden; es wird wohl besser sein, hier zu warten. Der Anblick der beleuchteten Tankstelle vermittelt ihr eine gewisse Sicherheit. Fast würde sie lieber an der Tankstelle warten, aber draußen ist es kalt.

Von Zeit zu Zeit rast ein Auto vorbei, oder das Gebell eines Hundes schallt von einer der Fabriken herüber. Gegen drei Uhr tauchen fünf Motorradfahrer in Lederjacken auf, halten zwischen Busbahnhof und Tankstelle an und machen sich daran, Bier zu trinken, grölen herum und balgen miteinander. Von Zeit zu Zeit nähert sich einer auffällig dem Busbahnhof und uriniert gegen einen Baum, während die anderen lachen und hetzen (»Schäm dich, Franz, in Gegenwart einer Dame! Sehen Sie nicht hin, Verehrteste, es lohnt sich nicht! Seiner ist ziemlich klein!«). So geht das über anderthalb Stunden.

Auf dem Stuhl, welcher der Tür am nächsten ist, verbringt Marie die schier endlos scheinenden Stunden natürlich schlaflos, klammert sich an ihr Kind und ihre Tasche. Xaver dagegen hat in ihrem Arm durchgeschlafen. Wer ist nun ein »schlechter Schläfer«? In den Armen seiner Mutter in einem entlegenen Dorf, von feindseligen Fremden umgeben, fühlt sich Xaver sicherer als zu Hause, im eigenen Zimmer in der eigenen Wiege. Für ein Kind in diesem Alter ist Mama wie Superman, die unbesiegbare Beschützerin. Ihr Schoß ist sein Zuhause, seine Heimat, sein Paradies. Ist es nicht wunderbar, Mama, sich so zu fühlen?

In der Nacht der Urzeit

> *Und wenn sie Säuglinge haben, die laut weinen,*
> *geht dir da kein Stich durch das Herz?*
> Victor Hugo, »Notre Dame de Paris«

In jenem Stamm vor 100.000 Jahren gingen zwei Mütter mit ihren Kindern schlafen. Wir wissen nicht genau, wie sie es taten, aber wir wissen, wie es die Schimpansen heutzutage machen: Wenn die Nacht hereinbricht, bereitet jeder erwachsene Schimpanse ein weiches Lager aus Blättern und Zweigen vor und legt sich dort schlafen. Schimpansen haben keine Ehebetten, Männchen und Weibchen schlafen getrennt (aber natürlich nicht sehr weit entfernt voneinander; die ganze Horde schläft in der Nähe). Mutter und Junges dagegen teilen ihr Lager miteinander, bis das Junge ungefähr fünf Jahre alt ist.

Mitten in der Nacht wachten jene beiden primitiven Frauen auf; aus unbekannten Gründen entfernten sie sich und ließen ihre Kinder auf dem Boden zurück. Eines der Kinder gehörte zu denen, die alle anderthalb Stunden aufwachen; das andere schlief immer die ganze Nacht durch. Welches von beiden ist wohl Ihrer Meinung nach nie mehr aufgewacht? Oder vielleicht wachten beide gleichzeitig auf, aber das eine fing sofort an zu weinen, während das andere erst nach drei Stunden weinte, als es Hunger fühlte.

Welches Kind verhungerte? Eines fing sofort zu weinen an, das andere blieb still, bis es erschrak, weil eine Hyäne sich näherte. Welches wurde von der Hyäne gefressen? Eines hörte nicht wieder auf zu weinen, bis seine Mutter zurückkehrte, um es zu trösten: Es konnte eine halbe Stunde weinen, eine Stunde, so lange es nötig war, bis zur Erschöpfung. Das andere dagegen weinte nur einige Minuten, und als keiner kam, schlief es mangels Erfolg wieder ein. Welches schlief, um nie mehr aufzuwachen?

Sie haben richtig geraten: Unsere Kinder sind genetisch darauf programmiert, regelmäßig aufzuwachen. Unsere Kinder haben die Gene der Überlebenden geerbt, der Sieger im harten Kampf ums Leben.

Sie schlafen nicht durch, sie haben genau wie die Erwachsenen im Laufe der Nacht mehrere Schlafzyklen. Die Länge eines jeden Zyklus ist verschieden und liegt zwischen kaum 20 Minuten und etwas mehr als zwei Stunden; die durchschnittliche Dauer beträgt beim Erwachsenen anderthalb Stunden, aber beim Säugling kaum eine Stunde. Zwischen den Zyklen haben wir eine Phase des »teilweisen Erwachens«, in der wir leicht vollständig wach werden können.

Diese Tatsache[15] erkennen sogar diejenigen an, die Experten darin sind, »Kinder das Schlafen zu lehren«. Das Ziel ihrer Methoden besteht nicht darin zu erreichen, dass das Kind nicht aufwacht, denn das ist unmöglich. Sie wollen, dass das Kind, statt nach den Eltern zu rufen, still bleibt, bis es wieder einschläft.

Die Säuglinge »sind auf der Hut«, um sicher zu sein, dass ihre Mutter nicht fortgegangen ist. Wenn das Baby seine Mutter riechen, berühren, ihren Atem hören und vielleicht an ihrer Brust trinken kann, dann wird es gleich wieder einschlafen. Oft wachen beim Stillen weder Mutter noch Baby ganz auf. Aber wenn die Mutter nicht da ist, wacht das Kind ganz auf und fängt an zu weinen. Je länger es weinen muss, ehe seine Mutter sich einstellt, desto beunruhigter und schwerer wird das Kind zu trösten sein.

Ein Planet, zwei Welten

> *Aber – platzte er entrüstet heraus –*
> *schlafen diese so kleinen Kinder*
> *hier in Mailand denn nicht bei ihren Eltern?*
> *Wer sorgt denn dann für sie?*
> José Luis Sampedro, »Das etruskische Lächeln«

In anderen Kulturen ist das gemeinsame Schlaflager allgemein üblich (und infolgedessen sind Schlafprobleme im Kindesalter praktisch unbekannt). Die Psychologin Gilda Morelli und ihre Kollegen[19] untersuchten in allen Einzelheiten das Verhalten und die Meinungen einer Gruppe von 14 guatemaltekischen Müttern, die der Kulturgemeinschaft der Maya angehörten, und verglichen sie mit denen von 18 weißen nordamerikanischen Müttern der Mittelklasse.

Alle Maya-Kinder (zwischen zwei und 22 Monaten) schliefen bei ihrer Mutter im Bett, acht außerdem bei ihrem Vater. Weitere drei Väter schliefen im gleichen Raum, aber in einem getrennten Bett (zwei davon mit einem weiteren, älteren Kind), und in drei Fällen war der Vater abwesend. In zehn Fällen schlief ein anderes Geschwisterkind im gleichen Zimmer, in vier davon im gleichen Bett; die anderen vier Kinder schliefen nicht mit Geschwistern im Zimmer, weil sie Einzelkinder waren.

Die Maya-Kinder blieben bei ihrer Mutter und wurden bis zum zweiten oder dritten Lebensjahr nach Bedarf gestillt, bis kurz vor der Geburt eines Geschwisterkindes. Die Mütter merkten normalerweise nichts vom nächtlichen Stillen, weil sie dabei nicht aufwachten, und das Thema hielten sie für belanglos. (Dagegen mussten 17 der 18 nordamerikanischen Mütter aufwachen, um ihr Kind zu füttern, die meisten davon ungefähr sechs Monate lang, und diese 17 sagten, das nächtliche Stillen sei lästig.)

Bei den Maya gab es kein Einschlafritual für die Kinder. Sieben schliefen mit ihren Eltern gleichzeitig ein, und die anderen schliefen bei irgendjemand sonst auf dem Arm. Die zehn, die noch gestillt wurden, schliefen an der Brust ein. Man erzählte weder Gutenachtgeschichten noch badete man die Kinder vor dem Schlafengehen. Nur eines der Kinder hatte eine Puppe, mit der es einschlief; es war das einzige, das nicht von Geburt an bei seiner

Mutter geschlafen hatte, sondern einige Monate in einer Wiege im gleichen Raum geschlafen hatte, um erst dann wieder ins mütterliche Bett zurückzukehren.

Die Maya-Mütter konnten sich nicht vorstellen, dass Kinder anders schlafen könnten. Als man ihnen erklärte, dass die nordamerikanischen Säuglinge in einem getrennten Raum schlafen, zeigten sie Entsetzen, Missbilligung und Mitleid. Eine rief aus: »Aber es bleibt doch jemand bei ihnen, nicht wahr?« Das gemeinsame Schlafen ist nicht eine Folge der Armut oder des Raummangels, sondern man betrachtet es als grundlegend für eine gute Kindererziehung. Die Mütter erklärten zum Beispiel, es genüge, einem Kind von 13 Monaten klar zu machen, dass es bestimmte Dinge nicht anfassen solle, wenn man ihm sagte: »Fass das nicht an, es ist nicht gut, es kann dir wehtun!« Und das Kind gehorchte. Als man ihnen erklärte, nordamerikanische Kinder verstünden in diesem Alter noch keine Verbote oder täten sogar das Gegenteil, meinte eine Maya-Mutter, dieses Verhalten sei die Folge davon, dass sie nachts von ihren Eltern getrennt sind.

Es ist faszinierend zu vergleichen, wie Kinder in verschiedenen Kulturen aufgezogen werden. Eine amerikanische Anthropologin, Meredith Small, schrieb ein unentbehrliches Buch zu diesem Thema: »Unsere Kinder und wir«.[20]

Warum es häufiger als früher aufwacht

Es gibt immer irgendeinen Naivling, der jungen Eltern erklärt: »Macht euch keine Sorgen, das ist nur am Anfang so, wenn das Baby wächst, schläft es immer länger.«

Wieso sollte es immer mehr schlafen? Die Neugeborenen schlafen 16 Stunden pro Tag; wenn sie noch mehr schliefen, fielen sie ins Koma. Wir Erwachsenen schlafen etwa acht Stunden pro Tag oder weniger, also müssen wir irgendwann im Laufe unseres Wachstums angefangen haben, kürzere Zeit zu schlafen.

»Na klar«, sagen einige, »insgesamt schlafen sie weniger Stunden, aber in der Nacht schlafen sie mehr Stunden am Stück.«

Vielleicht geschieht das in einigen Fällen, aber in anderen passiert genau das Gegenteil. Wir wollen sehen, was Samantha dazu sagt:

> Ich habe eine Tochter, die fast sechs Monate alt ist. Ich stille sie nach Bedarf. Bisher klappte alles gut; nachts wachte sie ein paarmal auf, trank an der Brust und schlief wieder ein (alle drei oder vier Stunden). Aber in letzter Zeit tut sie das alle ein bis anderthalb Stunden. Sie weint, ohne ganz wach zu werden, ich muss sie nehmen, gebe ihr die Brust und dann schläft sie wieder weiter, und so geht es bis zur nächsten Stunde. Wenn ich es nicht so mache, wird sie ganz wach, und dann fällt es ihr sehr schwer wieder einzuschlafen.

Die Mutter von Laura (auch ein sechs Monate altes gestilltes Baby) erzählt etwas ganz Ähnliches:

> Früher, als sie kleiner war, schlief sie nachts vier oder fünf Stunden am Stück; natürlich schlief sie tagsüber wegen der Blähungen kaum, da hatte sie es die ersten drei Monate richtig schwer. Jetzt schläft sie tagsüber mehr, maximal zwei Stunden am Stück, und nachts wacht sie alle zwei Stunden auf.

Das Gleiche sagt Rosa, die ihre Tochter voll stillt:

> Alles ging ziemlich gut; das Mädchen nahm zu und wuchs prachtvoll und gesund heran. Aber seit unsere Tochter vier Monate alt ist, beobachten wir, dass sie nachts nur noch wenige Stunden aushält. Als sie drei Monate alt war, konnte sie schon bis zu sieben Stunden am Stück schlafen, von neun Uhr abends bis ungefähr vier Uhr früh. Jetzt hält sie gerade mal höchstens drei oder vier Stunden durch.

Diese Mädchen wachen in der Nacht häufiger auf als früher, als sie noch kleiner waren. Sie alle sind sechs Monate alt, und alle werden gestillt. Ist das ein Zufall, oder hat es etwas mit dem Alter und dem Stillen zu tun?

Wahrscheinlich ja. Einige nordamerikanische Forscher untersuchten das normale Schlafmaß bei Kindern, indem sie von den Müttern regelmäßig Fragebögen ausfüllen ließen. Alle Säuglinge ihrer Studie waren mindestens vier Monate lang gestillt worden, aber im Alter von zwei Jahren bekam nur noch die Hälfte der Kinder die Brust.

Sie beobachteten, dass das Aufwachen in der Nacht davon abhing, ob ein Kind weiterhin gestillt wurde oder bereits vollständig abgestillt war. Die abgestillten Kinder schliefen tatsächlich immer länger: neun Stunden am Stück mit sieben Monaten, dann zwischen neuneinhalb und zehn Stunden am Stück, bis sie zwei Jahre alt waren. Die gestillten Kinder schienen zunächst den gleichen Weg einzuschlagen: Mit zwei Monaten schliefen sie schon sechs Stunden am Stück und mit vier Monaten sieben Stunden, aber nach dem vierten Monat wurden sie wacher, und zwischen dem siebten und 16. Monat schliefen sie nur noch vier Stunden durch. Mit 20 Monaten schliefen sie sieben Stunden (scheinbar schlafen sie jetzt endlich!); aber das stellte sich rasch als Irrtum heraus, denn mit 24 Monaten schliefen sie nur noch fünf Stunden am Stück.

Auch die gesamte Schlafdauer war unterschiedlich: Die abgestillten Kinder schliefen pro Tag durchschnittlich eine oder zwei Stunden länger als die Kinder, die weiterhin gestillt wurden.

Viele Kinder, die weiterhin gestillt wurden, schliefen bei ihrer Mutter, aber fingen kurz nach dem Abstillen an, alleine zu schlafen. Diese Kinder, die bei ihrer Mutter schliefen, wachten noch häufiger jede Nacht auf: Mit 24 Monaten schliefen die Kinder, die gestillt wurden und bei ihrer Mutter schliefen, fast fünf Stunden am Stück; Kinder, die gestillt wurden, aber alleine schliefen, neuneinhalb Stunden. Es lässt sich schwer herausfinden, ob die Kinder eher aufwachen, weil sie bei der Mutter schlafen, oder ob man sie gerade deshalb bei der Mutter schlafen lässt, weil sie eher aufwachen, oder ob sie genauso aufwachen, die Mutter es aber nicht merkt, wenn sie in einem anderen Raum schlafen. Wahrscheinlich stimmt von allem etwas.

Die normale Stillzeit beim Menschen scheint nach verschiedenen Daten aus der Anthropologie und der vergleichenden Biologie[22] zwischen zweieinhalb und sieben Jahren zu liegen. Bei einer Stichprobe nordamerikanischer Mütter, die an Stillgruppen teilgenommen und mehr als sechs Monate lang gestillt hatten, betrug das Durchschnittsalter beim Abstillen zwischen zweieinhalb und drei Jahren, und einige Kinder waren bis zum siebten Lebensjahr gestillt worden.[23] Die Kinder, die also mit vier oder sieben Monaten abgestillt werden und dann anfangen, länger am Stück zu schlafen, bekommen kürzer als normal Muttermilch und schlafen länger als normal. Das Normale ist das, was Stillkinder tun: nach vier Monaten häufiger aufwachen. Das half unseren Vorfahren zu überleben, da es ermöglichte, dass die Kinder ständig Kontakt zu ihrer Mutter hielten. Wir wissen nicht, warum die mit Kunstmilch ernährten Kinder ein anomales Schlafmaß zeigen. Die Hersteller künstlicher Säuglingsnahrung arbeiten weiterhin ständig daran, ihr Produkt »der Muttermilch möglichst ähnlich« zu machen. Vielleicht gelingt es ihnen eines Tages auch, dies kleine Problem des übermäßigen Schlafes bei den Kindern zu lösen.

Einige unserer Leser werden denken: »Fünf Stunden! Oh, wenn unser Kind nur wenigstens fünf Stunden schliefe!« Nun gut, bedenken Sie bitte, dass das nichts weiter als eine Durchschnittszahl ist. Einige schliefen mehr, andere weniger (irgendein seltsames Naturgesetz besagt, dass immer das Kind der Nachbarin dasjenige ist, das länger schläft). Außerdem beobachteten diese Forscher nicht die Kinder im Schlaf, sondern befragten die Mütter. Eine Mutter merkt es nicht immer, wenn ihr Kind aufwachte. Ein Freund von mir, Dr. Jairo Osorno, bewies mittels ständiger Elektroenzephalogrammen und Infrarot-Filmaufnahmen, dass ein Kind, wenn es bei seiner Mutter schläft, mehrfach pro Nacht an ihrer Brust trinken kann, ohne dass Mutter oder Kind wach sind. Normalerweise erinnert sich die Mutter morgens nicht daran, wie oft ihr Kind in der Nacht an ihrer Brust getrunken hat.

Wenn Kinder heranwachsen, werden sie schrittweise unabhängiger und übernehmen mehr Verantwortung für ihr eigenes Schicksal. Anfangs sind sie so hilflos, dass es die Mutter ist, die sich darum kümmern muss, den ständigen Kontakt aufrechtzuerhalten, ohne den die prähistorischen Babys, die nackt unter freiem Himmel schliefen, innerhalb weniger Stunden gestorben wären. Wer ist nicht schon einmal hingegangen, um nachzusehen, »ob das Baby noch atmet«? Natürlich atmet es, und Sie wissen das, und vielleicht hat Ihr Mann Sie ausgelacht. (»Lass es doch in Ruhe, jetzt, wo es schläft!«) Aber Sie fühlten dennoch die dringende Notwendigkeit, nach Ihrer Tochter zu sehen, denn ein mächtiger Instinkt verbot Ihnen, so viele Stunden am Stück von Ihrer Neugeborenen getrennt zu verbringen.

Warum die Frage, »ob es noch atmet«? Haben die Mütter Angst vor dem plötzlichen Kindstod? Nein. Erst in den letzten Jahren haben die Massenmedien sich mit diesem Thema beschäftigt. Schon lange vorher haben zahllose Mütter, die noch nie vom plötzlichen Kindstod gehört hatten, heimlich das Zimmer des

Säuglings betreten, sich der Wiege genähert, ihr Kind eine Weile angeschaut und gelächelt. Es gab keinen vernünftigen Grund für sie, so zu handeln, und sie haben auch nicht darüber nachgedacht. Als sie dann das Zimmer verließen und sie jemand fragte: »Was ist los, warum bist du hineingegangen?«, gebrauchten sie eine kulturell annehmbare Ausrede: »Nichts, ich habe nur nachgesehen, ob es noch atmet.« Die ehrlichen Antworten (»Ich weiß es nicht«, »Ich musste einfach hineingehen«, »Ich habe mein Kind vermisst«) scheinen ein wenig dumm zu klingen.

Sicher haben andere Mütter in anderen Zeitepochen an anderen Orten andere Erklärungen für ihr Verhalten gegeben: »Ich bin hineingegangen, um nachzusehen, ob keine Schlange es erwürgt« oder »Ich habe ein wenig die Tür geöffnet, um frische Luft hereinzulassen« oder »Ich fürchtete, jemand könnte ihn mit einem bösen Blick verzaubern«. Noch viel mehr Mütter an viel mehr Orten und in viel mehr Zeitepochen hatten es nicht nötig, solche genialen Ausreden zu erfinden, weil ihre Kultur nicht von ihnen forderte, sich auch nur einen Moment von ihren Kindern zu trennen.

Nach zwei Monaten spürt die Mutter schon nicht mehr dieses dringende Verlangen, alle zwei Stunden nach ihrem Baby zu sehen. Dann ist es das Baby, das Tag und Nacht auf der Hut ist.

Ihr Kind wird unabhängiger. Es kann aufpassen, Initiative ergreifen, Verantwortung übernehmen. Jetzt können Sie beruhigt einschlafen, denn Sie können sich darauf verlassen, dass Ihr Kind sich melden wird, wenn es Sie braucht.

Das Familienbett in der Praxis

Über das gemeinsame Schlafen wurden ausgezeichnete Bücher geschrieben (Jackson, D.: *Drei in einem Bett, Schlafen mit Kind*[24], Thevenin, T.: *The family bed*[25]; Sears, W.: *Schlafen und Wachen. Ein Elternbuch für Kindernächte*[26]). Gestatten Sie mir, außerdem einen Roman (Sampedro, J.L.: *Das etruskische Lächeln*[27]) und eine Erzählung (Keselman, G., Villamaza, N.: *De verdad que no podía*[28], leider nicht in Deutsch erhältlich) zu empfehlen.

Einige Eltern entscheiden sich, ihr Baby von Anfang an im Bett der Eltern schlafen zu lassen. Das ist natürlich in einem großen

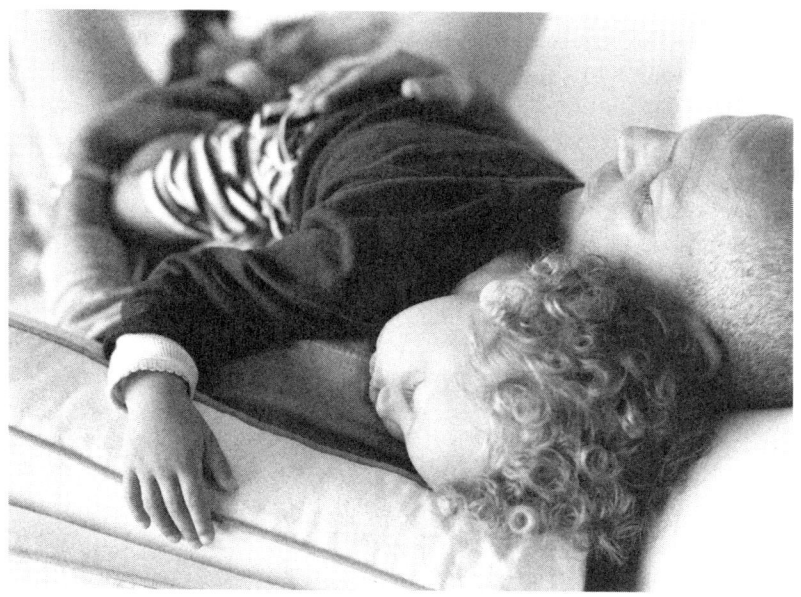

Ehebett bequemer, aber auch in einem einfachen 1,35 Meter breiten Bett geht es.

Andere bevorzugen es, das Kinderbett am Ehebett festzubinden und an der entsprechenden Seite das Gitter zu entfernen. Das kann man nur machen, wenn die Matratzenhöhe genau übereinstimmt und kein Spalt zwischen den Betten bleibt. (Das Baby könnte hineingeraten und ersticken.)

Eine Lösung ist es auch, das Baby in seine Wiege zu legen, und es ins Ehebett zu holen, wenn es aufwacht, um es dort zu stillen. Wenn das Baby zuerst einschläft, kann die Mutter es in seine Wiege zurücklegen. Wenn die Mutter zuerst einschläft, bleibt das Baby da. Normalerweise schläft die Mutter zuerst ein, es sei denn, sie bemüht sich bewusst darum, wach zu bleiben. In diesem Falle macht sie es sich unnötig schwer, denn gerade die Mütter, die sich entscheiden, ihr Kind in die Wiege zurückzulegen, um besser zu schlafen, können paradoxerweise diejenigen sein, die am schlechtesten schlafen.

Einige Sicherheitsmaßnahmen sind erforderlich. Wenn sich am Kopfende des Bettes Stangen befinden, zwischen denen der Kopf des Babys eingeklemmt werden könnte, können Sie das Kopfende vorübergehend mit Stoff verkleiden. Ein Baby darf nicht neben einem Erwachsenen schlafen, der unter Alkoholeinfluss steht, Schlafmittel genommen hat oder extrem fettleibig ist. (Abgesehen von diesen Fällen besteht nicht die geringste Gefahr, das Baby zu erdrücken.) Man sollte weder in einem Wasserbett noch auf Fellen (weder Tierfellen noch synthetischen Fellen) schlafen. Auch schwere Decken und Federbetten sind zumindest in den ersten sechs Monaten zu vermeiden (im Winter ist es besser, die Heizung anzustellen und eine leichte Steppdecke zu nehmen). Und rauchen Sie nicht: Rauch erhöht erheblich das Risiko des plötzlichen Kindstods.

Nie sollte man mit einem Baby auf einem Sofa schlafen. Da gibt es zu viele Stellen, an denen das Baby eingeklemmt werden könnte.[29]

Eine radikale Lösung für das Platzproblem besteht darin, wie die Japaner zu schlafen: Matratzen und Sitzpolster werden direkt auf den Boden gelegt.

Wenn das Baby bei der Mutter schläft, wacht es manchmal auf und schläft wieder ein, ohne auch nur einen Ton von sich zu geben, weil schon die Anwesenheit beruhigend wirkt – und ein andermal geht es der Mutter ebenso. Sie wacht normalerweise nicht einmal ganz auf, und am nächsten Tag erinnert sie sich nicht daran.

Aber einige Familien sind verzweifelt, weil ihr Baby nicht nur aufwacht und an der Brust trinkt, sondern weint und schreit, verlangt, dass seine Eltern es aus dem Bett holen, mit ihm spazieren gehen oder ihm etwas vorsingen – und das fünf oder zehn Mal pro Nacht. Das ist einige Tage lang normal, wenn das Kind krank ist, ihm etwas weh tut oder die Nase verstopft ist, aber es scheint unlogisch, dass ein gesundes Kind Nacht für Nacht so etwas tun sollte. In dem erwähnten prähistorischen Stamm mussten Kinder den größten Teil der Nacht ziemlich still sein und durften nicht weinen, um die Löwen anzulocken. Warum benehmen sich einige Kinder dann so?

Manchmal handelt es sich um Kinder, denen man eine Zeit lang beizubringen versucht hat, alleine zu schlafen. Wenn Sie Ihr Kind nachts weinen ließen und sich jetzt aufgrund der Lektüre dieses Buches anders entscheiden und es im Ehebett schlafen lassen, dann erwarten Sie bitte nicht, dass alles vom ersten Tag an reibungslos läuft. Die normale Reaktion auf die Trennung ist, wie oben beschrieben, dass das Kind einige Tage oder sogar Wochen misstrauisch, anspruchsvoll und weinerlich ist. Man muss geduldig sein und ihm viel Zärtlichkeit geben, bis es das Vertrauen wiedergewinnt.

Aber ich habe auch schon einmal von einem Kind gehört, das in der Nacht weint und Rabatz macht, obwohl es von Geburt an bei den Eltern geschlafen hat. Den meisten Eltern wäre es am liebsten, ihr Bett nachts überhaupt nicht verlassen zu müssen, daher ist es zweckmäßig, sich vorher zu fragen, ob das Kind das wirklich fordert. Manchmal machen Kinder im Halbschlaf Geräusche, und es ist das Beste, überhaupt nichts zu tun, damit sie nicht ganz wach werden. In anderen Fällen fangen sie zaghaft an zu protestieren, und es genügt, sie zu berühren und sanft »mhmhmh« zu sagen, um sie zu beruhigen. Wenn das Kind nicht schläft, aber auch nicht weint, braucht man nichts zu tun, um es zum Einschlafen zu bewegen. Schlafen Sie ruhig ein, und Ihr Kind tut das, was ihm behagt. Machen Sie kein Licht, sprechen Sie nicht, verlassen Sie nicht Ihr Bett, es sei denn, die sanfteren Methoden haben versagt.

Wenn das Kind sich schon daran gewöhnt hat zu weinen, bis Sie mit ihm im Flur spazieren gehen, kann es zweckmäßig sein, dass Mama im Bett bleibt und Papa spazieren geht. Die meisten Babys ziehen Mama im Bett dem Spazierengehen mit dem Papa vor (das ist zwar hart für unser männliches Ego, aber das Leben ist nun einmal so).

In welchem Alter wird unser Kind alleine schlafen

Das ist eine schwierige Frage. Die ablehnende Haltung unserer Gesellschaft gegenüber dem Familienbett ist so stark ausgeprägt, dass es keine ernsthaften Studien darüber gibt, wie lange Kinder von Natur aus bei ihren Eltern schlafen.

Wenn man nicht den geringsten Versuch machte, die Kinder zum Verlassen des Elternbettes zu bewegen, würden sie es früher oder später von selbst verlassen. Ich weiß nicht, mit welchem Alter das sein wird, weil ich niemanden kenne, der es ausprobiert hat – das Alter wird sicher in jeder Familie unterschiedlich sein und vom Temperament und den Bedürfnissen des Kindes und der Eltern abhängen. Aber ich bin ziemlich sicher, dass keiner meiner

Leser im Augenblick das geringste Verlangen verspürt, wieder jede Nacht zwischen seinem Vater und seiner Mutter im Bett zu schlafen. Japanische Kinder schlafen normalerweise bis zum fünften Lebensjahr bei ihren Eltern. Auch Schimpansen schlafen die ersten fünf Lebensjahre bei ihren Eltern, aber mit sieben kommen sie schon in die Pubertät, so dass ihre fünf Jahre unseren zehn Jahren entsprächen.

Als es weder Häuser noch Kleidung gab, war es schwer vorstellbar, dass ein Kind unter zehn alleine schlief. Doch heute ist es nicht mehr so gefährlich, alleine zu schlafen, und vielen Müttern und Vätern wäre es lieber, wenn ihre Kinder vor dem zehnten Lebensjahr ihr Bett verließen. Anderen Eltern ist es gleichgültig oder sogar sehr angenehm, im Familienbett zu schlafen. Da sie niemandem schaden, ist es ihr gutes Recht, so lange wie sie wollen im gemeinsamen Bett zu schlafen.

Wenn Kinder vernünftig genug sind, um zu verstehen, dass keine Gefahr droht, dass die Eltern im Nebenzimmer sind und falls nötig kommen werden, dann sind sie in der Lage, ohne zu weinen allein zu schlafen, ohne die Eltern unbegründet zu rufen. Doch der Instinkt wird ihnen weiterhin etwas anderes sagen.

Stellen Sie sich vor, Ihr Ehemann sagt Ihnen: »Liebling, da wir keine weiteren Kinder haben wollen, wird es das Beste sein, wenn wir keine sexuelle Beziehung mehr haben.« Rational können Sie das bestimmt nachvollziehen, aber werden Sie danach handeln können?

Nach meiner Erfahrung und der anderer Familien, die ein Familienbett haben, würde ich sagen, dass Kinder es im Alter von drei oder vier Jahren normalerweise akzeptieren, alleine zu schlafen, vorausgesetzt, man hat ihnen die Idee geschickt verkauft. (»Da du schon ein großes Kind bist, bekommst du ein eigenes Bett und einen Schrank, in dem du deine Spielsachen unterbringen kannst.«) Aber sie bitten darum, dass man ihnen Geschichten erzählt und ihnen Gesellschaft leistet, bis sie einschlafen, und das werden sie weiterhin jede Nacht tun, bis sie sieben oder acht Jahre alt sind. Und sie wollen nicht nur, dass irgendjemand ihnen Gesellschaft leistet, sondern in der Regel ihre Mutter. Es ist typisch, dass Papa eine Geschichte erzählt, dann noch eine und noch eine, und wenn er schließlich sagt: »Gut, genug der Geschichten, jetzt wird geschlafen«, dann erwidert das Kind: »Okay, Mama soll kommen.« Und welche Mutter hat nicht schon irgendwann ein Kinderstimmchen rufen hören: »Komm Mama, Papa ist schon eingeschlafen!«?

Der Umzug ins eigene Zimmer ist einfacher, wenn ein älteres Geschwisterkind da ist, mit dem das Zimmer geteilt wird. Ab einem bestimmten Alter kommt es aber auch vor, dass das ältere Geschwisterkind lieber alleine sein will.

Während der konfliktreichen Jahre zwischen dem dritten und zehnten Lebensjahr, wenn die Vernunft (und die Eltern) ihnen sagen, dass sie alleine schlafen können, aber ihr Instinkt sie die Nähe ihrer Mutter suchen heißt, können Kinder seltsame Dinge tun. Sie können ihre Mutter rufen und werden enorm dankbar sein, dass sie kommt, aber auch ohne Tränen mit einem einfachen »Komm, schlaf jetzt, es ist schon spät« zufrieden sein.

Petra hatte im Alter von zehn Jahren eine Phase, in der sie fünf Minuten nach dem Zubettgehen aufstand und zum Zimmer ihrer Eltern ging:
- »Ich kann nicht schlafen.«
- »Hast du versucht, still zu liegen?«
- »Nein.«
- »Dann versuche es.«

Und sie ging. Nach einigen Tagen kannte sie schon den Trick:
- »Ich kann nicht schlafen.«
- »Hast du versucht, still zu liegen?«
- »Ja.«
- »Lange?«
- »Nein, nur kurz.«
- »Dann versuche es länger.«

Einige Tage später waren Einzelheiten nicht mehr nötig.
- »Ich kann nicht schlaaafen.«
- »Weißt du, was ich dir sagen werde?«

Und sie ging schlafen. Wenn sie nicht sehr müde war, ging ihre Mutter manchmal hin, um ihr einige Minuten Gesellschaft zu leisten. Einige Wochen später ging Petra zu Bett, ohne noch einen Ton zu sagen – und natürlich vermisste ihre Mutter jene Augenblicke.

Warum sie unsere Aufmerksamkeit auf sich lenken

> – *Mutter! Komm! Beschütze mich!*
> – *Ja, mein Liebling, ich beschütze dich.*
> Victor Hugo, *»Notre Dame de Paris«*

Manche Leute gehen in Parks, um Vögel oder Eichhörnchen zu beobachten. Kinder zu beobachten ist in der Regel aber noch viel interessanter. Für Paare, die ein Kind erwarten, sollte es eine Pflichtübung sein, in Parks zu gehen, um Kinder zu sehen. Wenn Sie schon Eltern sind, ist es aber immer noch früh genug, Ihre eigenen Kinder und die anderer Leute zu beobachten.

Wir wollen die komplexen Interaktionen der kleinen Kinder betrachten. Eine Mutter fährt ihr Baby im Kinderwagen spazieren und trifft eine Bekannte. Treten Sie diskret näher und verpassen Sie keine Einzelheit. Die Bekannte (Männer verhalten sich meist schüchterner gegenüber Babys) wird kaum die Mutter begrüßen und gleich anfangen, mit dem Baby zu sprechen. Zuerst wird sie sich bücken, bis sie in der Höhe des Babys ist, dann wird sie ihm aus einer Handbreit Entfernung direkt in die Augen sehen, gegebenenfalls ihren Kopf neigen, so dass er genau in einer Linie mit dem des Babys ist, offen lächeln und in einem charakteristischen Singsang mit hoher Stimme einen passenden Satz sagen. (»Wo kommt denn dieses süße Etwas her?« und »Wie geht es denn unserem kleinen Schatz?« gehören zu den häufigen Äußerungen. Aber die Worte sind nebensächlich, und das klassische »Dadadadududu« hat auch immer noch einige Anhänger.)

Jetzt antwortet das Kind (wenn es gerade Lust dazu hat). Es öffnet die Augen, schaut den Eindringling an, zieht eine Grimasse, die einem Lächeln mehr oder weniger ähnelt, bewegt den Kopf und sagt »da« oder ein anderes passendes Wort. Von nun an wird wahrscheinlich das Kind den größeren Gesprächsanteil haben, und die freundliche Unbekannte wird sich darauf beschränken, das Lächeln und die Äußerungen des Babys nachzuahmen oder die Kopfbewegungen nachzumachen. Das Baby wird diese Nachahmung wiederum kopieren, so dass ein ständiges Hin und Her entsteht.

Aufgepasst, was nun kommt: Die freundliche Dame wird des Spielchens müde, richtet sich wieder auf und beginnt mit der Mutter zu reden. Sie sehen einander an, sprechen miteinander, und keine von beiden kümmert sich um das Baby.

Aber Sie, die Sie zufällig und diskret zusehen, wenden kein Auge vom Baby. Sie werden eine häufige, aber wenig bekannte Episode aus dem Privatleben eines Babys sehen können, etwas, was weder Mutter noch Freundin in diesem Moment sehen können, weil sie nicht hinschauen. Sie werden sehen, wie das Kind ein-, zweimal versucht, die Kopfbewegungen, das »da« und das Lächeln zu wiederholen. Sie werden sehen, wie sich das Lächeln nach und nach in einen ganz anderen Gesichtsausdruck verwandelt, zuerst des Erstaunens, dann der Sorge und bald der tiefen Seelenangst.

Wenn sein Alter und seine Geschicklichkeit es erlauben, kann es sein, dass das Baby versucht, sein »da« lauter zu wiederholen, den Kopf zu wenden und den ganzen Körper auf der Suche nach dem Menschen zu drehen, der gerade aus seinem Blickwinkel verschwunden ist. Es wird versuchen, den Kinderwagen in Bewegung zu versetzen oder an einem Spielzeug zu ziehen, um die Aufmerksamkeit auf sich zu lenken. Wenn die Mutter oder die Freundin wieder irgendein freundliches Wort an das Kind richten, wird es sich sofort beruhigen (für einige Sekunden). Wenn sie es nicht beachten, kann es sein, dass es anfängt zu schluchzen, gleich darauf zu schreien oder laut zu heulen.

Warum macht es das? Die meisten üblichen Interpretationen sowohl in den Büchern als auch in der »Volksweisheit« sind ziemlich negativ gegenüber dem Kind. Man beschuldigt es, schlecht erzogen zu sein (aber wenn Sie ein ausdauernder Beobachter sind, werden Sie feststellen, dass es alle Babys so machen, ganz gleich wie man sie erzogen hat). Man versichert, es sei eifersüchtig, was eine mögliche Interpretation ist, wenn auch vielleicht nicht die angemessenste. Ist es eifersüchtig darauf, dass die andere Frau mit der Mutter spricht oder dass die Mutter mit der anderen Frau spricht?

Stellen Sie sich einmal vor, Sie sitzen mit Ihrem Mann in einem Café. Eine unbekannte Person kommt an den Tisch, begrüßt Sie und sagt Ihnen ein paar Belanglosigkeiten über das Wetter. Dann setzt sie sich an den Tisch und spricht mit Ihrem Mann. Zwei Stunden lang sehen die Unbekannte und Ihr Mann einander in die Augen und reden über ihre Angelegenheiten, ohne Ihnen auch nur ein Wort oder einen Blick zu widmen. Wie würden Sie sich fühlen? Wenn die fragliche Person eine schicke Blondine mit einem fabelhaften Dekolleté ist, dann können Sie vielleicht denken, Sie seien »eifersüchtig«.

Aber wenn es sich um einen alten Mann mit weißem Bart handelte, würden Sie sich auch nicht viel besser fühlen. Es wäre richtiger zu sagen, dass Sie sich »ausgeschlossen« oder »nicht beachtet« fühlen ... und das tut weh, in jedem Alter. (»Aber in diesem Fall hat mein Mann mich zwei Stunden lang nicht beachtet, während das Baby schon nach wenigen Sekunden zu protestieren beginnt.« Stimmt, aber die Zeit ist relativ. Für ein Baby sind ein paar Sekunden eine lange Zeit. Und geben Sie zu: Sie würden auch lange vor Ablauf der zwei Stunden anfangen, »verstimmt« zu sein. In einigen Fällen reichen fünf oder zehn Minuten stolzer Missachtung, um einen Erwachsenen auf die Palme zu bringen.)

Man sagt auch von den armen Babys, sie wollten »stets alle Blicke auf sich lenken«, was enorm übertrieben ist. Einem Baby fällt es schwer, sich mit mehr als einer Person zur selben Zeit auszutauschen. Während einer sich um das Baby kümmert, können alle übrigen machen, was sie wollen. Der Säugling ist einverstanden, wenn nur ein einziger Mensch seine Blicke auf ihn richtet.

Oder man bezeichnet Babys als »Egoisten«. Ein Egoist ist ein Mensch, der etwas Gutes für sich haben will und es den anderen verweigert. Aber der Säugling verweigert niemandem etwas; er ist bereit, jedes Lächeln zu erwidern, jedes »da« mit einem »da« zu beantworten. Er verliert sogar bei dem Austausch, denn die geringste Unaufmerksamkeit unsererseits führt dazu, dass wir voll gesabbert werden, und es ist für einen Erwachsenen schwer vorstellbar, im Gegenzug dazu zurückzusabbern. Die Absicht des Säuglings ist rein und selbstlos und weit davon entfernt, »egoistisch« zu sein; er sucht eine menschliche Beziehung, die für beide Teile eine Bereicherung ist.

Man sagt, Babys »spielten Theater, nur um Aufmerksamkeit zu erregen«, weinten »Krokodilstränen« – als ob das Baby nicht den Schmerz fühlte, den es ausdrückt, und nur vorgäbe zu weinen, um uns zu »manipulieren«. Vielleicht ist es unverständlich, dass die Mutter und ihre Freundin das glauben können, wenn sie das Kind lächeln sehen und »da« sagen hören, dann einen Augenblick den Blick von ihm wenden und als Nächstes das Baby herzzerreißend weinen sehen.

Das scheint eine zu abrupte Veränderung, weshalb man leicht unterstellen könnte, es handele sich um eine »gemachte« Veränderung. Aber Sie, die Sie die Kinder beobachten, haben gesehen, dass sich im Antlitz des kleinen Wesens eine echte tiefe Seelenangst spiegelt – ein Ausdruck von Angst, die nicht »gespielt« ist, denn das Baby zeigte sie ja gerade in den Sekunden, in denen es kein Publikum hatte.

Vor einiger Zeit hatte ich Gelegenheit, in Gegenwart einiger Psychologen diesen Gesichtsausdruck in einem wissenschaftlichen Film zu sehen. Man gab der Mutter Anweisungen, sich ihrem Kind gegenüber hinzusetzen und es einige Minuten lang wie gewohnt anzulächeln und mit ihm zu reden. Plötzlich stand die Mutter zwei Minuten lang still wie eine Statue vor ihrem Kind, aber ohne es anzulächeln, anzusprechen oder die geringste Bewegung zu machen. Eine Kamera filmte die Mutter, die andere das Kind, und in dem Film waren beide Bilder nebeneinander zu sehen. Die Seelenangst des Babys angesichts der fehlenden Reaktion war deutlich spürbar, und es war auch offensichtlich, dass keine Mutter in der Lage gewesen wäre, dieses Experiment länger als einige Minuten zu ertragen. (Einige Mütter, die an einer tiefen Depression leiden, bleiben tatsächlich unzugänglich vor ihren Neugeborenen. Diese Kinder können psychische Probleme aufweisen.[30])

Warum benimmt sich das Baby also auf diese Weise, wenn es das nicht aus Eifersucht, Egoismus, um Aufmerksamkeit zu heischen oder purer Bosheit tut? Der Mensch ist ein soziales Wesen. Er lebt in Gruppen. Für das Baby ist die Beziehung zur eigenen Mutter grundlegend; aber auch die Beziehung zu anderen Menschen ist wichtig. Es kommt so auf die Welt, dass es für alle anderen Mitglieder des Stammes »anziehend« wirkt, um Aggressionen zu vermeiden. Es kommt so auf die Welt, dass es die »Aufmerksamkeit« der anderen Stammesmitglieder auf sich lenkt, um im Falle einer Gefahr beschützt zu werden. Darum ist es, lange bevor es gehen oder sprechen lernt, schon in der Lage, mit anderen eine freundliche »Unterhaltung« zu führen. Aus diesem Grunde scheint es ihm gefährlich und besorgniserregend, wenn andere Menschen ihm keine Beachtung schenken und »keine Notiz von ihm nehmen«.

Bedeutet das, dass wir den lieben langen Tag damit verbringen müssen, »dadadudu« zu unseren Kindern und denen der Nachbarn zu sagen? Natürlich nicht. Erstens ist das unmöglich: Wir haben weitere Kinder, andere Verpflichtungen, eigene Bedürfnisse und werden niemals einem einzigen Kind die ganze Zeit vollständige Aufmerksamkeit widmen können. Zweitens wird das Baby kein lebenslanges »Trauma« davontragen, weil wir ihm gelegentlich keine Aufmerksamkeit schenken und es sich darüber ärgert (auch wenn es langfristig sicher Folgen haben wird, wenn wir ihm nie oder fast nie Aufmerksamkeit schenken). Was ich sagen möchte, ist Folgendes:

1. Wir sollten unseren Kindern möglichst viel Aufmerksamkeit widmen. Es wird nie zu viel sein. Man kann kein »psychologisches Trauma« auslösen, indem man ein Baby zu häufig anlächelt oder zu oft »dada« zu ihm sagt.
2. Wenn unser Kind weint oder »sich schlecht benimmt«, um unsere Aufmerksamkeit zu bekommen, dürfen wir nicht denken, es täte dies aus Bosheit oder aus einer Laune heraus, sondern weil es uns braucht und liebt.
3. Ein Lächeln von Zeit zu Zeit, eine gelegentliche Zärtlichkeit, ein Wort, und sei es von weitem, können es in den Momenten beruhigen, wenn wir ihm gerade nicht unsere vollständige Aufmerksamkeit schenken können. Das ist immer noch besser als dem abgegriffenen Rat zu folgen »Lass dich nicht an der Nase herumführen; lass es weinen, bis es müde wird«.

Wenn das Kind heranwächst, fällt es ihm immer leichter, die Trennung von der Mutter oder die Gleichgültigkeit der Erwachsenen zu ertragen. Es hat auch effektivere Mittel, die Aufmerksamkeit auf sich zu lenken. Wenn eine Fremde stehen bleibt, um mit seiner Mutter zu reden, hat ein Mädchen im Alter von zwei, fünf oder sieben Jahren viele Möglichkeiten:
– an der Kleidung der Mutter oder der Freundin ziehen,
– irgendeiner der beiden einen Schatz zeigen, den es kürzlich gefunden hat, zum Beispiel einen Zigarettenstummel oder eine Schnecke,
– sich mit einer mehr oder weniger passenden Bemerkung ins Gespräch einbringen,

- eine »Warum?«-Frage stellen,
- Würmer anfassen, Steine kicken, im Dreck wühlen, mit Pfützen spritzen oder sonst irgendetwas tun, was üblicherweise eine sofortige Reaktion seiner Mutter hervorruft.

Was ist allen diesen Handlungen gemeinsam? Sie haben es gemerkt! Sie sind alle verboten. Alle gelten als ungezogen. Alle enthalten das Risiko, dass sie statt der Aufmerksamkeit der Mutter deren Ärger oder Wut bewirken. Und das führt dazu, dass das Kind noch »lästiger« wird. In diesem Sinne scheinen es unangepasste Reaktionen zu sein. Das liegt aber nur daran, dass sich das Umfeld geändert hat. Erst in neueren Epochen (neu im Sinne der Evolution, sagen wir mal seit einigen Jahrhunderten) sind soziale Erwartungen bezüglich »guter Erziehung« entstanden.

Vor 10.000 Jahren sagte wahrscheinlich niemand »Du sollst nicht die Gespräche der Erwachsenen unterbrechen!« oder »Ein gutes Kind sieht man, aber man hört es nicht«. Vor 10.000 Jahren gab es kaum Gespräche zu unterbrechen, und es war ohne Bedeutung, wenn ein paar schmutzige Händchen die Kleidung in die Länge zogen oder verschmutzten.

Es gab auch keine Krüge oder Gläser zu zerbrechen, keine Hausarbeit zu erledigen, keine Tische abzuräumen, keine Badezimmer, wo man sich die Hände waschen oder auch nicht waschen konnte, und es war auch nicht möglich, Papa beim Ansehen eines Fußballspieles zu stören. Wenn ein Kind eine Schnecke oder Küchenschabe vom Boden aufhob, bekam es wahrscheinlich keinen Tadel, weil es etwas Ekliges angefasst hätte, sondern eher ein Lob, weil es etwas Essbares gefunden hatte. Damals existierten die meisten Gründe noch nicht, die heute dazu führen, dass Kinder angeschrien werden. So wie es heute bei den meisten Primaten ist, schrien unsere Vorfahren ihre Kinder nur an, wenn eine Gefahr drohte, zum Beispiel wenn ein Wolf in der Nähe war. Wenn Papa oder Mama schrien, musste das Kind zu ihnen rennen und ihnen auf den Rücken klettern.[11] Sich von der »verärgerten« Mutter zu entfernen war die schlechteste Lösung, denn sie führte in die Gefahr.

Unsere Kinder haben dieses Verhalten geerbt, und oft geraten sie so in einen Teufelskreis. Wenn wir sie tadeln, weil sie auf den Arm wollen, wollen sie noch dringender auf den Arm. Wenn wir uns ärgern, weil sie uns unterbrechen, unterbrechen sie uns wieder. Sie tun dies nicht, um uns herauszufordern oder zu reizen, sondern einfach, weil sie es nicht vermeiden können. Das ist wirklich sehr hart für die armen Kinder.

Es ist weltweit so, dass Kinder versuchen, die »Aufmerksamkeit« der Erwachsenen auf sich zu lenken. Aber die Tatsachen werden sehr unterschiedlich bewertet. Langis zitiert eine Anekdote über einen Experten, den Direktor des Zentrums für Erziehung und Familie.[1] In einem Kurs, vermutlich über Erziehung für Familien, in dem mehrere Erwachsene auf dem Boden saßen, »amüsierte sich ein kleines Mädchen von etwa zwei oder drei Jahren, indem sie alle Augenblicke aufstand und zwischen uns herumspazierte«. Das Mädchen zeigte ein sehr wenig respektvolles Verhalten:

> *[...] bei einigen griff sie mit den Händen nach dem Gesicht, und anderen stieg sie regelrecht auf die Schultern. Die Anwesenden, in der Mehrheit gute Väter, ließen sie gewähren [...] bis ein Mitglied der Gruppe, an dem sie vorbeiging, sie sanft am Arm packte, ihr fest in die Augen blickte und mit ruhiger Stimme sagte: »Du kannst dich bewegen, so viel du willst, du kannst zwischen uns herumgehen, wenn du Lust dazu hast, aber pass auf, dass du mir nicht auf die Füße trittst, und sei vorsichtiger, wenn du an mir vorbeigehst [...]« Raten Sie mal, auf wessen Knien sich die Kleine eine halbe Stunde später friedlich niedergelassen hatte: auf denen dieses Herrn. Er war der Einzige, der den ganzen Rest des Tages dieses Privileg hatte.*

Für Langis zeigt diese Geschichte, dass der Erwachsene durch sein »Nein« die Achtung des Mädchens erwarb. Für ihn steht fest: Kinder freuen sich darüber, wenn man ihnen »Nein« sagt, und die Eltern sollten sich das Buch von Herrn Langis kaufen, um richtig »Nein« sagen zu lernen.

Meine Interpretation ist ganz anders. (Man wird sagen, ich habe die Szene nicht beobachtet und kann sie deshalb nicht interpretieren, aber ich habe viele Kinder in ähnlichen Situationen gesehen, und der Leser möge entscheiden, wer der Wahrheit am nächsten kommt.)

Ich glaube nicht, dass die Erwachsenen in dieser Geschichte »erlaubten«, dass sich das Mädchen »schlecht benahm«, das heißt, sie waren nicht wirklich »tolerant«. Vielmehr scheint es mir, als »übergingen« sie es, ohne es anzusehen oder anzusprechen. Trotz der ständigen Bemühungen des Kindes, eine Reaktion zu bewirken, spielten sie »Lass es nur, es wird schon dessen müde werden«. Ich glaube, dass das Mädchen sich nicht »amüsierte«, indem es alle Augenblicke aufstand, sondern es gerade deshalb tat, weil es sich mächtig langweilte. Schließlich berührt einer der Erwachsenen das Mädchen, sieht ihm in die Augen und spricht freundlich mit ihm. In diesem Moment entsteht eine Beziehung, und das Privileg wird verliehen, das Mädchen auf den Knien zu haben. Der freundschaftliche Kontakt, der respektvolle Blick, die freundliche Stimme und die Beachtung haben das Wunder bewirkt. Die Worte sind dabei nebensächlich. Sind Sie nicht auch der Ansicht, dass der Mann auch ihre Zuneigung gewonnen hätte, wenn er statt »Pass auf, dass du mir nicht auf die Füße trittst, und sei vorsichtiger...« zu dem Mädchen gesagt hätte »Wie heißt du? Kannst du malen? Komm, male mir ein Bild auf dieses Papier...«?

Dickens, ein großer Beobachter von Kindern (und Menschen allgemein) legt einer seiner Romanpersonen eine sehr ähnliche Geschichte in den Mund:

> *Wieder zu Hause, gewann ich so weit die Zuneigung von Peepy, indem ich ihm eine Windmühle und zwei Säckchen mit Mehl kaufte, dass er keinem anderen mehr erlaubte, ihm Hut und Handschuhe abzunehmen, und beim Essen stets neben mir sitzen wollte (Bleakhaus).*

Peepy ist ein kleiner Junge, um den sich die Eltern überhaupt nicht kümmern. Die Darstellerin des Romans, eine gutherzige und sehr ehrbare Frau, schreibt ihren Erfolg dem Spielzeug zu. Aber der Leser weiß, dass sie sich in Wirklichkeit die Zuneigung durch die Aufmerksamkeit erworben hat, die sie ihm soeben und in den vorhergehenden Kapiteln zuteil werden ließ.

Warum läuft es nicht?

> *Polly weigerte sich rundweg, neue Welten zu erkunden, bis sie sich sicher war, dass sie zum Alten zurückkehren konnte.*
> C. S. Lewis, »Der Neffe des Zauberers«

Lassen Sie uns weiter die Kinder im Park beobachten. Jetzt ist unser Ziel ein etwa zweijähriges Mädchen. Seine Mutter sitzt auf einer Bank, und das Mädchen spielt im Sand. Es setzt sich hin, steht auf, hebt etwas vom Boden auf, geht zu den Schaukeln, kommt zurück, geht zu den Blumen, kommt zurück...

Alle Wege haben etwas gemeinsam: Die Mutter ist immer der Ursprung und das Ziel. Das Mädchen entfernt sich langsam in Etappen, bleibt hier und da stehen, um etwas Interessantes zu untersuchen. Wenn es in einer bestimmten Entfernung ankommt, beschließt es, den Rückweg einzuschlagen, den es normalerweise schneller zurücklegt. Dieser sichere Bereich, an dessen Grenze das Kind innehält und umkehrt, wird mit dem Alter größer und hängt von verschiedenen Faktoren ab: ob es an einem bekannten oder unbekannten Ort ist, ob es in der Nähe andere Menschen oder Tiere gibt, ob das Gelände eben ist oder Hindernisse da sind, die den Blick zur Mutter versperren.

Natürlich spielt auch die mehr oder weniger mutige Natur des Kindes eine Rolle. Wenn es in der Nähe seiner Mutter ist, sind die Wegstrecken anfangs meist länger und die Pausen kürzer, aber in dem Maße, in dem sich das Kind entfernt, pflegt es kürzere Strecken zurückzulegen und häufigere und längere Pausen zu machen. Wenn es umzukehren beschließt, ist es umgekehrt: Anfangs geht es flott, und erst, wenn es schon in der Nähe der Mutter ist, fängt es an, seinen Schritt zu verlangsamen. Manchmal endet der Ausflug in den Armen der Mutter oder mit einer Berührung, manchmal in gewisser Entfernung. Nach einer Weile beginnt das Kind eine neue Entdeckungsreise.

Nach Bowlby ist die Mutter die »sichere Basis«[31] für das Forschungsverhalten des Kindes, das er mit dem Vorrücken einer Aufklärungspatrouille im Feindesland vergleicht. Während der Kontakt zur Basis aufrechterhalten wird und man glaubt, im Falle einer Gefahr den Rückzug antreten zu können, kann man in Sicherheit vorrücken. Aber wenn man den Kontakt verliert, die Basis zerstört wurde oder der Rückzug versperrt ist, dann verliert die Patrouille den Mut, und die vorher mutigen Forscher verwandeln sich in furchtsame Verirrte. Es gibt ein doppeltes Sicherheitssystem: Sowohl die Mutter als auch das Kind machen es sich zur Aufgabe, den Kontakt zu halten, sehen sich häufig an und sagen manchmal etwas zueinander. Es ist ein faszinierendes Schauspiel, präzise wie eine Symphonie, obwohl es nicht einstudiert wurde.

Das Kind kann die Aufmerksamkeit mit verschiedenen Methoden auf sich lenken: »Schau was ich tue«, »Sieh mal, was ich gefunden habe.« Wenn die Mutter nicht hinschaut oder mit etwas anderem beschäftigt ist, wird das Kind nachdrücklicher. Ebenso wird die Mutter versuchen, wenn das Kind besonders weit vom Weg abzukommen scheint, die Aufmerksamkeit des Kindes auf sich zu lenken, wenn möglich, ohne es zu erschrecken (»Tschüss, Sonja, bis später«, »Schau mal, ein Wauwau«, ...).

Wenn das Kind eine gewisse Entfernung erreicht, macht es sich spontan auf den Rückweg. Wenn die Mutter findet, das Kind entferne sich zu weit, sagt sie ihm vielleicht, es solle zurückkommen (was normalerweise keine große Wirkung hat), oder, was klüger ist, sie versucht erneut, die Aufmerksamkeit des Kindes anzuziehen (»Komm und schau dir diesen wunderschönen Schmetterling an«).

Ein andermal oder wenn das Obige nicht funktioniert, wird die Mutter aufstehen, um sich dem Kind zu nähern. Wenn keine echte Gefahr droht, wird sie wahrscheinlich nicht bis zum Kind gehen, sondern sich darauf beschränken, in »sicherer Entfernung« zu bleiben. Das erlaubt natürlich dem Kind, sich ein wenig mehr zu entfernen, da es nun näher an seiner Basis ist. In einigen Fällen fühlt sich das Kind in einer größeren Entfernung sicherer als seine Mutter (zum Beispiel empfindet das Kind 30 Meter Entfernung noch als sicher, die Mutter bekommt aber schon bei 20 Metern Angst). Dann kann es zu einer etwas komischen Verfolgung kommen. Einige Mütter denken: »Es ist kolossal, dass mein Kind bis hierher geht, ohne sich umzudrehen. Wenn ich nicht hinterhergegangen wäre, wäre es verloren gegangen.« Aber in der Mehrheit der Fälle hätte sich das Kind nicht so weit entfernt, wenn die Mutter nicht hinterhergegangen wäre. Natürlich hegt das Kind keinerlei böse Absicht bei dieser seltsamen Verfolgung. Wenn es weiter weggeht, weil wir uns ihm genähert haben, dann »führt es uns nicht an der Nase herum«, sondern demonstriert sein Vertrauen.

Das Mädchen kehrt von selbst zurück, wenn es eine bestimmte Entfernung erreicht oder eine bestimmte Zeit vergangen ist. Aber es gibt auch andere Faktoren, die eine Rückkehr auslösen. Einer davon ist eine mögliche Bedrohung, zum Beispiel das Auftauchen eines Hundes oder eines Fremden. Ein anderer ist das Gefühl, dass die Mutter nicht mehr aufpasst. Die Ankunft einer Freundin, die anfängt, mit der Mutter zu reden, führt im Allgemeinen dazu, dass das Kind zurückkommt und Aufmerksamkeit fordert. Wieder wäre es nicht richtig, von »Eifersucht« zu sprechen. Die elementare Klugheit rät einfach dazu, sich nicht zu entfernen, wenn Mama abgelenkt ist, weil sie sich unterhält.

Früher oder später wird es Zeit, nach Hause zu gehen. Mama ruft ihre Tochter, die wie üblich nicht kommt. Mama steht auf und ruft erneut. Wahrscheinlich kommt sie dann doch, weil sie sieht, dass ihre Mutter fest entschlossen ist zu gehen. Nun hofft die Mutter, dass ihre Tochter ihr zu Fuß folgt, Schritt für Schritt. Aber so ist es nicht. Vielleicht setzt sich das Mädchen auf den Boden und fängt an zu weinen. Vielleicht rennt es bis vor die Mutter und streckt ihr dann schluchzend die Arme entgegen. Es ist sogar möglich, dass es versucht, die Knie seiner Mutter zu umklammern, um sie am Weitergehen zu hindern.

Es beginnt eine Szene, die wir alle Dutzende Male gesehen oder erlebt haben. Die Mutter bittet flehentlich, schreit, befiehlt, droht, zerrt. »Du gehst, habe ich gesagt!« »Du hast zwei sehr hübsche Beine zum Gehen.« »Nein, Fräulein, nicht auf den Arm, denn du bist schon sehr groß.« »Das kann nicht wahr sein, ein so großes Mädchen.« »Ich bin es jetzt wirklich leid …« Wenn sich zwei Erwachsene gemeinsam mit dem kleinen Wesen abmühen, entsteht leicht eine zaghafte Diskussion. »Die Ärmste ist noch so klein, sie ist sicher müde …« »Die ist weder müde noch tot! Die ganze Zeit ist sie so friedlich herumgerannt und gesprungen. Die hält uns zum Besten, sage ich dir!« In einigen Fällen wird das Kind versuchen, der Mutter zu folgen, zögert aber immer wieder, bleibt zurück oder entfernt sich. Und die Mutter, die immer ärgerlicher wird, muss umkehren, um es zu holen.

Schließlich nehmen einige Mütter ihr Kind auf den Arm und tragen es (einige tun es bald und in aller Ruhe, andere tun es sehr verärgert nach einem langen Kampf und drücken das kleine Wesen dabei heftig). Andere nehmen das Kind bei der Hand und zerren es buchstäblich hinter sich her. Von den ersteren sagt man, sie »verziehen« ihr Kind, indem sie seinen Launen nachgeben, sich manipulieren lassen. Von letzteren sagt man, sie »erziehen« ihr Kind, sie haben »gelernt, Nein zu sagen« oder »Grenzen zu setzen«, sie »zeigen, wer das Sagen hat«.

Die Kinder der ersten Gruppe beruhigen sich sofort oder nach kurzem Schluchzen. Noch ehe eine Minute vergangen ist, sieht man sie glücklich auf dem Arm, als sei nichts geschehen. Die anderen werden unter Geschrei und Protest hinterhergeschleift, und es kann sein, dass die Mutter ihnen sogar sehr laut vorwirft, »wieder mitten auf der Straße so ein Theater zu machen« (als ob das Kind alleine Theater machte).

Wenn wir die Kinder beider Gruppen (diejenigen, die »verzogen« wurden, und diejenigen, die »erzogen« wurden) im Alter von fünf oder sechs Jahren wiedersehen könnten, würden wir feststellen, dass sie alle ohne zu mucksen hinter oder an der Seite ihrer Mutter gehen und keines von ihnen fordert, getragen zu werden. Wenn das Kind wiederholt gewaltsam nach Hause gezerrt wurde, wird man daraus schließen, dass die Methode, »es alleine gehen zu lehren«, funktioniert hat. Man wird die Mühe und Entschlossenheit der Eltern loben, die es, ohne sich von ihrem Kind manipulieren zu lassen, geschafft haben, jene ersten Zeichen der Rebellion zu bezwingen. Wenn die Eltern ihr Kind immer wieder auf dem Arm getragen haben, wird sich dann jemand bei ihnen entschuldigen? (»Du hattest Recht, durch das Tragen ist es nicht verzogen worden, sondern läuft jetzt phänomenal.«) Natürlich nicht! Diejenigen, die drohten, »eines Tages müsst ihr euren Sohn noch auf dem Arm zum Militärdienst tragen«, haben nicht nur ihre Meinung nicht geändert, sondern bieten ihre klugen Ratschläge auch noch anderen unerfahreneren Eltern an. Nie werden sie ihren Irrtum eingestehen, sondern sich allenfalls in Schweigen hüllen oder womöglich überraschend herausplatzen: »Zum Glück hat sie es schließlich ganz von selber kapiert. Wenn es nach dir ginge, würdest du sie ja immer noch auf dem Arm herumtragen.«

Für manche Leute sprechen alle Beweise gegen das Kind: Die Intensität des Weinens, wie gut das Kind noch vor einer Minute lief, wie schnell wieder alles gut ist, wenn man es auf den Arm nimmt ..., da ist es über jeden Zweifel erhaben, dass es »reines Theater« war. Aber die Fachleute beurteilen das ganz anders. Bowlby fasst die Studien von Anderson aus England und Rheingold und Keene aus den Vereinigten Staaten in einem Überblick zusammen. Ersterer belegte, dass das oben beschriebene Verhalten praktisch weltweit bei Kindern zwischen 15 Monaten und zweieinhalb Jahren vorkommt. Seine Beobachtungen überzeugten ihn davon, dass Kinder in diesem Alter einfach noch nicht in der Lage sind, ihrer Mutter zu folgen. Bowlby gründet seine Verteidigung ausgerechnet auf die gleichen Beweise wie die Anklage:

> [...] bis zu diesem Alter [drei Jahre] ist es vorzuziehen, wenn die Mutter ihre Kinder transportiert. Seine Vermutungen [von Anderson] werden bestätigt durch die Freude, mit der die Kinder in diesem Alter den Vorschlag annehmen, getragen zu werden, durch ihre zufriedene und effiziente Art, sich dafür in die geeignete Stellung zu begeben, und durch die entschlossene und oft abrupte Weise, mit der sie dies zu fordern pflegen.[11]

Den Bericht, wie ein Kind sich immer wieder so jäh vor seine Mutter stellte, dass diese es beinahe umwarf, kommentiert er:

> Die Tatsache, dass der Kleine angesichts dieser unerwarteten Folge nicht den Mut verliert, legt nahe, dass er instinktiv handelt und durch die Tatsache dazu getrieben wird, dass er seine Mutter in Bewegung sieht.

Rheingold und Keene beobachteten systematisch über 500 Kinder auf Straßen und in Parks. Dabei entdeckten sie, dass 89 Prozent der Kinder, die auf dem Arm getragen oder im Kinderwagen geschoben wurden, jünger als drei Jahre alt waren (wobei die Anzahl gleichmäßig auf die Altersstufen unter einem Jahr, zwischen einem Jahr und zwei Jahren und zwischen zwei und drei Jahren verteilt war). Dennoch waren acht Prozent der Kinder, die nicht gingen, zwischen drei und vier Jahren alt und nur zwei Prozent zwischen vier und fünf Jahren. Im Gegenteil, die Mehrzahl der Drei- bis Fünfjährigen ging an der Hand oder hielt sich an der Kleidung der Eltern oder am Kinderwagen fest, und nur die Kinder über sieben Jahren gingen im Allgemeinen ganz alleine.

Die Schlussfolgerung: Es handelt sich um einen Reifungsprozess, der an das Alter gekoppelt ist. Kinder unter drei Jahren können nicht mit der Mutter gehen, nicht einmal an der Hand, allenfalls kurze Zeit und ganz langsam. Kinder über drei Jahren dagegen können das durchaus.

Obwohl diese Untersuchungen, die Bowlby zitiert, über 30 Jahre alt sind, scheinen viele Experten noch keine Kenntnis davon erlangt oder deren Bedeutung nicht verstanden zu haben. Noch immer wird »sich weigern zu gehen« als einer der größten Beweise für Disziplinlosigkeit und Verweigerung genannt. Langis[2] erwähnt dies als erstes Beispiel für die erste der »13 Ursachen für die Versklavung heutiger Eltern«:

> *Das Kind weint immer, damit wir es auf dem Arm tragen, obwohl es durchaus in der Lage wäre, eine ganze Zeit lang alleine zu gehen, ohne zu ermüden. Es handelt sich um eine Laune.*

Weiter unten bezeichnet derselbe Autor es als typisches Beispiel einer seltsamen Beschäftigung, die der Kinderzeit eigen ist, nämlich »Grenzen testen« und bei jeder Gelegenheit, die sich bietet, die Schwäche der Eltern auszunutzen:

> *Eine Kleine hängt sich an die Rockzipfel ihrer Mutter und bittet sie immer wieder, sie auf den Arm zu nehmen. Die Mutter, die ihre Beharrlichkeit satt hat, schreit sie an, sie solle neben ihr gehen. Das Mädchen hängt weiter an ihrem Rockzipfel und die Mutter wiederholt erneut dasselbe. Dann beschließt sie plötzlich, es zu tragen. Das Mädchen hat kaum 15 Sekunden gebraucht, um sich durchzusetzen.*

Für Ferrerós handelt es sich um einen der Fälle, in denen man niemals ein minderjähriges Kind auf den Arm nehmen sollte:

> *Wenn es nicht laufen will, sind wir mit dem typischen hysterischen Strampeln konfrontiert [...] Langfristig funktioniert es besser, wenn wir uns angesichts seines schlechten Benehmens gleichgültig zeigen, kommentarlos seine Hand gewaltsam ergreifen und es zu gehen zwingen, auch wenn es momentan Widerstand leistet.*[32]

Ach so, jetzt verstehe ich es, wie können wir nur so dumm sein, ein Kind zu tragen, wenn es nicht gehen will? Es ist viel logischer, das Kind, das auf den Arm will, zum Gehen zu zwingen, und das Kind, das sehr wohl gehen will, auf dem Arm zu tragen; so ärgern wir das eine wie das andere und geben exzellente Theatervorstellungen in der Öffentlichkeit. Warum warten Sie nicht auf Ihren jugendlichen Sohn am Ausgang der Schule und nehmen ihn vor seinen Freunden auf den Arm? Sie werden schon sehen, wie der sich darüber freut. (Es empfiehlt sich allerdings, vorher eine Zeit lang in einem Fitnessstudio zu trainieren, wenn Sie vermeiden wollen, dass Ihr Rücken »knacks« sagt.)

Der Irrtum dieser Autoren (und vieler Ärzte, Psychologen und Eltern) besteht darin zu glauben, »das Laufen« sei eine einzige Tätigkeit: Das Kind »kann schon laufen« und darum kann und muss es laufen, in jedweder Situation.

Aber so ist das nicht. Laufen umfasst eine ganze Reihe von Tätigkeiten. Und genau wie es etwas anderes ist, ob man 100 Meter oder einen Marathon läuft, und es keinen Athleten gibt, der es wagen würde, für beide Disziplinen anzutreten, genauso hat das Laufen rund um eine Mama, die still an einem Ort bleibt, nichts damit zu tun, eine Mama zu begleiten, während sie sich fortbewegt. Für Letzteres genügt es nicht zu wissen, wie man ein Bein vor das andere setzt, ohne das Gleichgewicht zu verlieren, sondern man muss außerdem überblicken, wo ich bin und wo Mama ist, und welches der beste Weg ist, um von einem Punkt zum anderen zu kommen, während beide Punkte sich pausenlos bewegen!

Es gab eine Zeit, da meinte man, den Kindern das Laufen beibringen zu müssen, und wenn man es nicht täte, dann würden sie es nie lernen. Doktor Stirnimann erklärte den Müttern, wie und in welchem Alter sie mit dem »Unterricht«[33] beginnen sollten. Er beschreibt Massagen und eine spezielle Gymnastik. Verstehen Sie nun, liebe Leserin, warum einige Großmütter so schockiert sind, wenn sie sehen, dass wir »dem Kind nicht das Laufen beibringen«? Zu ihrer Zeit hielt man das für unbedingt erforderlich; aber heutzutage wissen fast alle Mütter und fast alle Kinderärzte, dass das Gehen nicht gelehrt werden muss, sondern einen Reifungsprozess darstellt.

Wenn das Kind Zärtlichkeit und Aufmerksamkeit bekommt und man es nicht am Laufen hindert, indem man es festbindet oder einwickelt, dann wird das Kind zu laufen beginnen, wenn es das dafür richtige Alter erreicht hat: kurz nach (und manchmal kurz vor) seinem ersten Geburtstag. Man braucht es ihm nicht beizubringen. Nun gut, ohne zu weinen an der Hand zu gehen oder alleine zu laufen hängt auch von der Reife ab. Wenn Ihr Kind so weit ist, wird es das tun, mit ungefähr drei Jahren wird es an der Hand gehen, mit ungefähr sieben Jahren wird es alleine gehen.

Zu fordern, dass ein Kind auf der Straße gehen soll, weil man es eine Weile im Park hat laufen sehen, ist ungefähr so, als ließe man es auf der Autobahn fahren, weil es das in seinem Spielauto so gut hinbekommen hat.

Natürlich ist das kein so plötzlicher Wandel. Es gibt eine lange Phase, in der das Kind gehen kann, aber nur zu gewissen Zeiten oder wenn man ihm besondere Hoffnungen erweckt oder wenn es gute Laune hat ... Neulich sah ich eine Mutter mit ihrem etwa zweijährigen Sohn vor unserem Haus vorbeigehen. Nach der Zeit zu urteilen, hatte sie ihn wohl gerade von der Krippe abgeholt. Mit viel Begeisterung ermutigte sie ihn zu gehen: »Schau, jetzt machen wir einen Kätzchenschritt, so, seeehr gut!« (und sie machte einen kleinen Schritt). »Jetzt kommt ein Elefantenschritt« (extralanger Schritt). »Nun ein Känguru-Schritt« (kleiner Sprung). Der Junge folgte ihrem Spiel, und es machte ihm Spaß, aber ich kam nicht umhin zu denken: »Wenn die Wohnung vier Straßen entfernt liegt, wird es Nacht, noch ehe sie ankommen!«

Es ist bemerkenswert, dass heutzutage viele Kinder besonderes Einfühlungsvermögen zeigen: Dasselbe Kind, das verzweifelt und unter Tränen von seinen Eltern fordert, dass sie es auf dem Arm tragen, wird fähig sein, neben seinen Großeltern herzugehen, weil es merkt, dass diese nicht mehr kräftig und beweglich genug sind, um es zu tragen. Einige wissen sich auch zurückzuhalten, wenn sie sehen, dass die Eltern vollbepackt mit Paketen sind. Nicht selten macht die Großmutter dann die Mutter darauf aufmerksam: »Siehst du? Dich hält es zum Besten, aber ich habe es gelehrt zu gehen.« So spricht sie sich selbst ein Verdienst zu, das einzig und allein dem Kind gebührt.

Es ist das Kind, das die große Anstrengung alleine zu gehen zu einem Zeitpunkt auf sich genommen hat, an dem es ihm noch sehr schwer fällt. Und es hat dies nicht getan, um Vorteile oder Lob zu bekommen, denn was es erhält, ist vielmehr Kritik und Sarkasmus. (»Jetzt läufst du, aber bei Mama machst du so ein Theater, nicht wahr?«) Das Kind tut es aus reiner Gutherzigkeit, weil es ein moralisches Gewissen hat und Gutes tun will, wann immer es kann.

Woher kommt die Eifersucht?

Wir Erwachsenen sind auf unsere sexuellen Rivalen eifersüchtig, Kinder sind auf ihre Geschwister eifersüchtig. Was haben diese beiden Situationen gemeinsam, dass sie dermaßen ähnliche Reaktionen auslösen und wir das gleiche Wort dafür verwenden?

Eifersucht gibt es nicht nur bei Menschen. Bei den Tierarten, deren Männchen bei den Weibchen bleiben und die Jungen beschützen, pflegen die Männchen auch die möglichen Rivalen zu vertreiben. Das Männchen, das für seine Nachkommen sorgt, überträgt leichter seine Gene, aber immer nur, wenn es wirklich seine eigenen Nachkommen sind und sie seine eigenen Gene haben. Im Sinne der Evolution zahlt es sich nicht aus, die Nachkommen eines anderen großzuziehen. Das Gen, für seine Nachkommen zu sorgen, überträgt sich erfolgreicher, wenn es mit dem Gen der Eifersucht gekoppelt ist.

Das Weibchen hat diese Probleme normalerweise nicht. Ihre Jungen sind ihre, da gibt es keinen Zweifel, und was ihr Männchen in seiner freien Zeit macht, darüber macht sie sich keine Sorgen. Aber beim Menschen macht die lange Kindheit es empfehlenswert, auf den Vater zählen zu können. Wenn der Mann anfängt, mit anderen Frauen herumzublödeln, könnte es sein, dass man eines Tages alleine dasteht und keine Hilfe mehr bei der Versorgung seiner Kinder hat. Bei den Menschen sind sowohl Männer als auch Frauen eifersüchtig und mögen es nicht, wenn ihr geliebter Partner seine Aufmerksamkeit anderen zuwendet.

Und wieso sind Verlobte eifersüchtig, wenn sie noch keine Kinder haben? Es handelt sich nicht um eine bewusste Überlegung. Man ist nicht eifersüchtig, weil man denkt »Wenn mein Mann mich verlässt, wird es mir schwer fallen, bis zum Monatsende hinzukommen«, ebenso wenig wie man Hunger hat, weil man denkt »Ich brauche 800 Kilokalorien, um meinen Stoffwechsel in Gang zu halten«. Das sind Empfindungen, die spontan aus unserem Innern kommen und uns zwingen, etwas zu tun.

Die Eifersucht unter Geschwistern folgt ähnlichen Beweggründen: Zum Überleben brauchen die Kinder die Aufmerksamkeit und Fürsorge der Eltern. Wenn sich die Eltern nur um den einen kümmern und den anderen vergessen, dann wird es diesem sehr schlecht ergehen. Wenn also ein Geschwisterchen geboren wird,

dann ist es die logische und normale Reaktion, das Nötige zu tun, um die Eltern daran zu erinnern »Hallo, ich bin auch noch da!« – das heißt, Aufmerksamkeit auf sich zu lenken. Die Motivation ist nicht bewusst, das dreijährige Kind denkt nicht: »Ich muss wieder in die Hose machen, Wutanfälle haben und stottern, damit sich die Eltern mehr um mich kümmern.« Nein, aber im Laufe der Jahrtausende hatten Kinder, die sich so oder ähnlich verhielten, mehr Überlebenschancen, und ihre Gene haben sich über den Planeten verbreitet.

Eifersüchtige Kinder zeigen eine seltsame Mischung von Verhaltensweisen. Sie benehmen sich wie ein kleineres Baby, um Mitgefühl zu erregen, aber sie nehmen auch gerne Verhaltensweisen größerer Kinder an, um zu zeigen, dass sie besser sind als das Kleine. Sie behandeln ihre Eltern mit einer Mischung aus beinahe aufdringlicher Zuneigung und Feindseligkeit. Sie zeigen dem Geschwisterchen gegenüber eine übertriebene Zuneigung, die an Aggression grenzt, wenn sie zum Beispiel das Kleine so fest umarmen, dass sie es fast erdrücken. Manchmal versuchen sie, es zu schlagen, oder häufiger, es lächerlich zu machen (»Es kann nicht reden und macht in die Hose«). Sie können auch Wutanfälle haben und jähzornig werden, die eigenen Eltern beleidigen und schlagen, deren Liebe sie doch erringen wollten. Dieses Verhalten kann uns sehr seltsam erscheinen, aber im Grunde ist es genau wie bei einem Mann, der den Verdacht hat, dass seine Frau sich für einen anderen interessiert: Mal weint er und fleht, mal versucht er, ein vorbildlicher Ehemann zu sein, spült das Geschirr und überhäuft sie mit Geschenken. Mal zeigt er sich aufmerksam und zärtlich, mal äußert er Vorwürfe und macht ihr eine Szene. Er versucht, den Rivalen lächerlich zu machen, und manchmal greift er seinen Rivalen oder sogar seine Frau an ...

Wieso überrascht uns bei Kindern das gleiche Verhalten, das wir bei einem Erwachsenen als normal betrachten würden?

Manchmal vergleicht man das ältere Geschwisterkind mit einem »entthronten Prinzen« und unterstellt, die Eifersucht sei eine Folge davon, dass es die Privilegien des Einzelkindes verloren hat. In letzter Konsequenz könnte diese Art zu denken dazu verleiten, sich nicht allzu sehr um die Kinder zu kümmern, damit sie so nicht den Unterschied merken, wenn ein Geschwisterchen geboren wird. Es scheint eine Ungeheuerlichkeit, aber Skinner schlägt in *Futurum II*[34] so etwas Ähnliches vor: Die Eltern sollen ihr eigenes Kind nicht liebevoller behandeln als irgendein anderes Kind:

> *Unser Ziel ist es, dass jedes erwachsene Mitglied von »Futurum II« alle unsere Kinder als seine eigenen betrachtet und jedes Kind alle Erwachsenen als seine Eltern ansieht.*

Der große Vorteil davon, so wenig Umgang mit seinen Eltern zu haben, besteht darin, dass im Todesfalle das Waisenkind sie nicht vermisst:

> *Bedenken Sie, was das für ein Kind bedeutet, das weder Vater noch Mutter hat! Es hat keinen Grund, seine Kameraden zu beneiden, die noch Eltern haben, denn zwischen ihnen besteht praktisch kein Unterschied.*

Aber der Grund für die Eifersucht ist nicht die Erinnerung an verlorene Privilegien. Die kleinen Geschwister, die nie einziges Kind waren und infolgedessen sich auch nie daran gewöhnen konnten, »Hahn im Korb« zu sein, sind auch auf die älteren Geschwister eifersüchtig. In den ersten Lebensjahren mit Zärtlichkeit überschüttet zu werden, vergrößert wahrscheinlich nicht die Eifersucht, sondern verringert sie oder gibt dem älteren Kind das nötige Selbstvertrauen, um sie zu ertragen.

Die Eifersucht pflegt umso größer zu sein, je geringer der Altersunterschied ist, denn das ältere Kind braucht immer noch dasselbe wie das jüngere Kind (auf den Arm genommen zu werden, Zärtlichkeit, ständigen Kontakt), weshalb sie stärker darum wetteifern. Die Eifersucht unter Geschwistern ist völlig normal, und es ist absurd (und oft schädlich), danach zu trachten, sie zu verbieten, zu unterdrücken oder auszumerzen.

Wir können dem eifersüchtigen Kind helfen, indem wir ihm unsere bedingungslose Liebe zeigen. Es muss wissen, dass es sich nicht eifersüchtig zu zeigen braucht, um unsere Aufmerksamkeit zu bekommen, aber es muss auch wissen, dass wir es weiterhin lieben, auch wenn es Eifersucht zeigt. Wir können versuchen, die Eifersucht in positivere Bahnen zu lenken, ihm helfen zu zeigen, wie groß und klug es schon ist (»Erzähle Mama, wie du mir geholfen hast, Isabel zu baden! Was für ein Glück, dass wir den Markus hier haben, er hilf mir so viel!«). Aber wir dürfen nicht anstreben oder erwarten, dass ein Kind nicht eifersüchtig ist. Das wäre unnatürlich.

Stellen Sie sich einmal vor, Ihr Mann kommt eines Tages mit einer jüngeren Frau nach Hause: »Liebling, ich möchte dir Laura, meine zweite Frau, vorstellen. Ich erwarte von euch, dass ihr Freundinnen werdet. Da sie neu ist und sich erst eingewöhnen muss, werde ich ihr viel Zeit widmen müssen. Ich hoffe, da du schon älter bist, wirst du dich gut benehmen und mehr zu Hause helfen. Sie wird bei mir im Zimmer schlafen, damit ich leichter für sie sorgen kann, und du wirst ein eigenes Zimmer für dich ganz alleine haben, da du ja schon groß bist. Du bist doch sicher froh, ein eigenes Zimmer zu bekommen? Ach ja, deinen Schmuck teilst du natürlich mit ihr.«

Na, wären Sie da nicht ein bisschen eifersüchtig?

Der Ödipus-Komplex

> *Er war, um ehrlich zu sein, einer jener Väter,*
> *die in ihren Kindern ein Ungemach sehen,*
> *eine Konsequenz ihrer jungendlichen Vergnügungen [...]*
> *Er sah in seinen Kindern gleichsam Rivalen.*
> Henry Fielding, »Joseph Andrews«

Ein Orakel weissagte Laios, dem König von Theben, dass die Götter ihn für seine Sünden bestrafen würden. Wenn er eines Tages einen Sohn bekäme, würde dieser seinen Vater töten und seine Mutter heiraten. Laios bemühte sich lange Zeit, keine Kinder zu haben, aber das einzige in der damaligen Zeitepoche verfügbare Verhütungsmittel erforderte eiserne Disziplin ... und er konnte sich nicht ausreichend beherrschen. Im Rausch schwängerte er seine Frau Iokaste. Gar nicht zimperlich, übergab er kurzerhand seinen kleinen Ödipus einem Schäfer, damit dieser ihn im Wald aussetze. Der Schäfer hatte Mitleid und überließ das Kind Adoptiveltern, und Ödipus wuchs zum Mann heran. In Unkenntnis seiner Herkunft tötete er seinen Vater in einem Streit (den der Vater – ein böser Mensch – angefangen hatte; Sie erinnern sich, dass ihn die Götter eingangs strafen wollten) und heiratete seine Mutter.

Dieser Geschichte entnahm Freud den Namen für seine Theorie: Der Ödipus-Komplex ist das Verlangen, das angeblich alle kleinen Jungen haben, nämlich ihren Vater zu töten und ihre Mutter zu heiraten.

Aber das ist nicht die Aussage der alten griechischen Tragödie. Ödipus hatte keinerlei Verlangen, seinen Vater zu töten oder seine Mutter zu heiraten. Er tat dies irrtümlich, weil er nicht wusste, das es seine Eltern waren. Als er schließlich die schreckliche Wahrheit erfuhr, war er so entsetzt, dass er sich beide Augen ausstach, während seine Mutter und Frau Selbstmord beging.

Der Mythos von Ödipus spricht in Wirklichkeit genau vom Gegenteil: von der irrationalen Angst einiger Väter, ihr Sohn könnte sie verdrängen und ihren Platz in der Liebe der Mutter einnehmen. Diese Angst verleitete Laios dazu, seinen eigenen Sohn abzulehnen und im Stich zu lassen. So säte er Geringschätzung und erntete Hass, wo er Liebe hätte säen und Achtung hätte ernten können.

Für die alten Griechen war die Moral der Geschichte wohl so etwas wie »Du kannst der Strafe der Götter nicht entgehen; was auch immer du tust, deinem Schicksal entrinnst du nicht«. Für den modernen Leser, der nicht an jene Götter glaubt, ist die Moral der Geschichte nicht »Lass dein Kind im Stich, ehe es dich tötet«, sondern im Gegenteil: »Sei doch nicht so dumm, dein Kind im Stich zu lassen, sonst machst du dir den zum Feind, den du zum Freund haben kannst, wenn du ihn liebevoll behandelst.«

Haben wir Väter alle diesen Komplex von Laios? Ich weiß nicht, ob väterliche Eifersucht häufig ist, aber es gibt sie tatsächlich. Der Vater kann sich aus einer so engen Beziehung ausgeschlossen fühlen. (»Einen Mann«, hörte ich mehr als eine Frau sagen, »den findest du auf der Straße, aber ein Kind, das hast du in dir getragen.«)

Die Eifersucht des Vaters kann in zwei Richtungen gehen: Er wäre gerne die Mutter des Kindes oder er wäre gerne das Baby der Mutter. Es ist, als würde er versuchen, seine Ellenbogen einzusetzen, um sich zwischen Mutter und Kind zu drängen.

Einige schlagen vor, die stillende Mutter solle von Zeit zu Zeit dem Vater ermöglichen, das Baby mit dem Fläschchen zu füttern, damit er sich auch wichtig fühlen könne. Was für eine nette Art, das Baby zu ärgern und das Stillen zu gefährden! Vätern, die sich an der Versorgung ihres Babys beteiligen wollen, bieten sich mehr als genug Möglichkeiten dazu: baden, anziehen, Windeln wechseln, Spaziergänge machen, einkaufen, kochen, putzen, waschen, bügeln.

Von Zeit zu Zeit klagt mir eine erschöpfte Mutter, sie könne kaum schlafen, weil ihr Kind sie jede Nacht mehrfach brauche:
- Manchmal lege ich es zu uns ins Bett, dass es an der Brust trinken kann, wann es will. Das ist die einzige Art, wie ich schlafen kann. Aber sein Vater sagt natürlich, das darf nicht sein, am Ende werde er das Ehebett verlassen müssen.
- Wie alt ist Ihr Mann?
- 32 – wieso?
- Weil er schon groß genug ist, um alleine zu schlafen. Wenn er mit 32 Jahren zum Schlafen noch Gesellschaft braucht, was erwartet er dann von einem dreijährigen Kind?

Natürlich sage ich so etwas nur scherzhaft. Der Vater braucht keineswegs das Bett zu verlassen, die drei können zusammen bleiben. Ich beabsichtige nur, den Leuten bewusst zu machen, dass die emotionalen Bedürfnisse eines Kindes mindestens genauso wichtig sind wie die eines Erwachsenen. Kinder sind großzügig und verständnisvoll: Wenn sie bei Mama schlafen können, haben sie normalerweise nichts dagegen, wenn Papa auch dableibt. Darum überraschte es mich zu erfahren, dass Skinner[34] Vätern allen Ernstes vorschlug, in ein anderes Zimmer zu ziehen. Nicht gerade, um Platz fürs Kind zu lassen. Nein, beide müssen gehen:

> Gut, zum Beispiel die Zweckmäßigkeit getrennter Schlafzimmer für Mann und Frau. Das ist nicht verpflichtend, aber wenn man es einführt, bewahrt man langfristig befriedigendere eheliche Beziehungen als bei der Verwendung eines einzigen gemeinsamen Zimmers.

Ach, so läuft der Hase. Man fängt damit an, das Kind aus dem Zimmer zu nehmen, und am Ende wird der Vater auch ausquartiert. Denken Sie darüber nach, lieber Leser, und entscheiden Sie, auf welcher Seite Sie lieber stehen wollen. Wenn man Ihnen vorschlägt, das Kind alleine schlafen zu legen, fragen Sie sich, wer der Nächste sein wird.

Da wir gerade über den guten Ödipus sprechen – ich habe mehrfach gehört, wie eine noch seltsamere Theorie vertreten wurde: Einige Ärzte, sogar einige Psychologen, sagen Müttern, wenn sie mit ihrem Kind das Bett teilen, würden sie »den Ödipus-Komplex auslösen«. Das ist hanebüchener Unsinn aus dem Reich der Psychofiktion. Für jene Schulen der Psychologie, die an die Existenz des Ödipus-Komplexes glauben (und das sind bei weitem nicht alle), handelt es sich bei dem genannten Komplex um eine normale Phase der Entwicklung. Weder löst die Mutter ihn durch ihre Handlungen aus, denn er entsteht spontan, noch ist sein Erscheinen schlecht, denn das ist normal.

Wann wird es selbständig?

Die Selbständigkeit ist eines der großen Themen der modernen Kindererziehung. Wir alle wollen selbständige Kinder! Selbständige Kinder, die aufstehen und schlafen, wann es ihnen beliebt, die ihre Hausaufgaben nur machen, wenn sie Lust dazu haben, die selbst entscheiden, ob sie zur Schule gehen wollen, die anziehen, was ihnen gefällt, und essen, was sie mögen ...

Ach, nein! Nicht diese Art Selbständigkeit! Wir wollen Kinder, die selbständig sind, aber genau das machen, was wir ihnen sagen, oder noch besser, die unsere Gedanken erraten und das tun, was wir wollen, ohne dass wir ihnen irgendetwas zu sagen brauchen. So werden alle sehen, dass wir sehr gute Eltern sind und ihnen viel Freiheit lassen und dass wir nicht einmal Befehle erteilen.

Viele Eltern lehnten sich irgendwann gegen die allzu strenge Erziehung auf, die sie erhielten (oder hätten es zumindest gerne getan). Sie nahmen sich vor, ihren Kindern einmal mehr Freiheit zu geben. Und jetzt entdecken sie zu ihrem großen Erstaunen, dass ihre Kinder, da sie die Freiheit dazu haben, das tun, wozu sie Lust haben! Na klar, was dachten Sie denn, was sie tun würden?

In Wirklichkeit meinen viele Leute, wenn sie sagen »Ich will, dass mein Kind selbständig ist«, »Ich will, dass es alleine schläft und mich nicht ruft, dass es selbständig und reichlich isst, dass es alleine und ohne Lärm zu machen spielt, dass es mich nicht belästigt, dass es genauso zufrieden bleibt, wenn ich fortgehe und es bei jemand anderem lasse«.

Aber das ist kein realistisches Ziel, weder für ein Kind noch für einen Erwachsenen. Der Mensch ist ein soziales Wesen, und infolgedessen besteht unsere Unabhängigkeit und Selbständigkeit nicht darin, alleine auf einer einsamen Insel zu leben, sondern in einer Gruppe von Menschen. Wir brauchen die anderen und die anderen brauchen uns. Ein Erwachsener muss in der Lage sein, um die Hilfe seiner Mitmenschen zu bitten und sie zu erhalten, um seine Ziele zu erreichen und anderen seine Hilfe zu gewähren, wenn diese darum bitten. Mehr als selbständig und unabhängig sind wir gegenseitig voneinander abhängig.

Ein Bettler, der um Almosen bittet, ist abhängig, denn er hängt vom guten Willen derjenigen ab, die vorübergehen. Wir könnten auch sagen, dass ein Angestellter, der am Ende des Monats sein Geld bekommt, abhängig ist, denn er könnte nicht ohne eine Firma arbeiten, nicht ohne Kollegen, nicht ohne Vorgesetzte oder ohne Untergebene. Aber wir betrachten ihn als unabhängig, weil er einen Vertrag hat und Lohn bezieht. Wenn er sein Geld kassiert, weiß er, wie viel man ihm geben wird, und er hat das Recht, es einzufordern.

Wenn ein Kind »Papa!« ruft und Papa kommt, dann ist es unabhängig. Wenn Papa nicht kommt, weil er keine Lust hat, dann ist das Kind von dessen Laune abhängig. Wenn Sie auf Ihr Kind eingehen, dann lehren Sie es zur Selbständigkeit und Unabhängigkeit. Nach einer Trennung (wegen Krankheit, Arbeit der Mutter, Beginn der Kindergartenzeit) wird das Kind abhängiger und unselbständiger, braucht mehr Zärtlichkeit, mehr Nähe, will keinen Augenblick alleine sein. Wenn man ihm die Nähe gewährt, die es braucht, dann wird es seine Unsicherheit schließlich überwinden, verweigert man sie ihm, dann wird das Problem jedes Mal größer.

Ein Kind, das aufhört, nach der Mutter zu rufen, weil es sie nicht mehr braucht, ist nicht dasselbe wie ein Kind, das aufhört, nach ihr zu rufen, weil es weiß, dass sie niemals reagieren wird, ganz gleich wie viel es auch ruft.

Ihr Kind ist ein guter Mensch

> *[...] in der Tat weiß ich nicht,*
> *wozu man Kinder haben sollte,*
> *wenn man ihnen nicht vertrauen könnte.*
> Charles Dickens, »Nicholas Nickleby«

Viele Experten sprechen, wahrscheinlich in guter Absicht, von den Verhaltensproblemen der Kinder. Es gibt Ernährungsprobleme, Schlafprobleme, Eifersucht, Gewalt, Egoismus... Alle reden über die Probleme unserer Kinder, wie man sie aufspürt, ihnen vorbeugt oder sie löst, wie uns die Kinder »manipulieren«, oder warum man ihnen Grenzen setzen muss. Niemand erinnert uns daran, dass unsere Kinder gute Menschen sind.

Und das sind sie. Sie müssen es zwangsläufig sein. Keine Tierart könnte überleben, wenn ihre Nachkommen nicht mit der Fähigkeit geboren würden, sich das normale Verhalten der Erwachsenen anzueignen, und mit der Neigung, dies zu tun. Es bedarf keiner großen Anstrengung, einem Löwen beizubringen, Fleisch zu fressen, oder eine Schwalbe zu lehren, bis nach Afrika zu fliegen. Schwierig wäre es und ganz widernatürliche Erziehungsmethoden wären vonnöten, einen Löwen zum Vegetarier zu machen und eine Schwalbe dazu zu erziehen, nicht nach Süden zu fliegen. Die große Mehrheit der Neugeborenen werden, wenn man sie angemessen aufzieht (das heißt mit Liebe, Achtung und körperlichem Kontakt), zu normalen Kindern und später normalen Erwachsenen heranwachsen. Der Mensch ist ein soziales Wesen, deshalb ist die Fähigkeit zu lieben und geliebt zu werden, zu achten und geachtet zu werden, anderen zu helfen und Hilfe von anderen zu erhalten, soziale Normen zu begreifen und zu beachten (letzten Endes, ein guter Mensch zu sein) ein normaler Aspekt unserer Persönlichkeit. Die gepflegte Erziehung, die Religion oder das Gesetz können uns andere Dinge vermitteln, aber sie sind nicht unerlässlich, um ein guter Mensch zu werden. Unsere Vorfahren waren zweifellos schon gute Menschen, als sie noch in Höhlen wohnten, auf die gleiche Weise wie Hennen »gute Hennen« sind, ohne dass sie dazu Schulen oder eine Polizei brauchen.

Wir wollen darum einige der guten Eigenschaften unserer Kinder in einem Überblick zusammenstellen.

Ihr Kind ist uneigennützig

Die drei Monate alte Laura weint untröstlich. Sie wurde gestillt, hat frische Windeln an, friert nicht und schwitzt nicht und hat sich auch an keiner Brosche gestochen. Ihre Mutter nimmt sie auf den Arm, singt ihr leise ein paar zärtliche Worte vor, und im Nu ist Laura ruhig. Die Mutter legt sie wieder in die Wiege, und im gleichen Augenblick bricht Laura in Tränen aus.

»Sie hat keinen Hunger, sie hat keinen Durst, ihr geschieht nichts Schlimmes«, sagen böse Zungen. »Was zum Henker will das Kind jetzt noch?«

Es will seine Mutter, weil es sie liebt. Ihr Kind liebt Sie. Es liebt Sie nicht wegen der Nahrung, nicht wegen der Kleidung, nicht wegen der Wärme noch wegen der Spielsachen, die Sie ihm später kaufen werden, nicht wegen der teuren Privatschule, in die Sie es schicken werden, noch wegen des Geldes, das es eines Tages von Ihnen erben wird. Die Liebe eines Kindes ist rein, bedingungslos und uneigennützig.

Freud glaubte, Kinder lieben ihre Mutter, weil sie von ihr die Nahrung bekommen. Das ist die so genannte Theorie des sekundären Impulses (die Mutter ist sekundär, das Primäre ist die Milch). Bowlby vertritt mit seiner Theorie der Bindung genau das Gegenteil: Das Verlangen nach der Mutter ist unabhängig vom Verlangen nach Nahrung und wahrscheinlich stärker.

Warum genießen Sie als Mutter nicht dieses wunderbare Gefühl, uneingeschränkt geliebt zu werden? Würden Sie sich besser fühlen, wenn Ihr Kind Sie nur riefe, wenn es Hunger, Durst oder Kälte verspürt und Sie stolz ignorierte, wenn es zufrieden ist? Niemand würde einem vor Hunger weinenden Kind die Nahrung verweigern, jeder würde ein vor Kälte weinendes Kind warm zudecken. Wenn ein Kind weint, weil es Liebe braucht, werden Sie es dann nicht auf den Arm nehmen?

Ihr Kind ist großzügig

Vor kurzem fragte mich eine besorgte Mutter, wann ihre Tochter von anderthalb Jahren aufhören werde, so egoistisch zu sein, wann sie lernen werde zu teilen.

Warum sind einige Eltern und Erzieher nur so darauf versessen, Kindern das Teilen beizubringen? Was nützt es Kindern, so etwas zu lernen? Wir Erwachsenen teilen fast nichts.

Ein Beispiel: Isabel, noch nicht ganz zwei Jahre alt, spielt im Park unter den aufmerksamen und liebevollen Blicken ihrer Mutter mit ihrem Eimer, ihrer Schaufel und ihrem Ball. Da sie nicht genug Hände hat, ist natürlich im Moment nur die Schaufel in ihrem direkten Besitz, während der Eimer und der Ball sich in einer gewissen Entfernung befinden. Es nähert sich ein unbekanntes Kind, das ungefähr gleich groß ist, setzt sich neben Isabel und greift, ohne ein Wort an sie zu richten, nach dem Ball. Isabel hatte sich zehn Minuten lang nicht um den Ball gekümmert, und anfangs spielt sie ganz ruhig weiter und schlägt mit ihrer Schaufel auf den Boden. Ganz ruhig? Ein aufmerksamer Beobachter wird bemerkt haben, dass die Schläge etwas stärker wurden und Isabel den Ball aus dem Augenwinkel misstrauisch bewacht. Der Neuankömmling scheint sich seinerseits dessen bewusst zu sein, dass er sich auf unsicherem Boden befindet. Er bewegt den Ball ein Stückchen weiter, beobachtet die Reaktion und holt ihn wieder heran ... Um keinen Raum für Missverständnisse zu lassen, sagt Isabel: »Meiner.« Nach kurzer Zeit fühlt sie sich gezwungen, genauer auszuführen: »Ball is' meiner.«

Der Eindringling, der offensichtlich noch keine Dreiwortsätze zu sprechen vermag (oder es vielleicht vorzieht, sich einfach nicht festzulegen), beschränkt sich darauf nachzusprechen: »Ball, Baaal, Ball!« Zweifellos befürchtet Isabel, dass diese Worte einen Eigentumsanspruch zum Ausdruck bringen könnten und beschließt daher, ihren grünen Ball wieder ganz in Besitz zu nehmen. Der Eindringling leistet nicht allzu viel Widerstand, nutzt aber eine Unachtsamkeit, um sich des Eimers zu bemächtigen. Isabel spielt einige Minuten zufrieden mit dem soeben zurückeroberten Ball, scheint aber plötzlich beunruhigt. Was ist mit dem Eimer? Wo wird das noch hinführen?

Und so können wir den halben Nachmittag verbringen. Einige Male wird Isabel ein paar Minuten lang bereitwillig die Nutzung eines ihrer Besitztümer zulassen. Ein andermal wird sie das widerwillig tolerieren. Zuweilen wird sie selbst dem Kind ihre eigene Schaufel zum Tausch gegen ihren eigenen Eimer anbieten. Es kann auf beiden Seiten ein paar Tränen und etwas Geschrei geben, aber wahrscheinlich wird ihr neuer »Freund« genügend Minuten relativ friedlichen Spiels bekommen.

Es ist auch gut möglich, dass beide Mütter eingreifen. Und da tritt ein Umstand ein, der nie aufhören wird, mich immer aufs Neue zu überraschen: Statt wie eine Löwin das eigene Kind zu verteidigen, stellt sich jede Mutter auf die Seite des anderen Kindes: »Komm, Isabel, lass diesem Jungen doch die Schaufel.« »Komm, Benni, gib diesem Mädchen die Schaufel zurück.« Bestenfalls bleibt es bei sanften Ermahnungen; aber nicht selten treten die Mütter in einen verrückten Wettstreit der Großzügigkeit. (Wie leicht ist es doch, großzügig mit der Schaufel eines anderen zu sein!) »Jetzt ist es aber genug, Isabel, wenn du dich so benimmst, wird Mama böse!« »Benni, jetzt entschuldigst du dich aber sofort, sonst gehen wir nach Hause.« »Lassen Sie ihn doch, meine Liebe, lassen Sie ihn doch mit der Schaufel spielen! Wissen Sie, dieses Mädchen ist so egoistisch ...« »Oh, und meiner ist schrecklich! Ich muss den ganzen Tag hinterher sein, weil er dauernd andere Kinder piesackt und ihnen die Sachen wegnimmt...« Und so werden zum Schluss beide bestraft, wie zwei Zwergstaaten im Konfliktfalle, die leicht eine friedliche Einigung erreicht hätten, wenn nicht die beiden Supermächte interveniert hätten.

Szenen wie diese, die sich tausendfach wiederholen, führen dazu, dass wir unsere Kinder manchmal für egoistisch halten. Wir würden ohne zu zögern eine Plastikschaufel oder einen Kunststoffball mit jemandem teilen. Aber sind wir wirklich großzügiger als sie, oder liegt das nur daran, dass uns die Spielsachen gleichgültig sind?

Es ist unbedingt erforderlich, die Perspektive zurechtzurücken. Stellen Sie sich vor, Sie sitzen auf einer Parkbank und hören Musik. Neben Ihnen liegen Ihre Handtasche und eine zusammengelegte Tageszeitung. Da nähert sich ein Fremder, setzt sich neben Sie und beginnt, ohne ein Wort an Sie zu richten, Ihre Zeitung zu lesen. Wenig später lässt er die Zeitung (aufgeschlagen auf dem Boden) liegen, nimmt Ihre Handtasche, öffnet sie und untersucht deren Inhalt... könnten Sie teilen? Wie lange würde es dauern, bis Sie dem Unbekannten den Marsch blasen oder Ihre Handtasche an sich reißen und davonlaufen? Wenn Sie in der Ferne einen Polizisten sehen, würden Sie ihn nicht rufen? Stellen Sie sich nun vor, der Polizist kommt und sagt zu Ihnen:

- Jetzt ist es aber genug, lassen Sie diesem Herrn doch Ihre Handtasche, sonst werde ich böse.
- Entschuldigen Sie bitte, werter Herr, diese Frau hat noch nicht gelernt zu teilen ... Ihnen gefällt das Handy? Telefonieren Sie, rufen Sie an, wen Sie wollen ...
- Sei bloß still, Frau. Wenn du weiter protestierst, werd' ich dich was lehren!

Unsere Bereitschaft zu teilen hängt von drei Faktoren ab: was wir verleihen, wem und wie lange. Einem Arbeitskollegen können wir wochenlang ein Buch ausleihen, aber es stört uns, wenn ein Fremder unsere Zeitung anfasst, ohne vorher um Erlaubnis zu bitten. Unser Auto würden wir nur einem sehr engen Freund oder Verwandten für eine kurze Fahrt ausleihen. Ein kleines Kind besitzt wenige Dinge, und ein Eimer, eine Schaufel oder ein Ball sind für ihn ebenso wichtig wie für uns eine Handtasche, ein Computer oder ein Motorrad. Die Zeit empfindet ein Kind als lang, und ein Spielzeug einige Minuten lang auszuleihen, ist für das Kind so schwierig wie für seinen Vater, sein Auto einige Tage zu verleihen. Und es unterscheidet auch zwischen Freunden und Fremden, selbst wenn wir es nicht merken. Welchen der folgenden Sätze würde zum Beispiel Isabels Mutter verwenden, um die obigen Ereignisse zusammenzufassen?
a. Während Isabel mit einem kleinen Freund im Sand spielte, kam ein Fremder, nahm meine Zeitung und hätte mir fast die Handtasche weggenommen, ist das nicht schrecklich?
b. Während ich mit einem Freund Handtaschen-Herumreichen spielte, versuchte ein fremdes Kind, Isabel den Ball wegzunehmen, ist das nicht schrecklich?

Natürlich ist vom Standpunkt des Erwachsenen aus jedes zweijährige Kind, das doch wehrlos und hilflos ist, ein »kleiner Freund«. Aber wenn man selbst weniger als einen Meter groß ist, dann ist ein zweijähriges Kind ein Fremder, der sogar ein »Subjekt mit zweifelhaften Absichten« sein kann.

Noch ein Beispiel zum Schluss: Der 25-jährige Erich weiß nicht recht, wie er seinen weinenden acht Monate alten Sohn Tim beruhigen soll, darum benutzt er seine Autoschlüssel als Rassel. Tim greift nach den Autoschlüsseln, schüttelt sie, schaut sie an, schüttelt sie wieder. Ein sechsjähriges Mädchen nähert sich und sagt kokett: »Oh, wie hübsch! Wie heißt er? Wie viele Monate ist er alt? (Es ist eines von diesen frühreifen Mädchen.) Mein Cousin Anton ist auch acht Monate alt, aber heute ist er nicht gekommen, weil er Ohrenschmerzen hat. Hallo, Tim! Was für tolle Schlüssel du hast! Gibst du sie mir? Hier, ich tausche sie gegen meinen Ball.« Papa Erich ist von der neuen Freundin seines Sohnes begeistert, bis das Mädchen mit den Schlüsseln davonrennt und den Ball als gerechten Ausgleich zurücklässt. Wie viele Zehntelsekunden werden Ihrer Meinung nach vergehen, bis Erich hinterherrennt, um die Schlüssel zurückzuholen? Tim hat geteilt, aber sein Vater ist nicht bereit, dies zu tun.

Unsere Kinder sind vergleichsweise erheblich großzügiger als wir.

Ihr Kind ist gelassen

Wenn es jetzt nicht weint, weint es ewig grundlos.
Torquato Tasso, *»Jerusalén liberada«*

Das heißt, normalerweise bewahrt es einen stabilen, ausgeglichenen Gemütszustand. In einfacheren Worten ausgedrückt: Ihr Kind ist absolut keine Heulsuse.

Wie denn das, wenn es doch den ganzen Tag herumheult? Es stimmt, dass kleine Kinder häufiger weinen als Erwachsene, und darum pflegen wir zu sagen, sie seien Heulsusen.

Und wenn sie in Wirklichkeit einfach mehr Grund zum Weinen haben?

»Nein, sie weinen ohne Grund«, werden Sie sagen, »oder wegen irgendwelchem Quatsch!« Sie weinen je nach Alter, weil ihnen ein Turm aus Bausteinen umgefallen ist, weil wir ihnen kein Eis kaufen, weil wir sie zum Arzt bringen, weil wir fünf Minuten rausgehen, weil sie nicht sofort die Brustwarze finden, weil wir ihnen die Windel wechseln, weil wir ihre Haare abtrocknen... Natürlich würde kein Erwachsener wegen dieser Dinge weinen.

Und warum würden Sie weinen? Machen Sie ein Experiment: Nehmen Sie Ihr Kind im Alter von ein oder zwei Jahren auf den Schoß und erzählen Sie ihm die traurigsten Dinge, die Ihnen ein-

fallen: »Sie werden bei dir eine Steuerprüfung vornehmen.« »Sie haben dir den Job gekündigt.« »Du bekommst grässliche Krähenfüße.« »Deine Fußballmannschaft spielt nicht mehr in der ersten Liga ...« Es wird nicht weinen. Kinder und Erwachsene weinen über völlig verschiedene Dinge.

Zu den Dingen, über die kleine Kinder am häufigsten weinen, gehören:
- sich einige Minuten von Mama trennen,
- etwas zu tun versuchen, was nicht klappt,
- etwas Seltsames bemerken und nicht wissen, was es ist,
- etwas brauchen und nicht wissen, wie es zu erreichen ist.

All dies sind leider Dinge, die mehrfach am Tag vorkommen können (und vorkommen). Im Gegensatz dazu passieren die Dinge, die uns Erwachsene zum Weinen bringen, nur von Zeit zu Zeit. Darum scheint es, als wären wir weniger weinerlich, aber das ist nicht wahr. Wenn unser Fußballteam mehrfach am Tag absteigt, wenn man uns jeden Morgen kündigt, wenn täglich mehrere unserer besten Freunde sterben, dann weinen auch wir den lieben langen Tag.

Ihr Kind kann vergeben

Emma und ihr sechsjähriger Sohn Oskar hatten eine heftige Meinungsdifferenz. Um uns nicht mit Einzelheiten aufzuhalten, sagen wir nur, Emma war dafür, dass Oskar duscht, während Letzterer sich ganz sauber fühlte. Es gab Geschrei, Weinen, Beleidigungen und Drohungen. Ein unparteiischer Beobachter würde bemerken, dass das meiste Weinen von dem einen Konfliktpartner kam und die meisten Beleidigungen und Drohungen von dem anderen.

Das war vor einer Stunde. Was meinen Sie, welcher von beiden ist jetzt glücklich und zufrieden und spielt weiter, als wäre nichts geschehen, zeigt sich sogar ungewöhnlich ausgelassen und schmeichlerisch? Und welcher von beiden ist wahrscheinlich noch immer verärgert, macht Vorwürfe und ist missvergnügt? »Schau, Mama, schau, was ich tue.« »Nein, Mama ist nicht zum Lachen zumute.« »Gehen wir am Sonntag in den Zoo?« »Findest du, dass du das verdient hast? Meinst du, du hast dich gut benommen?« Nun kommt Artur, der Vater, von der Arbeit. Welchen der folgenden Sätze wird er Ihrer Meinung nach wohl zu hören bekommen?

a. »Mama hat sich heute Nachmittag fürchterlich aufgeführt, du hast ja keine Ahnung, was für eine Szene sie mir gemacht hat! Du musst mit ihr mal ein ernstes Wörtchen reden.«
b. »Dieses Kind hat sich den ganzen Nachmittag sehr flegelhaft benommen, es lässt sich von mir überhaupt nichts sagen. Du musst mit ihm mal ein ernstes Wörtchen reden.«

Unsere Kinder verzeihen uns, jeden Tag, Dutzende Male. Sie vergeben ohne Falsch, ohne Vorbehalte, ohne Vorwürfe, bis zu dem Punkt, das ihnen zugefügte Unrecht voll und ganz zu vergessen. Ihr Ärger verraucht viel schneller als unserer.

Ihr Kind hat Mut

Stellen Sie sich einmal vor, Sie stehen gerade in Ihrer Bank Schlange, da kommen ein paar bewaffnete Gestalten mit vermummten Gesichtern herein. Wenn die sagen, sie sollen sich auf den Boden werfen, werden Sie es da nicht tun? Wenn die sagen, Sie sollen still sein, werden Sie nicht gehorchen? Wenn die sagen, Sie sollen sich nicht bewegen, werden Sie da nicht wie versteinert dastehen? Glauben Sie, ein zweijähriges Kind hätte gehorcht? Unmöglich! Keine Macht der Erde, keine Drohung, nicht einmal eine auf das Kind gerichtete Pistole kann ein Zweijähriges dazu bewegen, eine halbe Stunde lang bewegungslos zu bleiben oder aufzuhören zu sagen »Muss Pippi« oder aufzuhören, aus reiner Wut zu heulen. Bewundern Sie seinen Mut, statt sich über seinen »Trotz« zu beklagen!

Ihr Kind ist diplomatisch

Peter und Anton, zwei fünfjährige Freunde, spielen im Park, während ihre Eltern auf einer Bank sitzen und sich unterhalten. Da kommt Lucas, ein anderes Kind ihrer Kindergartengruppe, mit seiner Mama. Lucas ist nicht wenig stolz auf das neue Dreirad, das ihm seine Eltern zum Geburtstag gekauft haben!

Drei Kinder, aber nur ein einziges Dreirad. Wen wundert es, wenn das zu einem Konflikt führt, wo wir doch Tausende von Menschen für viel hässlichere Dinge, wie eine Erdölquelle oder eine Diamantenmine, haben sterben sehen?

Peter und Anton sind wie alle Besitzlosen Anhänger der Linken und meinen, der Reichtum muss unter den Genossen geteilt werden. Wie alle Neureichen hat sich Lucas auf die Seite der Rechten geschlagen und meint, was einem gehört, das gehört ihm eben. Es entsteht ein Missverständnis, eine Auseinandersetzung. Peter, der ein wenig älter ist, reißt das Dreirad mit Gewalt an sich. Lucas fällt auf den Po und weint jämmerlich.

Schon ist die Hölle los! Die Mutter von Lucas macht ihrem Sohn Vorwürfe, weil er seine Spielsachen nicht ausleiht und so viel heult. Man muss aber sagen, dass sie ihm diese Vorwürfe ein wenig »wegen des Geredes der Leute« macht, denn im Grunde denkt sie: »Der andere hat angefangen« und »Du liebe Zeit, was für Grobiane mein Sohn als Freunde hat!«

Peters Vater ist sehr verärgert. Er ist sich dessen bewusst, dass sein Sohn mit dem Streit angefangen hat, und wahrscheinlich sieht auch er sich genauso wegen des »Geredes der Leute« gezwungen, den Tadel etwas härter ausfallen zu lassen. Er weist seinen Sohn scharf zurecht, schreit ihn an, quält ihn mit rhetorischen Fragen der Art »Was hast du dir dabei gedacht?«, die das Kind völlig wehrlos machen. Es weiß, wenn es nichts sagt, wird man wieder fragen: »Los, sage es mir, findest du das schön, Leute zu schubsen?« Aber wenn es etwas sagt, wird es noch schlimmer: »Du wagst es auch noch, mir zu widersprechen!« Die Brandrede nimmt solche Proportionen an, dass Lucas aufhört zu weinen und eher erschrocken als zufrieden zusieht, während nun Peter seinerseits zu weinen beginnt und Anton die Szene betroffen beobachtet.

Schließlich scheint Anton eine Idee zu haben. Er lenkt die Aufmerksamkeit von Lucas auf sich und bringt ihn zum Lachen, indem er einen bekannten Fernsehstar gekonnt nachäfft. Nun, da das Eis erst einmal gebrochen ist, schlägt er ihm ein Wettrennen vor. »Bis zum Brunnen«, stimmt Lucas zu. »Los Peter, den Letzten beißen die Hunde!« Und die drei sausen los.

Was für ein genialer Schachzug! Anton hat eine ausgefeilte Strategie entwickelt, um den Karren aus dem Schlamm zu ziehen, und Lucas hat das, obwohl er der Leidtragende gewesen war, sofort verstanden und ihn dabei unterstützt, den Freund aus der väterlichen Wut zu befreien. Schon spielen die drei in vollkommener Harmonie, haben den Zwischenfall vergessen und das Dreirad bei den immer noch verärgerten Eltern stehen lassen. Die Mutter von Lucas kann sogar so weit gehen auszurufen: »Und dafür hat er mich das Dreirad auf die Straße herunterbringen lassen? Ihr seht es ja, jetzt spielt er etwas anderes, und schon lässt er das Dreirad im Stich!« Antons Vater schweigt, aber er ist sehr stolz auf seinen Sohn.

Ihr Kind ist ehrlich

Und wie lästig uns seine Ehrlichkeit ist! Wir haben beleidigende und herabsetzende Worte erfunden, mit denen wir es jedes Mal bezeichnen, wenn es sagt, was es denkt: »Warum ist dieser Herr schwarz?« (»Sei nicht so vorlaut!«) »Ich möchte Schokolade!« (»Sei nicht so aufsässig!«) »Ich mag keine Erbsen!« (»Sei nicht so bockig!«) »Wieso soll ich mich waschen? Ich bin nicht schmutzig!« (»Sei nicht so trotzig!«) Wann werden sie jene ach so nützlichen

Eigenschaften des Erwachsenen annehmen: Heuchelei, Geriebenheit, Täuschung ...? Sie werden sie sich aneignen, sobald sie merken, dass sie sich eine Menge Schelte ersparen können, wenn sie lügen oder die Wahrheit verschweigen.

Der Lehrer muss einen Moment die Klasse verlassen und fordert den siebenjährigen Klassenprimus Carlos auf, die Aufsicht zu übernehmen. Die hehre Aufgabe der Aufsicht besteht darin, mit verschränkten Armen zwischen den Schulbänken herumzuspazieren und dabei die Kinder zu schelten, die reden. Einer der Jungen steht ohne Grund auf. Carlos fordert ihn in Ausübung seiner Pflicht auf, sich zu setzen; der andere will nicht. Carlos nähert sich mit verschränkten Armen dem Rechtsbrecher, mit einer vagen Vorstellung davon, ihn gewaltsam an sein Pult zurückzusetzen. Mit verschränkten Armen schubsen sie sich gegenseitig, da müssen sie lachen, woraufhin die ganze Klasse lacht.

Im Augenblick der besten Unterhaltung kommt der Lehrer zurück und ist sehr erbost. Carlos versucht, sich zu rechtfertigen, aber der Lehrer will keine Erklärungen. Er stellt nur eine Frage in drohendem Tonfall:
- »Meinst du, man kann lachen, während man die Aufsicht führt?«
- »Ja!«, erwidert Carlos und bekommt eine schallende Ohrfeige.

Der Lehrer fragt noch einmal brüllend:
- »Meinst du, man kann lachen, während man die Aufsicht führt?«

Dieses Mal nimmt sich Carlos einen Moment Zeit, ehe er antwortet. Er ist erschrocken, Angst lähmt ihn. Er versucht, den Grund zu begreifen, was er getan hat, um solch eine Behandlung zu verdienen? Man hat ihn nicht geschlagen, weil er in der Klasse gespielt hat, sondern weil er eine Frage beantwortet hat. Und er hat richtig geantwortet: Er hat die Wahrheit gesagt. Offensichtlich will der Lehrer, dass er »Nein« sagt. Kann er mit »Nein« antworten und so seine Haut retten? Carlos versucht, das »Nein« vor sich selbst zu rechtfertigen, sucht verzweifelt einen Grund, um seine Antwort zu ändern. Er findet keinen. Wenn die Frage gewesen wäre »Ist es erlaubt zu lachen, wenn man die Aufsicht hat?«, könnte er sofort mit »Nein« antworten. Er wusste nicht, dass es nicht erlaubt war, aber jetzt weiß er es: Die Verärgerung des Lehrers zeigt sonnenklar, dass es nicht erlaubt ist.

Aber die Frage war: »Meinst du, man kann lachen, ...?« »Ja«, denkt Carlos, »ich meine, man kann. Das ist das, was ich glaube, das ist die Wahrheit, ich kann nichts anderes antworten.« Er will kein Held sein, er will dem Lehrer nicht die Stirn bieten, er will nur die Wahrheit sagen, und unter Weinen und Schluchzen sagt er noch einmal »Ja«.

Der Lehrer verabreicht ihm eine noch kräftigere Ohrfeige, und mit funkelnden Augen, zornrotem Gesicht und schrecklich bedrohlicher Stimme wiederholt er die unheilbringende Frage:
– »Meinst du, man kann lachen, während man die Aufsicht führt?«

Wie viele Ohrfeigen kann ein Siebenjähriger ertragen? Carlos zögert, denkt darüber nach, Ja zu sagen, hat Angst. Mühsam atmet er tief ein, unterdrückt sein Schluchzen, spricht ein klägliches »Nein« und bricht in bittere Tränen aus.

Diese Szene trug sich vor 35 Jahren zu. Und Carlos, Sie werden es schon erraten haben, das war ich. Ich erinnere mich nicht an den Schmerz der Schläge, ich erinnere mich nicht an das Gefühl der Demütigung. Ich erinnere mich nur an das Erstaunen, das maßlose Entsetzen, die Verwirrung ... und vor allem an die Wut und Ohnmacht. Daran, dass man mich dazu gezwungen hat, eine Lüge zu sagen.

Ihr Kind ist kontaktfreudig

Beobachten Sie einmal, wie leicht Ihr Kind mit irgendeinem anderen Kind zu spielen anfängt. Die soziale Schicht, ethnische Herkunft oder Kleidung spielen keine Rolle. Nie werden Sie von einem kleinen Kind rassistische Äußerungen hören (»Ich bin dieser Moslems überdrüssig, die kommen mit ihren Tellerschlitten und nehmen uns die Rodelbahn weg«).

Auch wenn die Eltern sich wegen alter Zwistigkeiten den Gruß verweigern, reden die Kinder ohne Vorurteile miteinander. Vor nicht allzu langer Zeit war es üblich, zu versuchen, diese Kontaktfreude der Kinder einzuschränken (»Es gefällt mir nicht, wenn du mit dem Kerl da spielst, der ist schlecht/nicht wie wir/passt nicht zu dir/ist schlechter Umgang für dich«).

WARUM KINDER SO SIND 123

Ihr Kind ist verständnisvoll

Ich habe gerade ein kleines Experiment gemacht. Ich habe im Internet den Satz »Kinder sind grausam *(cruel)*« gesucht und 40 Seiten gefunden, die diesen Satz enthalten. Der Satz »Kinder sind liebevoll *(cariñoso)*« kommt nur auf einer der Millionen Internetseiten vor. »Kinder sind verständnisvoll *(comprensivo)*« erscheint auf keiner.

Man klagt Kinder an, Schwächere zu missbrauchen, Behinderten Spottnamen zu geben und sich über sie lustig zu machen. Aber diese Verhaltensweisen sind die Ausnahme und nicht die Regel. Es stimmt, dass Kinder aufgrund mangelnder sozialer Erfahrung peinliche Fragen stellen oder einen Körperbehinderten neugierig anstarren können. Aber sie sind auch in der Lage, jedweden Klassenkameraden völlig unbefangen zu behandeln und so, wie er ist, anzunehmen, ohne sich über sein Aussehen Gedanken zu machen.

Ich kenne eine Familie mit mehreren Kindern, von denen der Älteste geistig schwer behindert ist. Er kann weder laufen noch sprechen. Einige Zeit hatte er die schlechte Angewohnheit, jedem, der in seine Nähe kam, ob Kind oder Erwachsener, kräftig an den Haaren zu ziehen. Seine kleinen Geschwister verstanden vollkommen, dass er für sein Handeln nicht verantwortlich war, und zeigten eine vortreffliche Toleranz. Wenn sie beim Rennen zu nahe am Bruder vorbeikamen und von ihm erwischt wurden, beschränkten sie sich darauf, stillzuhalten und mit einem offensichtlichen Ausdruck von Schmerz gelassen irgendeinen Erwachsenen zu rufen, damit er sie befreie. Wenn irgendein anderer ihnen an den Haaren zog, reagierten sie natürlich mit der passenden Schlagkraft.

Zahlreiche Untersuchungen haben bewiesen, dass Kinder unter drei Jahren im Allgemeinen Empathie, das heißt Mitgefühl mit fremdem Leid, zeigen. Wenn ein Spielkamerad weint, versuchen sie häufig, ihn zu trösten.

Bowlby[31] zitiert eine Studie, in der man in einer Krippe das Verhalten von 20 Kindern im Alter von ein bis drei Jahren sorgfältig beobachtete. Zehn von ihnen waren missbraucht worden, die anderen zehn kamen aus Problemfamilien, waren aber nicht missbraucht worden. Die misshandelten Kinder prügelten sich doppelt so häufig wie die anderen und zeigten darüber hinaus drei Verhaltensweisen, die man an keinem der nicht misshandelten Kinder beobachtete: Sie griffen einen Erwachsenen an; sie griffen ein anderes Kind ohne Grund und ohne Veranlassung an, offenbar nur, um zu ärgern; sie beschimpften oder schlugen andere Kinder, die weinten, statt zu versuchen, sie zu trösten.

Die Kinder, die mit Liebe und Achtung erzogen werden, sind liebevoll und achtsam – natürlich nicht immer, aber die meiste Zeit. Das ist ihre natürliche Neigung, denn für ein menschliches Wesen ist die Zusammenarbeit mit anderen Mitgliedern der Gruppe ebenso natürlich wie das Gehen oder Sprechen. Um zu erreichen, dass Kinder aggressiv werden, müssen wir sie irgendwie dazu treiben, sie vom normalen Weg abbringen. Kinder, die durch Anschreien »erzogen« werden, schreien. Kinder, die mit Schlägen »erzogen« werden, schlagen.

Teil 3

Theorien, denen ich nicht zustimme

Im ersten Teil dieses Buches habe ich versucht, die Bedürfnisse kleiner Kinder und die Beweggründe für ihr Verhalten zu erläutern. Dennoch fürchte ich immer noch, wie eingangs erwähnt, dass einige Eltern erst dieses Buch und danach andere – diesem völlig widersprechende – Bücher lesen und dann versuchen, eine Mischung aus allem umzusetzen, weil sie glauben, wir sagten im Grunde genommen dasselbe.

Darum werde ich im Folgenden auf etliche Theorien näher eingehen, denen ich nicht zustimme.

Die »faschistische« Erziehung

Alice Miller überprüft in ihrem Buch *Am Anfang war Erziehung*[35] die Empfehlungen der deutschen Pädagogen des 18. und 19. Jahrhunderts, eine Strömung, die man »schwarze Pädagogik« nennt. Miller zeigt, dass solche Methoden insgeheim darauf abzielten, gehorsame Untertanen zu formen, und dass so ein »Erziehungssystem« es erlaubt, den Erfolg des Nationalsozialismus in Deutschland zu erklären. Die so erzogenen Staatsbürger waren bereit, jeglicher Autoritätsperson blind zu gehorchen, selbst wenn ihre Befehle grausam, absurd oder unmoralisch waren. Das Buch von Miller ist (wie alle Bücher dieser Autorin) eine sehr empfehlenswerte Lektüre. Im Folgenden zitiere ich einige Passagen jener »Experten« der Vergangenheit, und der Leser kann sie mit den aktuellen Lehrmeinungen vergleichen und sehen, welche Fortschritte wir gemacht haben.

> *Man darf nicht versuchen, mit kleinen Kindern zu argumentieren; von klein auf muss der Eigensinn mechanisch entfernt werden [...] Aber wenn die Eltern das Glück haben, vom ersten Moment an den Eigensinn durch harte Zwangsmaßnahmen und Schläge mit der Rute zu neutralisieren, werden sie gehorsame, gelehrige und gute Kinder bekommen, denen sie danach eine gute Ausbildung angedeihen lassen können (J. Sulzer, 1748, zitiert von Miller).*

> *Es ist ganz natürlich, dass die kindliche Seele ihren Willen durchzusetzen sucht und dass, wenn die Sache in den ersten beiden Lebensjahren nicht richtig gemacht wurde, es sehr*

schwierig wird, später das Ziel zu erreichen. Diese beiden ersten Lebensjahre haben unter anderem den Vorteil, dass wir Gewalt und Zwang anwenden können. Mit der Zeit vergessen die Kinder alles, was ihnen in der frühen Kindheit widerfuhr. Wenn wir ihnen in diesem Lebensabschnitt ihren Willen nehmen, werden sie sich niemals mehr daran erinnern, je einen Willen gehabt zu haben, und gerade deshalb hat die notwendige Unnachsichtigkeit keine nachteilige Folge (J. Sulzer, 1748, zitiert von Miller).

Eine andere wegen ihrer Folgen sehr wichtige Regel besagt, dass selbst zulässige Wünsche des Kindes nur dann erfüllt werden dürfen, wenn es sich in einem seelischen Zustand freundlicher Harmlosigkeit befindet, zumindest ruhig ist, aber niemals, wenn es schreit oder sich ungelehrig oder unzugänglich zeigt. [...] bei dem Kind darf man nicht den geringsten Verdacht erwecken, es könnte irgendetwas in seinem Umfeld erreichen, wenn es schreit und sich unkorrekt verhält. [...] Die oben beschriebene Ausbildung wird dem Kind einen deutlichen Vorsprung in der Kunst des Wartens verschaffen und es für seine Zukunft auf eine noch wichtigere Kunst vorbereiten: die Kunst des Verzichtens (D.G.M. Schreber, 1858, zitiert von Miller).

Zu den Ausgeburten einer falsch verstandenen Philanthropie gehört auch die Vorstellung, dass man, um gerne zu gehorchen, die Leitgedanken eines Befehls gründlich verstehen muss und dass aller blinde Gehorsam gegen die Menschenwürde verstößt (L. Kellner, 1852, zitiert von Miller).

Eine wirklich christliche Erziehungslehre, die den Menschen so annimmt wie er ist, und nicht so, wie er sein sollte, wird prinzipiell auf keine Art körperlicher Strafe verzichten können, da diese für bestimmte Delikte gerade die angemessenste Strafe ist: Sie demütigt und zerrüttet, verschafft den Glauben an die Notwendigkeit, sich einer höher stehenden Ordnung zu beugen und offenbart gleichzeitig die ganze Kraft der väterlichen Liebe (K.A. Schmidt, 1887, zitiert von Miller).

Unter absolutistischen und despotischen politischen Systemen entstanden diese Theorien, die das Modell der Unterdrückung vom Staat ins Innere der Familie übertragen und den Vater in Polizei, Richter und Strafvollstrecker verwandeln (und die Mutter in einen einfachen Unteroffizier). Wenn die Theorie als »wissenschaftliche Tatsache« angenommen wird, verleiht man ihr ein ungerechtfertigtes Ansehen. Man hält die Wissenschaft für frei von Ideologien, neutral und objektiv. Menschen, die staatliche Unterdrückung niemals akzeptieren würden, akzeptieren jetzt eine unterdrückende Erziehung. Im Jahre 1945 äußerten Dr. Koller, Leiter der Frauenklinik in Basel, und Dr. Willi, Leiter des Waisenhauses in Zürich, eine sehr ähnliche Ansicht. Ihr Buch erzielte in der Schweiz 1945 sechs Auflagen:

Die Psyche des kleinen Kindes ist so einfach, so unschuldig, so leicht zu lenken, dass man kaum auf Schwierigkeiten stößt. Wie eine Uhr reagiert es auf die vorgeschriebenen Stillzeiten, meldet sich pünktlich; es zeigt sich zufrieden mit der Nahrungsmenge; es ist zwischen den Stillzeiten ruhig und schläft die ganze Nacht durch. Die Mutter ist glücklich und stolz auf ihr so artiges Kind. [...] Einige Säuglinge halten sich nicht an die Stillzeiten oder wollen mehr als vorgeschrieben trinken oder quälen ihre Mutter jede Nacht mit stundenlangem Geschrei. [...] Wenn diese [die Mutter] schon in den ersten Wochen auf jedes Zeichen des Unwohlseins oder der schlechten Laune reagiert, wird sie sich bald zum Sklaven ihres Kindes machen und viel leiden. Frühzeitig müssen wir ihm seine Fehler austreiben, später wird es viel schwieriger.

Es ist falsch, den Säugling aus dem Bett zu nehmen, weil er während der Nacht oder zwischen den Stillzeiten weint; es ist gleichermaßen verkehrt, ihn auf den Arm zu nehmen oder ihm mehr Nahrung zu geben.

Wenn alles normal ist [nach einem Besuch beim Arzt], lässt man den Säugling schreien; manchmal fügt er sich schon nach wenigen Tagen in die vorgeschriebene Ordnung, aber es kann auch Wochen dauern. Ohne Sorge legt man ihn alleine in ein Zimmer, wo man die Schreie möglichst wenig hört.

Die älteren Säuglinge versuchen häufig, die Mutter durch Weinen zum Sklaven zu machen. Sie schreien furchtbar, wenn sie den Raum verlässt, oder weigern sich mit lautem Geschrei, von einem anderen Menschen als ihr die Nahrung anzunehmen. Von Anfang an müssen wir uns schon davor hüten, diese Schreie ernst zu nehmen.[36]

THEORIEN, DENEN ICH NICHT ZUSTIMME   129

Erstaunlicherweise ist es gerade ein spanischer Autor, der ausdrücklich für die Erziehung als Methode politischer Schulung eintritt. Es handelt sich um Rafael Ramos, Dozent der Kinderheilkunde in Barcelona nach dem Bürgerkrieg und dem Sieg Francos. In seinem Werk von 1941 verheimlicht er seine politischen Sympathien nicht:

> Und der wahre Staat sucht das Glück seiner Untertanen, auch wenn er sich zu diesem Zweck manchmal gewaltsam durchsetzen, hart und unerbittlich sein muss.[37]

Natürlich ist es besser, wenn der Untertan von Anfang an gehorsam aufwächst, so dass der Staat keine Gewalt anwenden muss:

> Das Kind muss in jedem Augenblick vom ersten Tag seines Lebens an wissen, dass es einen Vorgesetzten hat, der für es sorgen wird, der ihm nicht nur Nahrung, Wärme etc. gibt, sondern auch seine Instinkte bremsen wird: die Mutter [...]
>
> a) Von Geburt an muss das Kind in eine Wiege gelegt werden und darf nur zum Stillen ins Bett der Mutter. Wenn es weint, wird man es weder auf den Arm nehmen noch wiegen, sondern nur die Windel wechseln, falls sie schmutzig ist, es stillen, wenn es an der Zeit ist, es wärmen, wenn es friert [...] Wenn es weint, weil es einfach nur das Bedürfnis hat zu weinen, ohne dass irgendwelche Maßnahmen erforderlich wären, dann lässt man es in aller Ruhe weinen [...]
>
> Die Erfahrung, die so viele Mütter gemacht haben, gibt die Gewissheit, wenn die wissenschaftliche Begründung nicht genügen würde, dass ein neugeborenes Kind zehn, zwölf oder 15 Tage lang weint, aber wenn man diese strenge Haltung befolgt, es weder hochzunehmen noch zu beruhigen und ihm

auch nicht den Schnuller zu geben, dann wird es nach diesem Zeitraum in der Überzeugung, dass sein Protest nichts nützt, allmählich dessen Intensität verringern [...]

b) Man wird ihm nicht jedes Mal die Brust geben, wenn es weint, sondern dann, wenn es ihm zukommt und auf systematische Weise [...] Auch pflegt sich die Mutter über die Pünktlichkeit zu beklagen, die bei der Ernährung ihres Kindes erforderlich ist. Aber wie unbedeutend ist das, wenn sie die Zeit und ausgedehnte Versklavung bedenkt, die es für sie bedeuten würde, wenn das Kleine wegen ihrer Nachlässigkeit irgendeine Krankheit oder Störung erlitte!

c) Ohne auf seine Launen einzugehen, wenn das Kind anfängt zu verstehen – was, auch wenn es das nicht zeigt, früher ist, als man allgemein glaubt –, muss man es wissen lassen, dass diese strenge Haltung seinem Wohl dient.
Und so pflanzt man nach und nach im Bewusstsein des Kindes einen Keim unermesslichen Wertes, den die Mutter zum Wachsen bringt. Das Kind weiß, dass es jemanden gibt, dem es unterstellt ist, der für es sorgt, es lenkt und von dem es bestraft wird, wenn auch das keinem anderen Zweck dient als nur seinem Glück. Wie leicht wird es diesem Kind und später diesem Mann fallen, irgendeiner anderen Autorität oder Obrigkeit zu gehorchen! Aber wenn man diesen Mann nicht von der Wiege an so erzogen hat, wird er bei der geringsten Unannehmlichkeit aufbegehren, sich seinem Lehrer oder Vorgesetzten, dem Verkehrspolizisten, dem Staat, der ihn regiert, widersetzen...

Hier beobachten wir die wichtigsten philosophischen Grundlagen, die dem liebevollen Verhältnis zwischen Mutter und Kind entgegenstehen:
- Das Neugeborene ist von Natur aus böse: Es ist ein launisches Wesen, welches diejenigen missbraucht, die es versorgen, und nur um zu ärgern, Dinge fordert, die es nicht braucht. Nur durch eine sehr repressive Erziehung wird es sich die moralischen Werte des Erwachsenen aneignen. Das widerspricht vollkommen der alten christlichen Vorstellung vom unschuldigen Kind, das seine Vernunft nicht benutzt und vor seinem sieb-

ten Lebensjahr nicht zu beichten braucht, weil es unfähig ist zu sündigen.

- Das Kind »braucht das Weinen«: Weinen wird nicht als Zeichen von Leid erkannt, sondern als eine normale und harmlose, wenn nicht sogar bewusst böswillige Handlung des Kindes betrachtet.

- Von der Mutter wird Selbstlosigkeit gefordert: Auch wenn man manchmal das Recht der Mutter auf Ruhepausen angeführt hat, um diese strengen Regeln der Säuglingspflege zu rechtfertigen, gibt man hier eine gegenteilige Version, die der Wirklichkeit mehr entspricht:
Die Mutter neigt dazu, ihr Kind aufzunehmen und auf sein Weinen zu reagieren, weshalb sie es einfach aus »Nachlässigkeit« leicht verzieht. Den Regeln und Stundenplänen zu folgen ist dagegen schwierig, und die Mutter beklagt sich darüber, aber sie muss sich opfern, damit ihr Kind nicht krank wird.

- Es geschieht zu seinem Wohl. Die strengste Behandlung rechtfertigt man nicht mit dem Wohlergehen der Mutter, sondern mit dem des Kindes selbst.

Gleichzeitig zeigen sich einige der Methoden, die man traditionell einsetzt, um Müttern solche Theorien aufzuzwingen:
- Wissenschaftliche Autorität (während es in Wirklichkeit keinerlei wissenschaftliche Grundlage gibt, sondern es sich nur um persönliche Meinungen handelt).
- Drohung und Schuldgefühl: Das Kind wird krank werden, wenn man sich nicht an die Regeln hält.

Dieser Text zeigt auch klar die politische Bedeutung der Erziehung: Die vollkommene Unterwerfung des Kindes ist eine Vorbereitung auf die Unterwerfung des Erwachsenen.

Traurigerweise sind diese pädagogischen Theorien nicht mit der Diktatur verschwunden, die sie rechtfertigte. Autoren, die in ihrer politischen Überzeugung zweifellos nicht mehr mit Dr. Ramos übereinstimmen, teilen weiterhin sein pädagogisches Gedankengut. 50 Jahre später finden wir erneut den Mythos des manipulierenden und arglistigen Kindes:

> *Wenn diese (die Ursache) beseitigt ist, wappne man sich mit Geduld und lasse es weinen. Wenn das Kind sich davon überzeugt hat, dass es keiner beachtet, wird es sich beruhigen. Wenn man es nicht so macht, wird sich sogar das Allerkleinste bald seiner Macht bewusst und wird die Szene wiederholen, wodurch eine schlechte Erziehung verhängnisvoll ihren Anfang nimmt. Der Säugling ist schlauer als die Leute glauben (Ramos, 1941).*
> *[...] Michi ist ein intelligentes Wesen, sehr intelligent, und wird sich unserem Willen nicht auf Anhieb beugen. Abgesehen davon, dass er um Wasser bittet, sich über Wehwehchen beklagt... (Tricks, von denen wir euch schon erzählt haben), kann es sein, dass er sich übergibt. Erschreckt nicht darüber, es passiert ihm nichts: Kinder wissen, wie sie mit extremer Leichtigkeit Erbrechen hervorrufen können (Estivill, 1995).*[15]

... und den Mythos der aufopfernden Mutter, und Regeln, die Eltern mittels Drohungen und Schuldgefühlen auferlegt werden:

> *Natürlich bedeutet es für die Mutter Opfer und raubt ihr viele Stunden, wenn sie ihr Kind gut versorgt und richtig erzieht, aber die Gesundheit und Freude des Kindes wird sie sehr bald im Übermaß entschädigen. Es nicht zu tun, sich durch das unselige Weinen erweichen lassen, bedeutet, dem Kleinen übel zu wollen und es unglücklich zu machen (Ramos, 1941).*
> *Mein Sohn geht nach 23 Uhr schlafen, weil mein Mann um diese Zeit normalerweise nach Hause kommt und den Kleinen sehen will. Machen wir es falsch?*
> *Antwort: [...] das Kind zu genießen, ohne seine biologischen Bedürfnisse zu berücksichtigen ist eine egoistische Haltung [...] Denkt daran, [so] vor allem zwischen dem fünften und siebten Lebensmonat eurem Sohn zu helfen, einige korrekte Schlafgewohnheiten anzunehmen, und dass es sich andernfalls auf die körperliche und seelische Gesundheit auswirken wird (Estivill, 1995).*

Ordnung

> *Viel Erholung, viel Bewegung an der frischen Luft...,
> aber alles mit Methode, mit Ordnung, mit Maß.*
> Leopold Alas Clarin, *»Don Urbano«*

Die Vorstellung, dass Kinder ein geordnetes Leben und einige festgelegte Routinen brauchen, ist schon alt:

> *Das Essen und Trinken, die Kleidung, das Schlafen und ganz allgemein die kleine vertraute Welt der Kinder müssen einer Ordnung unterstellt sein, die niemals wegen eines Trotzes oder einer Laune des Kindes geändert werden, damit sie selbst schon in frühester Kindheit lernen, sich den Regeln der Ordnung zu unterwerfen. [...] wenn sich die Kinder sehr früh an eine festgelegte Ordnung gewöhnen, werden sie diese später als vollkommen natürlich empfinden, weil sie nicht merken werden, dass sie ihnen künstlich auferlegt wurde (Sulzer, 1748, zitiert von Miller).*[35]

Zwei Jahrhunderte später traten andere Experten weiterhin für dieselben Ideen ein, wenn auch mit anderen Argumenten:

> *Die Erziehung des Säuglings beginnt schon am ersten Tag; wir müssen ihn sofort an die Vorstellung gewöhnen, dass es jemanden gibt, der ihn lenkt. Man muss von Anfang an beim Schlafen und Essen einen strengen Zeitplan einhalten und nicht zulassen, dass er sich mit seinem Weinen durchsetzt. Wenn wir auch nur ein einziges Mal nachgeben, wird der Säugling sich dies merken und sofort versuchen, uns seinen Willen aufzuzwingen (Stirnimann, 1947).*[33]
>
> *Während des ersten Lebensjahres entwickelt sich das Kind auf beachtliche Weise; um ihm auf seinem Weg zu helfen, müssen die Eltern und Erzieher ihre Bemühungen auf das Ziel richten, einige gute Gewohnheiten einzuführen. [...] In seiner ersten Entwicklungsphase muss das Kind sein Dasein nach einigen äußeren Faktoren ausrichten, die ihm in Übereinstimmung mit seinen Biorhythmen den Rhythmus und die Ordnung anzeigen (Ferrerós, 1999).*[32]

In 250 Jahren hat sich nur die Art verändert, die Sache zu verkaufen. Früher erläuterte man die wahren Motive: Die Ordnung ist etwas Künstliches, das die Eltern zu ihrer eigenen Bequemlichkeit auferlegen, indem sie ihre Kinder betrügen und deren Willen brechen. Das Hauptziel besteht darin, das Kind an Gehorsam zu gewöhnen und es glauben zu machen, die erteilten Anweisungen seien in Wirklichkeit seine Bedürfnisse.

200 Jahre später drückt sich Stirnimann weiterhin im gleichen Sinne aus. Jetzt liegen wir politisch einwandfrei richtig (was die politisch einwandfrei richtige Ausdrucksweise dafür ist, dass wir Scheinheilige sind), und die gleiche Ordnung versucht man nun als kindliches Bedürfnis hinzustellen, als etwas, das sich aus seinen »Biorhythmen« ergibt. Das Hauptziel sei es, dem Kind zu helfen.

Ist es nicht wunderbar, dass die Erzieher früherer Zeiten, ohne die geringste Achtung vor dem Kind zu haben, entschieden, ihm »auf künstliche Weise eine Ordnung aufzuzwingen«, die zufällig genau diejenige war, welche Kinder »brauchen«? Und wenn es sich um Biorhythmen handelt (das heißt Rhythmen, die innerlich sind und aus dem Kind selbst hervorgehen), wieso muss man sie dann nach »äußeren Faktoren ausrichten«?

Zweifellos haben ernsthafte Forscher und Studien dazu beigetragen, die Bedeutung von Regelmäßigkeit herauszuarbeiten. Bowlby[38] zitiert zum Beispiel die Studie von Peck und Havighurst, die diese in einer kleinen nordamerikanischen Stadt in den vierziger und fünfziger Jahren durchführten. Sie beobachteten jahrelang sorgfältig eine Gruppe Kinder, um zu sehen, wie sich ihr Charakter entwickelte und welchen Einfluss ihre Familie darauf hatte.

Diejenigen, die von den Forschern und auch ihren eigenen Schulkameraden am besten bewertet wurden, das heißt »gut integriert, emotional reif, mit verinnerlichten festen moralischen Werten ausgestattet«, hatten Eltern, die ihre Kinder entschlossen guthießen, ihnen vertrauten und an ihren Aktivitäten teilhatten. Sie waren eher nachsichtig als streng. Die Beziehungen zwischen Eltern und Kindern waren gut. Und hier kommt unser Thema: »Daheim richtete man sich nach Leitgedanken und regelmäßigen, aber nicht allzu starren Zeitplänen.«

Aber Vorsicht! In jener Studie waren nur vier Kinder als reif und gut integriert klassifiziert worden, und eines davon hatte eine andere Familie: »ein verwahrlostes Zuhause der Unterschicht, in dem der Interviewer wenige regelmäßige und kohärente Leitgedanken feststellte«.

Was ist hier los? Es war nicht die Regelmäßigkeit, die so sympathische und ausgeglichene Jugendliche hervorbrachte. Es war das Drumherum: die Liebe, das Vertrauen, der Kontakt. Die Regelmäßigkeit war in drei der vier Familien zufällig gegeben, weil dies eine Eigenschaft war, die in der Mittelklasse zu dieser Zeit geschätzt wurde. Man hätte auch sagen können, »die Väter der gut integrierten Kinder tragen Krawatten«. Aber eine Familie der Unterschicht, die in Unordnung lebt, kann ebenfalls ein wirklich reifes und ausgeglichenes Kind haben, wenn sie ihm Liebe und Achtung entgegenbringt.

Innerhalb des geordneten Lebens verdient der Mythos der nächtlichen Regelmäßigkeit besondere Aufmerksamkeit. Eine Mutter erklärte uns ihren Zwiespalt folgendermaßen:

> *Der Kinderarzt sagte uns, man müsse anfangen, ihn an Regelmäßigkeit zu gewöhnen, ihn aber nicht im Arm einschlafen lassen, was sehr schwierig ist.*

Das Kind zieht den Arm der Regelmäßigkeit vor, und für seine Eltern ist das auch einfacher. Warum die Sache komplizieren? Dem Mythos gemäß muss man das Kind immer auf die gleiche Weise zu Bett bringen, weil es andernfalls »es nie lernen wird«.

Aber das Leben ist nicht immer gleich. Wie wird das Kind anfangen, abwechslungsreiche Nahrung zu sich zu nehmen? Einmal isst es einen Brei mit dem Löffel (mit dem ihn seine Eltern füttern oder den es selbst zu ergreifen versucht). Ein andermal wird das Essen in Stückchen serviert, die es mit den Fingern nimmt (und einige Monate später mit der Gabel isst).

Es kann sein, dass Sie eine Banane oder ein Stück Mandarine halten, während Ihr Kind daran saugt, und bei anderen Gelegenheiten hält es selbst das Essen fest. An einigen Tagen wird es auf seinem Hochstuhl sitzend essen, an anderen auf Papas Schoß, gelegentlich wird es einen Keks oder ein Stückchen Brot kauen, während es im Kinderwagen auf der Straße spazieren gefahren wird.

Es isst normalerweise zu Hause, aber manchmal auch bei seinen Großeltern, und in jedem Haus wird der Hochstuhl anders oder gar nicht vorhanden sein, der Teller wird anders aussehen, das Essen anders zubereitet sein, man wird ihm ein anderes oder gar kein Lätzchen umbinden, und die eine Oma wird versuchen, »es abzulenken, damit es isst«, während die andere es nach seiner eigenen Façon selig werden lässt. Es ist sogar möglich, dass es einige Tage im Kindergarten isst. Trotz dieses völligen Mangels an vorhersehbarer Regelmäßigkeit essen am Ende alle Kinder.

Man braucht nicht jeden Tag auf die gleiche Weise zu essen, und es bedarf auch keiner Regelmäßigkeit, um schlafen zu gehen. Wenn sie doch erforderlich wäre, warum dann nicht diejenige wählen, mit der Sie und Ihr Kind am glücklichsten sind: im Arm einschlafen oder an der Brust oder mit einem Wiegenlied oder im Bett der Eltern? Auch das kann Regelmäßigkeit sein – Sie müssten es nur an jedem Tag gleich machen.

Die behavioristische Erziehung

Aus derartigen Gründen und zahlreichen anderen sind sie der Meinung, dass die Eltern die letzten seien, denen man die Erziehung ihrer eigenen Kinder anvertrauen könnte.
Jonathan Swift, »Gullivers Reisen«

Der Behaviorismus [Lehre von der Psychologie des menschlichen Verhaltens] ist eine der zahlreichen psychologischen Theorien des vergangenen Jahrhunderts. Als Theorie hat er zweifellos seine Stärken und Anwendungsbereiche und erweist sich bei der Behandlung einiger Patienten als nützlich. Ich möchte nicht am gesamten Behaviorismus Kritik üben, sondern nur an einer bestimmten Art, diese Theorie auf die Erziehung von Kindern anzuwenden.

Einer der Väter des Behaviorismus war Skinner, ein nordamerikanischer Psychologe, der Laborratten in einen besonderen Käfig sperrte (natürlich »Skinnerbox« genannt). Der Käfig hatte einen Hebel und ein kleines Loch. Jedes Mal, wenn die Ratte auf den Hebel trat, kam Futter durch das Loch. Die Ratten lernten bald, den Hebel zu betätigen, um Futter zu erhalten, und betätigten ihn immer häufiger. Die Nahrung ist eine »Verstärkung«, und die Lernmethode nennt man »operante Konditionierung«. Trennt man den Hebel nun von der Futterquelle, so dass seine Betätigung nichts mehr bewirkt, dann wird die Ratte anfangs wie verrückt den Hebel betätigen, aber allmählich dessen müde werden und ihn nach einigen Tagen überhaupt nicht mehr benutzen. Das nennt man »Eliminierung« eines Verhaltens durch Entzug der Verstärkung. Wenn man will, dass das Verhalten schneller aufhört, kann man einen negativen Verstärker einsetzen: Jedes Mal, wenn die Ratte den Hebel betätigt, bekommt sie einen Stromschlag.

Mit seinem Käfig, seiner Ratte und viel Geduld erlangte Skinner weitreichende Kenntnisse über das Verhalten von Ratten, die im Käfig gehalten werden. Nie untersuchte er Ratten in Freiheit. Dennoch kam er durch einen Geistesblitz zu der Schlussfolgerung, seine Erkenntnisse seien auf den Menschen anwendbar, und jegliches Verhalten könne durch angemessene Verstärker »umgeformt« werden. 1948 schrieb er einen Sciencefictionroman, *Futurum zwei*. Es geht darin um eine Art utopischer Kommune, deren Bewohner sich freiwillig von der Welt absondern, um in Übereinstimmung mit den Lehren des Behaviorismus zu leben, und in der die Techniken der Verstärkung und des Lernens die Grundlagen der Gesellschaft bilden. Der Roman ist in einem belehrenden Ton geschrieben; Castle, ein etwas dümmlicher Philosophiedozent, stellt darin ständig Fragen, so dass Frazier, der Gründer der Gemeinschaft, sich mit den Antworten hervortun kann.

In *Futurum zwei* wachsen die Kinder im ersten Lebensjahr beinahe ohne menschliche Kontakte in kleinen Einzelkabinen auf, die ein Glasfenster haben und zusammen in einem Raum stehen, in dem es nicht einmal eine Betreuungsperson gibt (zumindest nicht in dem Augenblick, in dem die Romanhelden ihn besuchen):

> *Durch das Glas konnten wir Kinder verschiedenen Alters sehen. Keines trug mehr als nur eine Windel, und sie hatten keine Bettwäsche. In einer der Kabinen schlief ein Neugeborenes, das eine gesunde Farbe hatte, auf dem Bauch. Andere ältere Babys waren wach und spielten mit Spielzeugen. In der Nähe der Tür kniete ein Junge auf allen vieren und drückte seine Nase gegen das Glas, wobei er uns anlächelte.*

In dem Roman betritt die Betreuerin dieser Babys nur deshalb den scherzhaft »Aquarium« genannten Raum, um ihn den Besuchern zu zeigen. Natürlich werden die Kinder nicht gestillt, denn die Mutter ist eine Infektionsquelle:
– Und die Eltern?, fragte Castle sofort. Können sie ihre Kinder nicht sehen?
– Oh, doch! Jederzeit, sofern sie gesund sind. Einige Eltern arbeiten in der Krippe. Andere kommen mehr oder weniger jeden Tag hier vorbei, wenn auch nur für ein paar Minuten. Sie nehmen das Kind mit an die Sonne oder spielen mit ihm in einem Spielzimmer.

Diese Babys, die schlafen, spielen und lächeln und ihre Eltern fast jeden Tag einige Minuten lang sehen, weinen nie, weil es nichts gibt, worüber sie sich beklagen könnten:

> Die Luftfeuchtigkeit und Temperatur in ihren Kabinen werden perfekt kontrolliert, weshalb sie nackt sein können und ihnen die Unbequemlichkeit von Kleidung erspart bleibt. Frazier zögert nicht zu behaupten:

> *Wenn ein Baby aus unserem Babyhort kommt, sind ihm Frustration, Sehnsucht und Angst völlig unbekannt. Es weint nie, es sei denn, es ist krank.*

Jeder mit einem Fünkchen Verstand würde auf einen solchen Satz mit Entrüstung reagieren. Zu sagen, Kinder, die fast ihr ganzes Leben alleine in einer Glaskabine verbracht haben, hätten keine Frustration und keine Sehnsucht kennen gelernt, klingt wie ein schlechter Witz. Was dem Aquarium von Skinner im realen Leben am nächsten kommt, ist das Frühgeborenenzimmer im Krankenhaus mit seinen Reihen von Inkubatoren. Und da weinen die Kinder sehr wohl.

Einer der großen Fortschritte in der Versorgung der Frühgeborenen ist die Känguru-Methode: Man nimmt die Babys so lange wie möglich aus dem Inkubator und legt sie auf die Brust der Mutter, denn man hat festgestellt, dass die Säuglinge so mehr zunehmen, seltener krank werden, ihr Herzrhythmus und ihr Atemrhythmus stabiler bleiben (was bedeutet, dass sie weniger leiden).[39]

Aber im Roman akzeptiert der einfältige Tor Castle, wie sollte es anders sein, dass diese armen verlassenen Kinder vollkommen glücklich seien und beklagt sich sogar, dass man sie zu sehr verhätschele:
- Aber bereitet man sie so auf das Leben vor?, fragte Castle. Mit Sicherheit kann man so nicht fortfahren, und ihnen alle Frustrationen oder erschreckenden Situationen ersparen.
- Natürlich nicht. Aber man kann sie darauf vorbereiten. Man kann eine Frustrationstoleranz schaffen, indem man nach und nach Hindernisse einführt, in dem Maße, in dem das Kind wächst und stark genug wird, sie zu bewältigen.

Einige Seiten weiter erklärt uns Frazier, welche Erziehungsmethoden angewandt werden, um die Kinder zwischen einem und sechs Jahren das Ertragen von Frustration zu lehren:
- Wie kann man ihnen das Ertragen von Unannehmlichkeiten beibringen?, fragte ich.
- Nun, zum Beispiel, indem man die Kinder lehrt, immer schmerzhaftere elektrische Schläge »auszuhalten«...

Diese überraschende Erklärung, in der zugegeben wird, dass man die Kinder systematischen Folterungen unterzogen hat, veranlasst keine der Romanfiguren zu irgendeiner Äußerung, nicht einmal diejenigen, von denen man vermutet, nicht an Fraziers Theorien zu glauben. Etwas später erläutert er eine weitere, ein bisschen weniger extreme »Erziehungsmethode«:

> Nehmen wir ein Beispiel: Einige Jungs kommen nach einem langen Spaziergang müde und hungrig nach Hause. Sie rechnen damit, dass man ihnen das Abendessen gibt. Aber stattdessen stellen sie fest, dass es an der Zeit ist für eine Lektion in Selbstkontrolle. Sie müssen fünf Minuten lang vor der Schale mit der heißen Suppe stehen bleiben.

Ich habe keinen Erzieher, sei er Arzt oder Psychologe, je das mit dem elektrischen Strom empfehlen gehört. Aber ich habe durchaus Dutzende Vorschläge gehört, die der zweiten Methode sehr ähnelten: das weinende Baby oder das Kind, welches um irgendetwas bittet, absichtlich warten zu lassen, es zu lehren, die »Erfüllung seiner Wünsche aufzuschieben«, »Frustrationen zu ertragen«, »die Zwischenräume zwischen den Stillzeiten allmählich auszudehnen«. Vielleicht halten mich einige für extrem, wenn ich versichere, dass mir diese Manöver grausam und entwürdigend scheinen. »Wie übertrieben«, mögen sie denken; »es ist doch nicht dasselbe, ob man ein Kind mit elektrischem Strom foltert oder fünf Minuten auf das Abendessen warten lässt.« Nun ja, für Skinner ist es in der Tat dasselbe, es sind zwei völlig austauschbare Beispiele für die Anwendung ein und derselben Methode.

Natürlich schadet es keinem Kind, fünf Minuten auf das Abendessen zu warten. Im Laufe seiner Kindheit wird das ganz natürlich Dutzende, ja Hunderte von Malen passieren. Es wird um das Abendessen bitten, aber das Essen ist noch nicht fertig. Oder es wird sich an den Tisch setzen, und man wird es auffordern, noch einmal aufzustehen, um sich die Hände zu waschen. Es will etwas im Fernsehen sehen, aber es muss warten, bis der Film anfängt. Es wird auf Weihnachten warten müssen, ehe es seine Weihnachtsgeschenke bekommt, obwohl die Päckchen schon im Kleiderschrank der Eltern stehen. Das Baby wird aufwachen und verzweifelt weinen, und seine Mutter braucht fünf Minuten, ehe sie kommt, weil sie schläft, gerade duscht oder Kartoffeln brät, die soeben anzubrennen drohen. Nichts davon schadet dem Kind irgendwie. Ebenso wenig wird es ihm schaden, wenn es zufällig einen leichten elektrischen Schlag erleidet, beim Spiel hinfällt und einen blauen Fleck oder eine Schürfwunde am Knie bekommt.

Das wirklich Schädliche an all diesen »Erziehungsmethoden« ist nicht die Tatsache an sich, sondern ihre Motivation. Es ist nicht dasselbe, versehentlich ein elektrisches Kabel zu berühren oder absichtlich einem Kind elektrische Schläge zuzufügen, damit es lernt, Frustration zu ertragen. Jedes Kind wird sich lieber spielerisch prügeln, als von seinem eigenen Vater geohrfeigt zu werden, auch wenn es sich beim Spiel manchmal viel mehr wehtut. Zu denken, »Ich muss warten, weil das Abendessen noch nicht fertig ist« oder »Wir können erst essen, wenn auch Tante Isabel da ist«, ist nicht dasselbe wie »Wir könnten schon essen, aber meine Eltern lassen mich nicht, weil es ihnen Vergnügen bereitet, mich warten zu lassen«. Ich möchte nicht, dass meine Kinder mich so in Erinnerung behalten.

Wenn das Kind alt genug ist zu begreifen, was man mit ihm macht, wird es mit Sicherheit die gleiche Wut und die gleiche Demütigung empfinden, die jeder von uns in ähnlicher Situation empfände. Oder könnte Skinner womöglich Recht haben, dass ein Kind, welches von zartester Kindheit an solchen Misshandlungen ausgesetzt wurde, sich schließlich unterwirft und akzeptiert, dass es keinerlei Rechte hat und dem Willen und den Launen anderer auf Gedeih und Verderb ausgeliefert ist?

Auf der anderen Seite kann ein Baby den Grund der Verzögerung nicht kennen; es wird niemals wissen, ob seine Mutter erst nach fünf Minuten kam, weil sie sehr beschäftigt war oder weil sie gerade Lust dazu hatte. Es stimmt, für das Baby besteht da kein Unterschied. Aber für die Mutter durchaus. Man kann keinen Angriff damit rechtfertigen, dass das Opfer es nicht merkt. Die Handlung an sich, absichtlich ein menschliches Wesen zu frustrieren, ist unmoralisch.

Wenn heute Abend in Ihrem Stadtviertel zehn Minuten lang das Licht nicht funktioniert, werden Sie niemals erfahren, ob ein Störfall vorlag oder in Wirklichkeit die Elektrizitätswerke beschlossen haben, in unregelmäßigen Abständen willkürlich zehn Minuten lang den Strom abzustellen, damit die Bürger lernen, mit der Frustration umzugehen und ohne Elektrizität zurechtzukommen. Sie können es nicht wissen, aber Sie setzen voraus, dass letztere Alternative unmöglich ist. Wieso sollte niemand so etwas einem Erwachsenen antun, ihn absichtlich ärgern, um ihn zu »erziehen«? Nein, so etwas kann man nur Kindern antun.

Futurum zwei ist nur ein Roman, gibt aber vor, mehr als das zu sein. Auf der Umschlagklappe des Exemplars, das ich in Händen halte, wird behauptet:

> Futurum zwei *ist kein Exkurs, es wurde nicht zum Vergnügen geschrieben, Skinner glaubt an seine Fiktion;* Futurum zwei *wird an vielen nordamerikanischen Universitäten den Studenten der Sozialwissenschaften als ergänzende Lektüre empfohlen.*

Er glaubt an seine Fiktion! Er selbst bestätigt dies in dem 1976 hinzugefügten Vorwort, in dem er begeistert dafür eintritt, seine Idee in die Wirklichkeit umzusetzen. Skinner hat nie versucht, ein Kind nach seiner Methode aufzuziehen (man sagte, er habe die Methode bei seiner jüngeren Tochter angewandt, aber seine ältere Tochter widerlegt diesen Mythos nachdrücklich auf der Website der B. F. Skinner Foundation[40]). Die Kibbuzim in Israel waren das, was einer praktischen Anwendung seiner Methoden in der Realität am nächsten kommt. Dort schliefen alle Babys und Kinder zusammen in einem Raum, getrennt von ihren Eltern. Das Experiment scheiterte und bereitete Eltern und Kindern gleichermaßen Verdruss; heutzutage schlafen die Kinder in allen Kibbuzim bis zur Pubertät bei ihren Eltern.[41]

Hätte Skinner einen unwahren wissenschaftlichen Artikel veröffentlicht, ein unechtes Experiment mit nicht existierenden Probanden erfunden, dann hätte man früher oder später den Betrug entdeckt. Sein Prestige wäre verschwunden, man hätte ihn der Universität verwiesen und seine Bücher vergessen. Stattdessen erfand er ein unwahres Experiment mit nicht existierenden Probanden, veröffentlichte es aber als Sciencefictionroman, anstatt vorzugeben, es sei echt. Paradoxerweise akzeptierten viele Leute es dann, als sei es Wirklichkeit oder zumindest als basiere es auf wissenschaftlichen Daten, und viele Tausend Psychologen und Erzieher haben das Werk gelesen und zugelassen, dass diese Phantasien in ihre Überzeugungen einfließen und ihr Leben beeinflussen.

THEORIEN, DENEN ICH NICHT ZUSTIMME

Das Konzept, Kindern systematisch Aufmerksamkeit und Zuwendung zu verweigern, um so ihre Frustrationstoleranz zu vergrößern, ist heute weit verbreitet, genau wie andere künstlich ersonnene Anwendungen der behavioristischen Theorien. Aber in Wirklichkeit waren die Ideen schon alt, als Skinner versuchte, ihnen einen neuen wissenschaftlichen Anstrich zu geben:

> *Wir wollen nun sehen, wie die Übungen dazu beitragen können, die Gefühle vollständig zu unterdrücken. [...] Eine dieser [Prüfungen] besteht darin, auf bestimmte Dinge zu verzichten, die man mag. [...] Gebt ihnen gutes Obst, und wenn sie sich darauf stürzen wollen, erlegt ihnen die Prüfung auf. Könntest du dich beherrschen und diese Frucht bis morgen aufheben? Wärst du in der Lage, sie zu verschenken? (Schreber, 1858, zitiert von Miller).*[35]

Im Unterschied zu Skinner erzog Schreber seinen Sohn tatsächlich nach seinen Regeln. Sein Sohn Daniel Paul Schreber wird als »berühmtester Patient der Psychologie und Psychoanalyse« bezeichnet, und die Experten diskutieren immer noch darüber, ob die Behandlung, die er in seiner Kindheit erfuhr, Einfluss auf seine spätere Geisteskrankheit hatte.[42, 43] Sein anderer Sohn, Daniel Gustav, nahm sich im Alter von 38 Jahren durch einen Revolverschuss das Leben.

In ihrem wunderbaren Buch *¿Por qué lloras?* (»Warum weinst du?«)[44] bieten uns Cubells und Ricart eine ganz andere Theorie über die Frustrationstoleranz:

> *Es ist ein häufiger Irrtum zu meinen, die beste Art zu lernen, Frustration zu ertragen und zu überwinden, bestehe darin, das Kind so früh wie möglich damit zu konfrontieren.*

Für sie sind es nicht die Kinder, sondern die Eltern, die lernen müssen, Frustration zu ertragen. Das heißt, wir müssen begreifen, dass bestimmte Dinge unsere Kinder frustrieren, und dass diese Frustration sich in Weinen, Schreien, Wutanfällen und sogar Schlägen und Beleidigungen ausdrückt. Wir müssen in der Lage sein, diese Ausdrucksformen des Zornes, die eine normale Reaktion auf Frustration sind, zu ertragen, ohne ihnen unsere Zuneigung zu entziehen, ohne sie zu tadeln oder zu strafen und ohne auf absurde Rache zu verfallen.

Einige Mythen rund um das Schlafen

> *Einige der Sitten unserer Zeit*
> *werden den nachfolgenden Generationen*
> *zweifellos barbarisch scheinen;*
> *vielleicht das Beharren darauf, dass kleine Kinder*
> *und sogar Babys alleine schlafen sollen*
> *anstatt bei ihren Eltern*
> Carl Sagan, »Der Drache in meiner Garage«

Der Anbruch der Nacht war immer ein günstiger Zeitpunkt, um Geschichten zu erzählen – Einschlafgeschichten und Geschichten, die am Einschlafen hindern. Man erzählt auch viele Geschichten über das Schlafen selbst, und leider geben einige davon vor, wahr zu sein.

Durchschlafen

In der klassischen Version des Mythos schlafen die Kinder acht oder zehn Stunden am Stück; jüngst hat man noch ungeheuerlichere Versionen veröffentlicht:
> Gegen Ende des ersten Lebenshalbjahres, spätestens mit sieben Monaten, muss ein kleines Kind in der Lage sein, alleine im Dunkeln im eigenen Zimmer zu schlafen und (etwa elf oder zwölf Stunden am Stück) durchzuschlafen.[15]

Nach einer ähnlichen Methode versichern andere Autorinnen[45], dass jedes Kind vom dritten Lebensmonat an zwölf Stunden am Stück schlafen könne und müsse.

Diese Experten sagen uns nicht, woher ihre Information stammt. Wir wollen ihnen glauben, dass sie diese wohl nicht erfunden haben. Irgendwo werden sie die Vorstellung wohl herhaben, dass normale Kinder elf oder zwölf (und nicht etwa acht oder 13) Stunden schlafen und dass sie das ab dem sechsten Lebensmonat oder dem dritten Lebensmonat tun (und nicht ab dem zweiten oder zehnten Lebensmonat).

Nach langer intensiver Suche haben wir eine wissenschaftliche Studie entdeckt, die vielleicht Anlass zu diesem Glauben gab. Es handelt sich um eine ernsthafte, gut gemachte Arbeit, die vor 1979 in einer renommierten medizinischen Zeitschrift veröffentlicht wurde. Anders[46] filmte während der ganzen Nacht zwei Gruppen von Kindern im Alter von zwei bis neun Monaten. Er beobachtete dabei, dass 44 Prozent im Alter von zwei Monaten die ganze Nacht schliefen und 78 Prozent das mit neun Monaten taten. Er sagt uns nicht, ob die Babys gestillt wurden, aber der Zeitpunkt der Studie macht es wahrscheinlich, dass fast alle Babys von zwei Monaten und alle von neun Monaten die Flasche bekamen. Alle Babys schliefen alleine in ihrer Wiege.

Man kann sich leicht vorstellen, dass jemand, der vor langer Zeit diese Studie las und sie nicht noch einmal durchgesehen hat oder auch nur aus zweiter oder dritter Hand von ihr gehört hat, am Ende behaupten wird, dass alle Kinder im Alter von sechs Monaten durchschlafen. Schließlich ist 6 Monate »fast« dasselbe wie 9 (sogar gleich, wenn es auf dem Kopf gelesen wird), und 78 Prozent ist »fast« dasselbe wie 100 Prozent...

Oh nein, lieber Leser, es ist nicht dasselbe. Es bleiben die 22 Prozent der normalen Kinder von neun Monaten, die – künstlich ernährt und alleine – nicht die ganze Nacht durchschlafen.

Aber lassen Sie uns die Studie noch genauer lesen: Dann zeigt es sich, dass Dr. Anders »die ganze Nacht schlafen« so definiert, wie es in der englischsprachigen Literatur üblich ist: »Das Kind bleibt von zwölf Uhr Mitternacht bis fünf Uhr früh in der Wiege.« Jetzt entdecken wir zwei Schwachpunkte:

- Wenn ein Kind aufwacht, aber nicht weint und auch, wenn es weint, aber seine Wiege nicht verlässt (das heißt, wenn die Eltern es nicht aus der Wiege nehmen, denn alleine kann es sie ja nicht verlassen), dann rechnet man dies als »die ganze Nacht schlafen«. In Wirklichkeit bezeugen die Filmaufnahmen, dass nur 15 Prozent der Kinder von zwei Monaten und nur 33 Prozent der Kinder von neun Monaten tatsächlich von Mitternacht bis fünf Uhr früh am Stück schliefen, ohne aufzuwachen.

– Wenn ein Kind um Viertel vor zwölf aufwacht, oder um Viertel nach fünf, hat es auch »die ganze Nacht geschlafen«, auch wenn seine Eltern es aus der Wiege nehmen und von Viertel nach fünf bis halb sieben mit ihm spazieren gehen müssen. Wenn ich um sieben Uhr aufstehen muss, um zur Arbeit zu gehen, und mein Kind einmal pro Nacht aufwachen muss, dann sehe ich für mich persönlich keinen Unterschied, ob es dann um vier oder um sechs Uhr aufwacht.
Und Sie, sehen Sie den Unterschied? Mir gefiele es sehr gut, (ich weiß, das ist selten, und ich habe keinerlei Recht, es zu fordern oder zu erhoffen, aber es wäre wirklich schön), wenn ich die ganze Nacht nicht geweckt würde.

Wie viele Kinder schliefen wirklich ab dem Zeitpunkt, zu dem man sie zum Schlafen legte, bis man sie morgens aus der Wiege nahm, die berühmten elf oder zwölf Stunden des Dr. Estivill? Nun, das wissen wir nicht, denn die Eltern der Studie ließen ihre Kinder nicht so lange in der Wiege, sondern eine Stunde weniger: im Durchschnitt 10,5 Stunden. Nur sechs Prozent der Babys von zwei Monaten und 16 Prozent der Babys von neun Monaten schliefen diese zehn bis elf Stunden am Stück. 84 Prozent dieser Kinder, die in ihrem eigenen Zimmer schlafen und nicht gestillt werden, schlafen nicht so lange wie Dr. Estivill es für »normal« hält. Wie wir in vergangenen Kapiteln sahen, wäre der Anteil der Kinder mit »anomalem Schlaf« wahrscheinlich noch größer bei denen, die gestillt werden und bei ihrer Mutter schlafen.

Wer entscheidet, was »normal« ist? Zuerst legt man willkürlich fest, was »normaler Schlaf« ist, eine absurde Definition, die den wissenschaftlichen Erkenntnissen widerspricht und so streng ist, dass nur 15 Prozent der normalen Kinder den Normen entsprechen. Dann behauptet man, dass alle Kinder, die dieser Definition nicht entsprechen, ein »Schlafproblem« haben und, wenn man nichts dagegen unternimmt, »sehr schlimme Folgen« auftreten werden:

> Bei gestillten Säuglingen und kleinen Kindern: Neigung zu weinen, Empfindlichkeit, schlechte Laune, Unaufmerksamkeit, Abhängigkeit von der Betreuungsperson, mögliche Wachstumsprobleme. Bei Kindern im Schulalter: Scheitern in der Schule, Ängstlichkeit, schlechter Charakter.[15]

THEORIEN, DENEN ICH NICHT ZUSTIMME 147

Man sagt uns auch nicht, welche wissenschaftlichen Studien diese Drohungen rechtfertigen. Aber diese Drohungen bilden einen grundlegenden Teil der Methode. Was wäre, wenn man den Eltern die reine Wahrheit sagte, zum Beispiel: »Wenn Ihr Kind nachts mehrfach aufwacht, dann ist das normal und schadet ihm nicht. Aber es ist Ihnen lästig, nicht wahr? Darum werden wir Ihnen eine einfache Methode erklären, damit Ihr Kind Ihnen nicht auf den Wecker geht.« Wenn man das den Eltern sagte, wären nur sehr wenige bereit, die »Behandlung« durchzuführen. Nein, man muss die Eltern davon überzeugen, dass es zum Wohl ihres Kindes erforderlich ist.

Zum Schluss überzeugt man die 85 Prozent der Eltern, dass ihr »anomales« Kind nicht »geheilt« werden kann, es sei denn sie lesen das Buch:

> [...] beschränkt euch auf das, was ihr gelesen habt, tut nichts, was man euch nicht erklärt hat.[15]

Bei solchen Voraussetzungen ist der Erfolg des Verlegers sichergestellt.

Die Gefahren des Familienbettes

> *Und jetzt rate ich Ihnen, in Ihr Zimmer zu gehen,*
> *sich ruhig zu verhalten und zu warten.*
> Franz Kafka, »Der Process«

Viele Familien entscheiden sich dafür, mit ihrem Kind ein großes Bett zu teilen, einige, weil es so gemütlich ist, andere, weil es so praktisch ist. Aber der Druck auf diese Familien ist enorm stark und löst Schuldgefühle aus, wie uns Roswitha erzählt:

> *Meine Tochter ist ein Jahr alt, und seit einem Monat ist es unmöglich zu erreichen, dass sie die ganze Nacht in ihrem Bett schläft. Sie wacht um Mitternacht weinend auf, und der einzige Weg, sie zu beruhigen, besteht darin, sie mit in unser Bett zu nehmen. Da wir beide berufstätig sind, kommt irgendwann der Moment, an dem wir sie lieber bei uns lassen, damit wir ausruhen können, obwohl wir wissen, dass das falsch ist.*

Aber nein, Sie machen ganz und gar nichts falsch! Sie tun das Beste für Ihre Tochter (das Einzige, was sie beruhigt) und das Beste für sich (das Einzige, was Ihnen ermöglicht auszuruhen). Wen stört es denn dann, dass Sie sich die Freiheit genommen haben, so zu entscheiden?

Man redet den Eltern ein, es sei schlecht für ihr Kind, bei ihnen (im Familienbett) zu schlafen. Sie würden es erdrücken oder lebenslange Schlaflosigkeit verursachen oder irgendein mysteriöses und schweres Psychotrauma auslösen. Was ist davon wahr?

Es gibt keine kontrollierte Interventionsstudie (das heißt keine Studie, in der man einer Gruppe von Schwangeren das Familienbett empfohlen hat und einer anderen Gruppe von Schwangeren geraten hat, getrennt zu schlafen, und dann langfristig die Folgen untersucht hat). Alle Daten stammen daher aus weniger hochwertigen Studien.

Das Familienbett verursacht keine Schlaflosigkeit

> *Wenn eine Mutter neben ihrem Kind schläft,*
> *schläft das Kind doppelt so gut.*
> Miguel de Unamuno

Bei Fallstudien entdecken viele einen Zusammenhang zwischen dem Schlafen bei den Eltern und verschiedenen Schlafproblemen. Zum Beispiel beobachten Curell und seine Mitarbeiter[47], dass es in der Gruppe, die das Familienbett praktiziert, mehr Eltern (17 Prozent gegenüber fünf Prozent) und mehr Kinder (44 Prozent im Vergleich zu 17 Prozent) gibt, die den Augenblick des Schlafengehens als unangenehm empfinden; die Kinder schlafen weniger (10,4 im Vergleich zu 10,8 Stunden), wachen häufiger auf (89 Prozent im Vergleich zu 51 Prozent), brauchen länger zum Einschlafen (25 Minuten gegenüber 16 Minuten) und haben eine höhere Wahrscheinlichkeit, sozial und wirtschaftlich einer niedrigeren Schicht anzugehören (51 Prozent im Vergleich zu 29 Prozent).

Die Autoren schließen daraus, dass »das Familienbett sich negativ auf den Schlaf der Kinder auswirkt«, vergessen aber zu erläutern, dass das Schlafen im Familienbett bei Kindern später Altersbeschwerden auslöst und ihre Familien mit Armut bedroht... Nein, das ist natürlich nur ein Scherz. Das Familienbett ist nicht die Ursache der Armut; es handelt sich nur um einen statistischen Zusammenhang. Es könnte sogar einen umgekehrten Zusammenhang geben. Vielleicht ist es in bestimmten sozialen Gruppen üblich, im Familienbett zu schlafen...

Nun gut, genauso ist die vernünftigste Erklärung für das gleichzeitige Auftreten von Schlafproblemen und Schlafen im Familienbett nicht etwa, dass das Schlafen im Familienbett Schlafprobleme auslöst, sondern umgekehrt: In einer Gesellschaft, in der das Schlafen im Familienbett generell negativ bewertet wird, greifen Eltern nur darauf zurück, wenn andere Methoden, das Kind zum Schlafen zu bewegen, versagt haben, das heißt, wenn das Kind zum Weinen oder Aufwachen neigt oder lange zum Einschlafen braucht.

Wie erklärt man zum Beispiel, warum 44 Prozent der Kinder, die bei ihren Eltern schlafen, den Moment des Schlafengehens als unangenehm empfinden, wenn das nur bei 17 Prozent der Kinder, die alleine schlafen, so ist? Müssen wir glauben, die Kinder schliefen lieber alleine als bei ihren Eltern? Diese Kinder wollten alleine in ihrem Zimmer schlafen, wurden aber dazu gezwungen, bei ihren Eltern zu schlafen? Wird es nicht eher so sein, dass die Eltern zuerst versuchen, das Kind alleine einschlafen zu lassen, aber dieses weint und wehrt sich, und schließlich lassen die Eltern zu, dass es sich zu ihnen ins Bett legt, aber zähneknirschend und verstimmt? (»Was bist du für ein lästiger Balg, du bringst mich noch vor Ärger um, na gut, dann komm eben zu mir ins Bett, wenn es das ist, was du willst!...«) So etwas Ähnliches muss sich wohl ereignen, damit ein Kind dazu kommt, es als unangenehm zu empfinden, im elterlichen Bett schlafen zu gehen.

Die kulturübergreifenden Studien beleuchten diesen Punkt näher. In den Vereinigten Staaten bewerten Weiße das Familienbett im Allgemeinen negativ, aber für Schwarze gilt es als normal und wird befürwortet. Dr. Lozoff und ihre Mitarbeiter untersuchten vier Gruppen nordamerikanischer Kinder im Alter von sechs bis 48 Monaten:

Weiße der sozialen Unterschicht, Weiße der Oberschicht, Schwarze der Unterschicht und Schwarze der Oberschicht. Unter den Weißen schliefen mehr arme (23 Prozent) als reiche (13 Prozent) Kinder bei ihren Eltern, aber bei den Schwarzen bestanden keine signifikanten Unterschiede (56 Prozent der armen und 57 Prozent der reichen Kinder schliefen bei ihren Eltern). Zwischen dem gemeinsamen Schlafen und geringfügigen Schlafproblemen sahen die weißen Armen und die schwarzen Reichen einen Zusammenhang, die anderen Bevölkerungsgruppen nicht. Nur bei den weißen Armen bestand ein statistischer Zusammenhang zwischen dem gemeinsamen Schlafen und der Wahrnehmung der Eltern, dass ihr Kind ein wichtiges Problem mit dem Schlafen hat. Bei den anderen Gruppen war der Unterschied nicht signifikant und bei den schwarzen Armen sogar zugunsten des Familienbettes (die Kinder, die alleine schliefen, hatten mehr Probleme).

Wie kann man all diese Unterschiede erklären? Vielleicht schlafen die weißen Armen zähneknirschend mit ihrem Kind im Bett, weil schon vorher ein Schlafproblem bestand oder weil sie nicht genug Zimmer im Haus haben, während die wenigen reichen Weißen, die mit ihrem Kind im Familienbett schlafen, dies tun, weil sie davon überzeugt sind, dass es das Beste ist, weil sie Bücher gelesen und sich informiert haben. Vielleicht schlafen die schwarzen Armen aus Tradition mit ihren Kindern zusammen, weil sie das als normal betrachten und somit weder ein Problem verursachen noch eines entdecken. Die schwarzen Reichen dagegen halten sich zwar weiterhin an diese Sitte, haben aber Bücher gelesen oder Kinderärzte gehört, die das Familienbett kritisieren. Darum fangen sie an, wegen ihres Verhaltens Schuldgefühle zu entwickeln und haben schließlich Schlafprobleme.

Noch spektakulärer fällt ein Vergleich zwischen den Vereinigten Staaten und Japan aus. Japan ist eine hochindustrialisierte Gesellschaft, in der man das Familienbett als normal und wünschenswert betrachtet. Traditionell schlafen die Kinder bis zum fünften Lebensjahr bei ihren Eltern, und danach gehen sie normalerweise dazu über, bis zur Pubertät bei einem Großelternteil zu schlafen (wenn er im Hause wohnt). Das ist ein Achtungsbeweis gegenüber den Großeltern: Sie alleine zu lassen, wäre schlechtes Benehmen. Bei einer Stichprobe japanischer Familien der Mittelklasse stellten Latz, Wolf und Lozoff[49] fest, dass 59 Prozent der Kinder zwischen sechs und 48 Monaten bei der Mutter oder beiden Eltern schliefen, und dies von Geburt an jede Nacht, und zwar die ganze Nacht. Bei den nordamerikanischen Weißen dagegen schliefen nur 15 Prozent der Kinder bei ihren Eltern und fast alle nur zum Teil (das heißt nicht jede Nacht oder nur einen Teil der Nacht).

Die Eltern wurden in beiden Ländern befragt, ob ihre Kinder protestierten, weil sie nicht schlafen gehen wollten, oder ob sie häufig aufwachten (dreimal oder häufiger pro Woche) und ob sie meinten, ihr Kind habe ein Problem mit dem Schlafen. (Es handelt sich also um wahrgenommene Probleme. Diese hängen nicht nur vom Verhalten der Kinder ab, sondern auch von den Erwartungen der Eltern. Bei zwei Kindern, die genau gleich schlafen, können die Eltern des einen meinen, es gibt ein Problem, und die Eltern des anderen alles als normal ansehen.)

Bei den Nordamerikanern war das Schlafen bei den Eltern mit Protesten gegen das Schlafengehen, häufigem Aufwachen und Schlafproblemen verbunden. Die japanischen Kinder, die bei ihren Eltern schliefen, hatten dagegen weder »mehr« Probleme, noch protestierten sie, wenn es Zeit zum Schlafengehen war, aber sie wachten häufiger auf (da diese Daten von den Eltern stammen, kann dies darauf hindeuten, dass Eltern, die von ihren Kindern getrennt schlafen, es nicht immer merken, wenn ihr Kind aufwacht).

Es könnte scheinen, dass es keine großen Unterschiede gibt, dass im einen wie im anderen Land die Kinder, die alleine schlafen, »besser« schlafen als die, die bei ihren Eltern schlafen. Doch jetzt kommt das wirklich Faszinierende: Die japanischen Kinder, die bei ihren Eltern schliefen, wachten mitten in der Nacht fast ebenso selten (30 Prozent) auf wie die amerikanischen Kinder, die alleine schliefen. Die amerikanischen Kinder, die in Gesellschaft schliefen, wachten erheblich häufiger auf (67 Prozent), während die japanischen Kinder, die alleine schliefen, extrem selten aufwachten (4 Prozent). Wo auch immer sie schlafen, haben die japanischen Kinder viel weniger Probleme, protestieren weniger und wachen seltener auf als die amerikanischen.

Die Autoren der Studie schlossen daraus:

Wenn man dem intensiven Verlangen der kleinen Kinder, ihren Betreuern während der Nacht sehr nahe zu sein, Widerstand entgegensetzt, kann das den Grundstein dafür legen, dass in den Vereinigten Staaten die Proteste zur Schlafenszeit und das nächtliche Aufwachen fortdauern. Andere Faktoren, die den Protest zur Schlafenszeit und das nächtliche Aufwachen bei den nordamerikanischen Kindern fördern können, die bei ihren Eltern schlafen, sind:

das zeitweilig unterbrochene oder nur teilweise praktizierte Schlafen im Familienbett, die Tatsache, dass die Eltern auf Schlafveränderungen reagieren, indem sie auf das Schlafen im Familienbett zurückgreifen, die Empfehlungen der Fachleute gegen diese Praxis und die Ambivalenz der Eltern in Bezug auf das Familienbett.

Also sind die folgenschweren Drohungen völlig falsch: Das Familienbett verursacht nicht nur keine Schlaflosigkeit, sondern offensichtlich werden die Schlafprobleme im Westen gerade dadurch bewirkt, dass man versucht, Kinder alleine schlafen zu lassen. Vielleicht widmen sich unsere Schlafexperten dem Versuch, die Probleme zu lösen, die sie selbst geschaffen haben.

THEORIEN, DENEN ICH NICHT ZUSTIMME

Und warum schlafen die Kinder, die alleine schlafen, in beiden Ländern mehr? Wahrscheinlich hat eine spontane Selektion stattgefunden, wenn auch in unterschiedlichem Sinne. In den Vereinigten Staaten, wo das Familienbett schlecht angesehen wird, lässt man nur die Kinder ins Elternbett, die anders überhaupt nicht schlafen; dabei handelt es sich also um eine Auswahl an Kindern, die wenig schlafen. In Japan dagegen, wo das Familienbett ganz normal ist, wagen nur die Eltern, deren Kinder wie Murmeltiere schlafen, das nachzumachen, was sie in Filmen sehen und ihr Kind in einem anderen Raum zum Schlafen zu legen; es handelt sich also um eine Auswahl an Kindern, die besonders gute Schläfer sind.

Die spanische Kultur scheint nicht ganz so besessen von den »Schlafproblemen« wie die nordamerikanische, obwohl der Druck in den letzten Jahren zugenommen hat. So haben García und Mitarbeiter[50] in einer ländlichen Gegend Kataloniens herausgefunden, dass die Hälfte der Ein- bis Dreijährigen nachts aufwachte, die meisten davon häufiger als zweimal pro Nacht. Viele baten um Gesellschaft, Wasser oder Nahrung; die meisten Eltern erfüllten diese Wünsche. Aber nur die Hälfte der Familien, deren Kinder nachts regelmäßig aufwachten, meinte, ihr Kind »schlafe schlecht«, und nur eine von fünf hatte aus diesem Grund den Kinderarzt aufgesucht. Diese Toleranz und Sorglosigkeit der meisten Eltern steht im Widerspruch zur Panikmache einiger Experten: Estivill[15] behauptet in Bezug auf »die kindliche Schlaflosigkeit aufgrund falscher Gewohnheiten«:

> *Es gibt keinen Faktor, der die eheliche Harmonie stärker gefährdet... das Gefühl der Frustration nimmt zu... Selbstvorwürfe sind eine häufige Folge...*

In den vergangen Jahrzehnten scheint sich das Familienbett in den westlichen Ländern wieder größerer Beliebtheit zu erfreuen, auch wenn es schwer zu bestimmen ist, ob es wirklich wieder zunimmt oder einfach wieder öfter zugegeben wird. In den USA haben 45% der Kinder unter 7 Monaten wenigstens ein Mal in den zwei Wochen vor der Studie im Bett der Eltern geschlafen und der Prozentsatz der Kinder, die gewöhnlicherweise mit ihren Eltern schlafen, ist von 5,5% auf 12,8% zwischen 1993 und 2000 gestiegen.[86]

Das Familienbett verursacht keine psychischen Probleme

Wie eine junge Mutter, die für ihr erstes Kind Schlaf erbittet.
Julio Dinis, *»Una familia inglesa«*

Worauf stützen sich diejenigen, die behaupten, ein Kind, das bei seinen Eltern schläft, werde im Irrenhaus landen? Wie oben erläutert, würde die entscheidende wissenschaftliche Studie darin bestehen, 100 Schwangeren ans Herz zu legen, mit ihrem Kind das Bett zu teilen, und 100 anderen Schwangeren, es nicht zu tun, und dann 20 Jahre zu warten, um herauszufinden, welche Kinder mehr psychische Probleme haben. Niemand hat jemals eine solche Studie durchgeführt.

Die Kohortenstudien sind weniger zuverlässig. Man würde Kinder suchen müssen, die bei ihren Eltern schlafen, und Kinder, die alleine schlafen, und dann nachsehen, was in einigen Jahren geschieht. Da es die Eltern sind, die entschieden haben, ob ihr Kind bei ihnen schläft oder nicht, kann eine heimliche Selektion stattfinden. In den Vereinigten Staaten haben wir zum Beispiel festgestellt, dass die schwarzen Armen häufiger das Bett mit ihren Kindern teilen als die weißen Reichen; ebenso ist es auch bei den weniger gebildeten Eltern und den Eltern mit finanziellen Problemen oder Spannungen zwischen den Ehepartnern. Und die kranken Kinder oder diejenigen, die einen Unfall erlitten haben, werden auch wahrscheinlicher ins Ehebett gelassen.[52]

Wenn diese Kinder später Verhaltensabweichungen zeigen, liegt das dann wohl am Familienbett, an den sozialen Unterschieden, an der Armut oder an der Krankheit? In einer Gesellschaft, in der das gemeinsame Schlafen schlecht angesehen wird, kann es außerdem vorkommen, dass diejenigen, die es praktizieren, deswegen Schuldgefühle haben und ihre Kinder ambivalent und feindselig behandeln. Aus all diesen Gründen dürften wir uns nicht darüber wundern, wenn irgendeine Kohortenstudie psychische Probleme bei Kindern feststellte, die im Familienbett geschlafen haben.

Aber dennoch ergab die einzige Kohortenstudie, die zu diesem Thema durchgeführt wurde, dass sich im Alter von 18 Jahren bei denjenigen, die bei ihren Eltern geschlafen hatten, keinerlei schädliche Auswirkung zeigte: Sie hatten keine schlechteren Beziehungen zu ihren Eltern oder zu anderen Menschen; ihr Verbrauch von Tabak, Alkohol und anderen Drogen lag nicht höher; sie waren sexuell nicht aktiv.[53] Schließlich gibt es auch eine Fallkontrollstudie, das heißt eine Studie, die Kinder ohne und mit psychischen Problemen miteinander vergleicht, um zu sehen, welche häufiger bei den Eltern schlafen. Diese Studie führten keine Geringeren als die Kinderpsychiater des Marinekrankenhauses der Vereinigten Staaten in Honolulu durch.[54]

Erste Überraschung: 30 Prozent der Soldatenkinder (zwischen zwei und 13 Jahren, Durchschnittsalter fünf Jahre) schliefen bei ihren Eltern. Und diese Anzahl stieg auf 50 Prozent, wenn der Vater andernorts im Einsatz war. Wenn der Vater nicht anwesend war, schliefen die Kinder unter acht Jahren durchschnittlich zwei oder mehr Nächte pro Woche bei ihrer Mutter; bei den Kindern über acht Jahren sank der Durchschnitt auf nur 0,6 Nächte pro Woche. Zwischen dem militärischen Rang des Vaters und der Häufigkeit des gemeinsamen Schlafens bestand kein Zusammenhang.

Zweite Überraschung: Die 47 Kinder, die sich wegen verschiedener psychischer Probleme an den Psychiater wandten, schliefen weniger bei ihren Eltern als die 36 gesunden Kinder der Kontrollgruppe. Der Unterschied war besonders signifikant bei den männlichen Kindern über drei Jahren: Fünf der sechs gesunden Kinder schliefen in Abwesenheit ihres Vaters bei ihren Müttern, dagegen aber nur acht der 22 Kinder mit psychischen Problemen.

Das Familienbett löst keinen plötzlichen Kindstod aus

Vor zwei Jahrhunderten, als alle Kinder bei ihren Eltern schliefen, waren einige morgens tot. Man sagte, ihre Mütter hätten sie ungewollt erdrückt. Man argwöhnte, dass einige unerwünschte Kinder waren, die absichtlich ermordet wurden. Um diese vermuteten Unfälle zu verhindern oder um zu vermeiden, dass Kindermörder auf eine so einfache Rechtfertigung zurückgreifen könnten, verboten die Ärzte und manchmal die Gesetze, dass Kinder bei den Eltern im Bett schliefen.

Zur allgemeinen Überraschung starben weiterhin einige Kinder im Schlaf, obwohl sie in ihrer Wiege schliefen und sie keiner hätte ersticken können. Heute nennen wir dieses Problem »SIDS«, einen plötzlichen, unerwarteten Kindstod. Aber vor wenigen Jahrzehnten noch wurde von Eltern wie Ärzten üblicherweise der

Ausdruck »Krippentod« gebraucht. 90 Prozent der Todesfälle ereignen sich in den ersten sechs Lebensmonaten; der Rest zwischen dem sechsten und dem zwölften Lebensmonat.

Man kennt die genaue Ursache des plötzlichen Kindstodes nicht, aber man kennt verschiedene Faktoren, die das Risiko erhöhen bzw. senken können. Leider kann man das Risiko nicht ganz ausschließen, und einige Kinder werden sterben, ganz gleich, was ihre Eltern tun. Aber wir können durch mehrere einfache Maßnahmen viele Todesfälle verhindern. Die wichtigsten Maßnahmen sind:

Das Baby immer auf dem Rücken zum Schlafen legen (auf dem Bauch ist es am schlechtesten, aber auch das Schlafen auf einer Seite birgt ein gewisses Risiko), während der Schwangerschaft und in den ersten Monaten nach der Geburt nicht rauchen (wenn man schon so weit ist, wäre es eine gute Idee, für immer das Rauchen zu lassen; das tut Kindern und Eltern gut) und das Kind nicht alleine in einem Zimmer in seiner Wiege schlafen lassen (es ist besser, wenn die Wiege bei den Eltern im Zimmer steht, wenigstens während der ersten sechs Monate). Es ist auch wichtig, eine harte Matratze zu benutzen und im Bett oder in der Wiege weiche Dinge zu vermeiden, an denen das Kind ersticken könnte, wie zum Beispiel schwere Federbetten, Kopfkissen, (natürliche oder synthetische) Felle oder Plüsch. Man darf das Baby nicht zu warm anziehen (das Baby braucht zwar normalerweise etwas mehr Kleidung als seine Eltern, aber man kann ihm kein Thermounterhemd, zwei Pullover und einen Flanellschlafanzug anziehen und es in einem geheizten Raum obendrein mit einer Decke und einem Oberbett zudecken). Auch das Stillen scheint die Wahrscheinlichkeit des plötzlichen Kindstodes etwas zu senken.

Und das Schlafen im Elternbett – erhöht es das Risiko, senkt es dieses, oder hat es damit nichts zu tun?

Einige Daten scheinen darauf hinzudeuten, dass zumindest unter bestimmten Voraussetzungen das Familienbett das Risiko senken kann. In Japan, wo es allgemein üblich ist, dass Kinder bei den Eltern schlafen, ist der plötzliche Kindstod sehr selten; auch bei den asiatischen Emigranten in England (die im Familienbett zu schlafen pflegen) ist er seltener als bei den gebürtigen Engländern.[55] Zudem haben die Babys, die bei ihren Müttern schlafen, in Laborversuchen einen weniger tiefen Schlaf; man meint, dies könnte vorteilhaft sein.[56]

THEORIEN, DENEN ICH NICHT ZUSTIMME

Mehrere Fallkontrollstudien in Neuseeland[57, 58] und England[59] stellten fest, dass das Risiko des plötzlichen Kindstodes für das Kind einer Nichtraucherin exakt gleich ist, wenn es bei den Eltern im Bett schläft wie wenn es in seiner Wiege neben dem Elternbett schläft. Wenn das Kind alleine in einem anderen Zimmer schläft, dann steigt das Risiko um das Fünf- bis Zehnfache.[59, 60]

Tabak erhöht das Risiko des plötzlichen Kindstodes für Säuglinge erheblich. Während der Schwangerschaft zu rauchen, erhöht bereits das Risiko, selbst wenn man nach der Geburt aufhört; (wenn man aber weiterraucht, dann ist es noch schlimmer).[61] In einem Haus mit einem Säugling sollten auch andere Menschen nicht rauchen. Aus noch nicht vollständig geklärten Gründen potenziert sich das durch Tabakkonsum verursachte Risiko, wenn man im Familienbett schläft. In der britischen Studie[59], die dieses Problem wahrscheinlich am besten analysiert, stellte man fest, dass Rauchen bei getrenntem Schlafen das Risiko verfünffacht, aber Rauchen bei gemeinsamem Schlafen das Risiko verzwölffacht.

Daher ist es die beste Lösung, nicht zu rauchen. Eine Mutter, die nicht raucht und in der Schwangerschaft nicht geraucht hat, kann gefahrlos mit ihrem Kind das Bett teilen, so wie sie es möchte. Nicht zu rauchen hat für die Gesundheit von Mutter und Kind viele weitere Vorteile zusätzlich zur Vorbeugung vor dem plötzlichen Kindstod.

Wenn die Mutter raucht oder während der Schwangerschaft geraucht hat, wäre es klug, die ersten 14 Wochen nicht mit dem Kind im Bett zu schlafen (nach diesem Alter vergrößert das Schlafen im gleichen Bett nicht mehr das Risiko, selbst wenn sie weiterraucht). Sie kann im Bett stillen und das Kind in seine eigene Wiege neben dem Elternbett legen, wenn es eingeschlafen ist.

Und wie wir schon erklärt haben, ist das Schlafen mit einem Baby auf einem Sofa ebenfalls sehr gefährlich.

Bei anderen Studien waren die Ergebnisse leicht anders. Eine Studie aus mehreren europäischen Ländern[87] zeigte einmal mehr, dass die Häufigkeit des plötzlichen Kindstodes deutlich anstieg, wenn die Mutter raucht und mit ihrem Kind schläft (Die Odds-Rate lag bei 14, was, vereinfachend gesagt, einem 14-fach erhöhtem Risiko gleichkommt). Aber selbst wenn die Mutter nicht rauchte, verband man das Familienbett mit einem leicht erhöhten Risiko für den plötzlichen Kindstod (1,6-fach höher), wenn auch nur in den ersten acht Wochen. Ich glaube, dass dieser leichte Anstieg kein

Grund zur Sorge ist; erstens – wie wie schon erklärt haben – haben andere seriöse und gut gemachte Studien keinerlei Risiko gefunden und zweitens muss man andere mögliche Faktoren mit in Betracht ziehen. In der gleichen europäischen Studie ist das Risiko 2,8 mal höher, wenn eine andere Person im Haushalt im Durchschnitt eine Schachtel Zigaretten täglich raucht (und 8,8 mal höher, wenn sie anderthalb Schachtel und mehr raucht). Wenn die Mutter zwischen 21 und 25 Jahren alt ist, ist das Risiko 2,44 mal höher als wenn sie mehr als 30 Jahre alt ist. Das dritte Kind hat ein 2,29-fach höheres Risiko als das Erstgeborene. Wenn der Vater arbeitslos ist, ist das Risiko 3,79-fach höher. Wenn es eine Lebensgemeinschaft ist, ist das Risiko 1,79-fach höher...

Es bleibt, ein 1,6-fach höheres Risiko, selbst wenn es wieder und wieder bestätigt würde und in kausalem Zusammenhang (und nicht bloßer statistischer Relation) stünde, bleibt ein sehr kleines Risiko.

Auch wenn das Familienbett wieder zuzunehmen scheint, hat die Häufigkeit des plötzlichen Kindstodes in den vergangenen Jahrzehnten in England[88], in den USA[89] und in anderen entwickelten Ländern in spektakulärer Weise abgenommen, vor allem Dank der Empfehlung, die Babys zum Schlafen auf den Rücken zu legen. Die Amerikanische Akademie für Pädiatrie hat 2005 empfohlen[89], dass die Babys im Zimmer der Eltern schlafen, jedoch in einem eigenen Bett. Wenn die Mutter nicht raucht, erscheint mir dies eine übertriebene Vorsichtsmaßnahme und wäre in allen Fällen nur in den ersten zwei Wochen nötig. Oft genug schläft die Mutter beim Stillen wieder ein und sich wachzuhalten, um anschließend das Baby wieder in sein Bett zu legen, kann sehr anstrengend sein.

Es ist schon erstaunlich, wie neue Entdeckungen akzeptiert oder verworfen werden – je nachdem, ob sie zu den vorhergehenden Überzeugungen passen oder nicht. Viele erinnern die Mutter mit Nachdruck an die angenommenen Gefahren des Familienbettes, ohne zu erläutern, dass, wenn die Mutter nicht raucht, die Mehrzahl der Studien keinerlei Gefahr darin sehen. Aber sehr wenige erinnern daran, dass es viel gefährlicher ist, in den ersten Monaten in einem anderen Zimmer zu schlafen. Und viele Leute bestehen darauf (einige ab dem sechsten Monat, andere ab dem Alter von einem Jahr, wieder andere mit 2 Jahren – je nach der Toleranz des Einzelnen), dass das Kind »nun zu groß sei, um bei den Eltern zu schlafen« – obwohl genau ab dem dritten Monat nicht das kleinste Risiko für das Familienbett gefunden wurde, selbst dann nicht, wenn die Mutter raucht.

Nächtliches Stillen

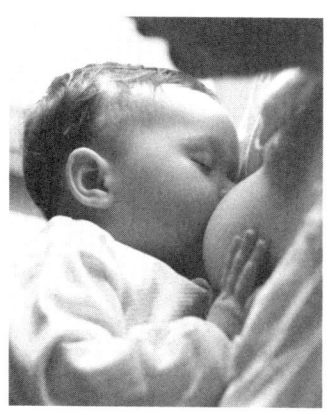

> *Wir werden uns von den Schreien des Säuglings nicht dazu bewegen lassen, ihm vorzeitig die Brust zu geben. Wenn wir anfangen, dem Kind nachts Nahrung zu geben, wird es sich daran gewöhnen und es am Ende fordern.*
> Dr. Fritz Stirnimann, 1947[10]

Wir hören immer wieder, »ab dem sechsten Lebensmonat braucht man Babys nachts nicht mehr zu stillen«. Dieser Satz ist absolut nichtssagend und gerade deshalb schwierig zu widerlegen. Was bedeutet »nicht brauchen«? Dass sie nicht vor Hunger sterben, wenn man sie nachts nicht stillt? Dass es Kinder gibt, die nachts nicht an der Brust trinken? Dass man verhindern kann, dass ein bestimmtes Kind nachts an der Brust trinkt? Na, dann könnten wir ebenso beteuern, Kinder »brauchen nicht zur Schule zu gehen«, »brauchen keine Äpfel«, »brauchen keine Spielsachen« oder »brauchen keine Socken«. Kein Kind ist je daran gestorben (nicht einmal ernsthaft krank geworden), wenn es nicht zur Schule ging, keine Äpfel aß, keine Spielsachen hatte oder keine Socken trug. Es gibt Millionen von Kindern, die nie im Leben derartige Dinge besaßen. Jeder beliebige Vater könnte seinem Kind Schule, Äpfel, Spielzeuge oder Socken vorenthalten, wenn er sich dies vornähme. Aber wer hat gesagt, was nicht gebraucht wird, sei verboten? Früher lebten die Gefangenen im Verlies von Wasser und Brot, aber wenigstens kontrollierte keiner, ob sie während des Tages oder während der Nacht ihr Brot aßen und ihr Wasser tranken.

Es gibt auch keinen wesentlichen Unterschied zwischen den Sätzen »Kinder brauchen nachts nicht zu essen« und »Kinder brauchen tagsüber nicht zu essen«. Ein anderer Experte könnte ein anderes Buch schreiben und den bekümmerten Eltern erklären, dass die Kinder, die tagsüber essen, dies wegen der »erlernten schlechten Angewohnheiten« tun (na klar, sie haben gelernt, Sonnenlicht mit Nahrung zu assoziieren) und ihnen eine Ernährung mit vier großzügigen Mahlzeiten pro Nacht und elf Stunden Nahrungsenthaltung am Tag verschreiben. Gefährlich? Am Tag nicht mehr als in der Nacht! Doch wenn irgendwelche Eltern beide Bücher läsen und versuchten, sie gleichzeitig anzuwenden, dann würde ihr Kind sehr viel, ja furchtbar viel Hunger leiden.

Lassen wir die abgedroschene Frage, ob ein Kind nachts gestillt zu werden braucht oder nicht, einmal beiseite, und konzentrieren wir uns auf das wirklich Wichtige: Ist es für das Kind und die Mutter schädlich, oder ist es im Gegenteil nützlich und muss empfohlen werden, oder ist es vielleicht weder gut noch schlecht und daher das Klügste, darüber zu schweigen und jeden tun zu lassen, was er will?

Unseres Wissens hat niemand, nicht einmal diejenigen, die am eifrigsten dafür eintreten, Kinder die ganze Nacht hungern zu lassen, ernsthaft behauptet, dass es für das Kind schädlich sei, nachts zu essen: Es verursacht weder Krebs, noch Kahlköpfigkeit, noch Hämorrhoiden und erst recht nicht »Magenverstimmung« oder »Verdauungsbeschwerden«. In der Tat pflegt man während der ersten Lebensmonate durchaus zu erlauben, dass sie nachts essen. Wenn es für ein Kind im Alter von zehn Monaten gefährlich wäre, nachts zu essen, wäre es dann nicht noch viel gefährlicher für eines im Alter von nur zwei Monaten? Die schreckliche Gefahr des nächtlichen Stillens scheint psychischer Natur zu sein: Das Kind, das nachts Milch probiert hat, wird sich gleich dem Tiger, der menschliches Blut probiert hat, in ein Mütter verschlingendes Wesen verwandeln.

Wir kennen keinen Nachweis für solch eine Theorie. Wahrscheinlich haben diejenigen, die sie vertreten, vor Jahren den Film *Gremlins* gesehen, der von diesen sympathischen und reizenden Kreaturen handelt, die sich in mordende Ungeheuer verwandelten, wenn man ihnen nach Mitternacht etwas zu essen gab.

McKenna, ein nordamerikanischer Anthropologe, hat den Zusammenhang zwischen der Häufigkeit des nächtlichen Stillens und dem gemeinsamen Schlafen mit der Mutter (im Familienbett) bei einer Gruppe von 35 Müttern und ihren Kindern untersucht, die in Nordamerika wohnten und hispanischen Ursprungs waren (eine ethnische Gruppe, die das Familienbett positiv wertet). 20 der Kinder pflegten täglich bei ihrer Mutter zu schlafen, während 15 getrennt schliefen; alle wurden voll gestillt. Als die Kinder drei oder vier Monate alt waren, verbrachte jede Mutter mit ihrem Kind zwei Nächte in einem Schlaflabor. Man filmte sie mit einer Infrarotkamera, während man die Vitalparameter aufzeichnete, um die verschiedenen Schlafphasen zu unterscheiden. Unabhängig von seiner sonstigen Gewohnheit schlief jedes Kind eine Nacht bei seiner Mutter und die andere getrennt.

Man beobachtete, dass die Kinder häufiger und länger an der Brust tranken, wenn sie bei ihrer Mutter schliefen als wenn sie alleine schliefen. Das heißt, getrenntes Schlafen verringert die Anzahl der Stillmahlzeiten und erschwert daher die Laktation. Die Babys, die daheim normalerweise alleine schliefen, hatten stets weniger Stillmahlzeiten (durchschnittlich 3,8 Stillmahlzeiten pro Nacht bei gemeinsamem Schlafen und 2,3 bei getrenntem Schlafen) als diejenigen, die vor dem Experiment bei ihrer Mutter zu schlafen pflegten (4,7 bzw. 3,3 Stillmahlzeiten). Das heißt, getrenntes Schlafen scheint einen dauerhaften Einfluss auf das Verhalten der Kinder zu haben, so dass es ihnen nicht einmal gelang, sich ganz zu erholen, wenn man ihnen die Gelegenheit gab, bei ihrer Mutter zu schlafen.

Während der beiden Wochen vor der Studie hatten die Mütter daheim die Anzahl der nächtlichen Stillmahlzeiten aufgeschrieben. Seltsamerweise stillten sie daheim seltener als im Labor: 2,4 Stillmahlzeiten pro Nacht diejenigen, die gemeinsam schliefen (4,7 im Labor), und 1,6 diejenigen, die getrennt schliefen (2,3 im Labor). Den Unterschied könnte man darauf zurückführen, dass die Kinder in fremder Umgebung unruhiger waren, aber beachten Sie, dass die Zunahme sehr viel größer bei denen ist, die gemeinsam schlafen (also theoretisch weniger unruhig gewesen wären). Vielleicht bemerkte die Mutter daheim nicht jede der Stillmahlzeiten, weil sie manchmal dabei schlief; im Labor dagegen wurde jedes Stillen von der Kamera unerbittlich und irrtumsfrei aufgezeichnet.

Was ist kindliche Schlaflosigkeit?

Wenn ein kleines Kind zum Einschlafen lange braucht oder mehrmals nachts aufwacht und seine Mutter ruft, sagt man uns, es leide unter »kindlicher Schlaflosigkeit aufgrund falscher, erlernter Gewohnheiten«. In dem *Diagnostischen und Statistischen Ma-*

nual Psychischer Störungen (DSM-IV), einer international allgemein anerkannten Klassifikation, ist keine Krankheit mit dieser Bezeichnung aufgeführt. Sehr wohl aufgeführt sind »primäre Schlafstörungen« mit den diagnostischen Hauptkriterien »Schwierigkeit einzuschlafen oder durchzuschlafen« und »klinisch signifikantes Unbehagen oder Verschlechterung in sozialer Hinsicht, im Arbeitsbereich oder anderen wichtigen Betätigungsfeldern des Betroffenen«.

Wenn es meinem Nachbarn gefällt, um zehn Uhr ins Bett zu gehen, ich es aber vorziehe, noch bis zwölf Uhr zu lesen, leide ich dann unter Schlaflosigkeit? Natürlich nicht. Ich würde unter Schlaflosigkeit leiden, wenn ich um zehn Uhr ins Bett ginge, es mir aber bis Mitternacht nicht gelänge einzuschlafen. Wenn ein Kind dagegen nicht schlafen, sondern spielen will, nennt man das Schlaflosigkeit.

Wenn man mir die Matratze wegnimmt und mich zwingt, auf dem Boden zu schlafen, wird mir das Einschlafen sehr schwer fallen. Heißt das, ich leide unter Schlaflosigkeit? Natürlich nicht. Geben Sie mir die Matratze zurück, und Sie werden sehen, wie gut ich schlafen kann. Wenn man ein Kind von seiner Mutter trennt und ihm das Einschlafen schwer fällt, leidet es dann unter Schlaflosigkeit? Sie werden sehen, wie gut es schläft, wenn Sie ihm seine Mutter zurückgeben!

Die echte Schlaflosigkeit, unter der einige Erwachsene leiden, ist etwas ganz anderes als diese »kindliche Schlaflosigkeit«, die man sich aus dem Ärmel gezogen hat. Es mag vermutlich irgendein Kind geben, das wirklich unter Schlaflosigkeit leidet. Aber im Allgemeinen haben wir es mit Kindern zu tun, die entweder nicht schlafen wollen, oder die schlafen wollen, aber daran gehindert werden, indem man ihnen den menschlichen Kontakt vorenthält, den sie brauchen, um gut zu schlafen. »Das klinisch signifikante Unbehagen« wird bei ihnen nicht durch Mangel an Schlaf, sondern durch Mangel an menschlicher Nähe verursacht. Das einzige Unbehagen verursachen wir ihnen, wenn wir, von gewissen Theorien in die Irre geleitet, unseren Kindern die Befriedigung ihrer tiefsten Grundbedürfnisse verweigern.

Kindern das Schlafen beibringen

Es gibt Erwachsene, die nicht lesen oder keine Landkarten deuten können, weil es ihnen keiner beigebracht hat. Aber es gibt niemanden, der nicht schlafen kann. Schlafen ist wie Essen, Atmen oder Gehen kein erlerntes Verhalten. Wenn wir geboren werden, können wir alle schlafen, essen und atmen und fangen an zu gehen, wenn wir das dafür angemessene Alter erreicht haben, ohne dass es uns jemand beibringt.

In der Tat können wir lernen, auf bestimmte Weise diese angeborenen Verhaltensweisen zu verändern. Alle können essen, aber um mit chinesischen Essstäbchen oder mit Löffel und Gabel zu essen, ist Lernen erforderlich. Alle können gehen, aber um zu tanzen, ist Lernen erforderlich. Alle können atmen, aber um Flöte zu spielen, ist Lernen erforderlich. Alle können schlafen, aber um dies auf eine bestimmte, kulturell akzeptierte Weise zu tun (den Schlafanzug anziehen, sich ins Bett legen ...), ist Lernen erforderlich. Mit Sicherheit schliefen auch unsere prähistorischen Ahnen, und sie brauchten nichts zu lernen.

Je weiter sich die Art, wie Kinder schlafen sollen, von der Art, die ihrer Natur entspricht, entfernt, desto mehr müssen wir sie lehren. Es ist viel leichter, ihnen beizubringen, mit einem Schlafanzug oder im Bett zu schlafen, als sie zu lehren, ohne ihre Mutter zu schlafen. Wenn sie bei ihrer Mutter sind, lassen sie sich die Windel anziehen, den Schlafanzug und was sonst noch nötig ist. Es gibt keine Kinder, die Theater machen, um sich den Schlafanzug vom Leibe zu reißen, oder fordern, mit ihrer Mutter im Freien auf einem Lager aus Zweigen und Blättern zu schlafen, wie es zweifellos unsere Vorfahren taten. Niemand musste ein Buch über eine Methode verfassen, wie man Kindern, die dies nicht zulassen, einen Schlafanzug anzieht.

Nein, Kinder sind nicht anspruchsvoll. Bei den Dingen, die ihnen nicht wichtig scheinen, sind sie stets bereit, sich unseren Launen zu fügen und zu tun, was wir von ihnen verlangen. Aber wenn wir fordern, dass sie alleine schlafen, dann verlangen wir etwas, was ihren grundlegendsten Instinkten widerspricht, und der Kampf ist zäh.

Ein Mensch, der nicht gehen oder atmen kann, ist krank. Aber ein Mensch, der nicht gelernt hat, zu tanzen oder Flöte zu spielen, ist nicht krank und wird auch nicht deshalb erkranken, weil er diese Dinge nicht erlernt hat. Genauso wäre ein Kind krank, wenn es wirklich nicht schlafen könnte (und zwar sicher schwer krank; vollständiger Schlafentzug führt innerhalb weniger Tage zum Tode). Aber ein Kind, das nicht gelernt hat, alleine oder mit seinem Püppchen oder in der Wiege oder dann zu schlafen, wenn es uns passt, hat keinerlei Krankheit und wird aus diesem Grunde auch nicht erkranken.

Einer Mutter zu sagen, wenn ihr Kind nicht alleine und am Stück schläft, wird es als Erwachsener Schlafprobleme haben, ist ebenso grausam, ebenso absurd und ebenso falsch wie ihr zu sagen: »Wenn es nicht Flöte spielen lernt, wird es als Erwachsener unter Atemnot leiden.«

In dieser Frage des Lernens vertreten diejenigen, die befürworten, dass Kinder alleine schlafen sollen, natürlich widersprüchliche Lehrmeinungen. Einerseits scheint es, als müsse man Kindern das Schlafen beibringen; diesen Punkt habe ich ja bereits widerlegt. In anderen Fällen gibt man zu, dass das Kind schon schlafen kann, aber es müsse lernen, in angemessener Weise zu schlafen, das heißt so, wie seine Eltern es wollen. (Aber immer nur, wenn seine Eltern wollen, dass es »alleine in seinem Zimmer durchschläft«. Wenn die Eltern etwas anderes wollen, dann haben sie schon keine Entscheidungsbefugnis mehr.)

Schließlich erklärt man die Geschichte manchmal umgekehrt: Das Normale, für das alle Kinder vorbereitet auf die Welt kommen, sei es, alleine die ganze Nacht durchzuschlafen und nachts nichts zu essen. Wenn sie die Anwesenheit der Eltern fordern, um einzuschlafen, wenn sie mitten in der Nacht nach ihnen rufen oder sie um Nahrung bitten, dann liegt das daran, dass sie eine schlechte Angewohnheit erlernt haben. Die genannte Angewohnheit entsteht durch »operante Konditionierung«: die Anwesenheit der Eltern oder das Essen dienen als positive Verstärker und erhöhen die Häufigkeit des verstärkten Verhaltens (Aufwachen, Weinen). Es ist erforderlich, die Kinder »umzuerziehen«, damit sie das erlernte Schlechte wieder verlernen und zum »Normalen« zurückkehren.

THEORIEN, DENEN ICH NICHT ZUSTIMME

Aber diese Theorie hat mehrere Schwachstellen:

a) Warum gibt es so wenige Kinder, die das »Normale« tun, und so viele, die »lernen«, etwas Unnatürliches zu tun? In vielen menschlichen Gesellschaften weltweit betrachtet man das Schlafen bei den Eltern oder das nächtliche Stillen als normal. Aber sogar in unserer Gesellschaft, in der dieses Verhalten als anomal betrachtet und scharf kritisiert wird, »lehren« die meisten Eltern ihre Kinder (ungewollt!) schlechte Gewohnheiten. In der erwähnten Studie von Curell[47] schliefen sechs Prozent der Kinder bei ihren Eltern; aber von denen, die alleine schliefen, schliefen 21 Prozent an einem »nicht empfehlenswerten« Ort ein; elf Prozent verbrachten die Nacht an einem »nicht empfehlenswerten« Platz; 64 Prozent der Kinder und 73 Prozent der Eltern befolgten »nicht empfehlenswerte« Einschlafrituale, 13 Prozent nahmen nachts »nicht normale« Getränke zu sich, 46 Prozent zeigten eine »Verhaltensstörung« und 51 Prozent wachten nachts auf. Wenn man das alles zusammenrechnet, ergibt das eine Fehlerquote von 279 Prozent. Das heißt, auf nahezu jedes Kind kommen drei Fehler, und es bleibt zu fragen, ob es überhaupt irgendein Kind gab, das alles richtig machte. Wenn die kindliche Schlaflosigkeit wirklich eine Krankheit wäre, dann die schlimmste Epidemie der Geschichte, denn niemand ist gesund!

b) Warum ist es so leicht, das »Normale« (alleine zu schlafen) zu vergessen und das »Anomale« (nach der Mutter zu rufen) zu lernen? Den Kindern »schlechte Gewohnheiten« beizubringen, wäre nach dieser Theorie etwas, was dem größten Teil der Eltern in kurzer Zeit gelingt, und zwar ganz ohne Pädagogikkenntnisse und sogar unbeabsichtigt. Ihnen dagegen das »normale« Schlafen beizubringen, erfordert die buchstabengetreue Befolgung (»tut nichts, was man euch nicht erklärt hat«[15]) sorgsam ausgefeilter Empfehlungen für eindeutige, genau festgelegte Ziele und Methoden sowie komplexe Tabellen mit Tagen und Minuten der Wartezeit.

Demnach müssen also normale Eltern hervorragende Pädagogen sein, die innerhalb von zwei Tagen mir nichts, dir nichts ihren Kindern eine sehr seltsame und schwierige Form des Schlafens beibringen. Warum nutzen Sie nicht die gleichen

Methoden weiter, um Ihrem Kind klassischen Tanz, Atomphysik oder slawische Philologie beizubringen? Dann wird Ihr Kind ein Genie!

Wäre das genaue Gegenteil nicht logischer? Müsste nicht große Mühe aufgewendet werden, um ein Kind von seinen instinktiven Verhaltensweisen abzubringen, und würde es nicht bei jeder kleinsten Gelegenheit zu ihnen zurückkehren? In der Tat, genau das ist es, was passiert! Nur mit Mühe und konsequenter Vorgehensweise kann man ein Kind dazu bewegen, alleine zu schlafen, denn das widerspricht seiner angeborenen Neigung. Aber bei der kleinsten Gelegenheit wird es wieder nach seinen Eltern rufen, denn das ist das Normale.

c) Das klassische Beispiel der operanten Konditionierung ist die Ratte, die jedes Mal, wenn sie einen Hebel betätigt, Nahrung (positive Verstärkung) bekommt. Für diejenigen, die an die »erlernten falschen Gewohnheiten« glauben, entspricht Aufwachen und nach den Eltern rufen der Betätigung des Hebels und das darauf folgende Erscheinen der Eltern der Verstärkung. Aber wenn die Ratte den Hebel das erste Mal betätigt, tut sie dies zufällig, denn sie weiß nicht, wozu er dient. Haben Sie den Eindruck, dass das Kind zufällig aufwacht und zufällig weint, so wie die Ratte, während sie im Käfig herumläuft, zufällig und ungewollt auf einen Hebel tritt? Oder zeigen Kinder nicht vielmehr von Geburt an eine starke Neigung, nach ihrer Mutter zu rufen? Die Mutter zu rufen, ist keineswegs ein erlerntes Verhalten, sondern ein angeborenes.

Auf der anderen Seite betätigt die Ratte nur den Hebel, wenn man ihr daraufhin Futter gibt und wenn sie Hunger hat. Wenn statt des Futters Goldkörner herauskommen, sobald die Ratte den Hebel betätigt, dann nimmt sie nicht die Mühe auf sich. Als Verstärkung dient nur das, was ein Bedürfnis der Ratte befriedigt. Wir Menschen arbeiten für Geld, weil wir wissen, dass man mit dem Geld Essen kauft. So etwas Kompliziertes versteht die Ratte nicht, darum arbeitet sie nur für Nahrung. Wer glaubt, dass die Anwesenheit der Mutter als positive Verstärkung wirkt, gibt implizit zu, dass diese Anwesenheit für das Baby ebenso wichtig ist wie die Nahrung für die Ratte.

Also ist die glänzende Idee »Eilen Sie nicht herbei, wenn das Baby weint, und dann wird es aufhören zu weinen« gleichzusetzen mit »Geben Sie der Ratte kein Futter, wenn sie den Hebel betätigt, und dann wird sie aufhören, ihn zu betätigen«. Das Problem ist, dass die Ratte verhungert, wenn man ihr kein Futter gibt. Und was passiert mit den Kindern, wenn man sich nicht um sie kümmert?

Einige Eltern wollen ihr Kind nicht weinen lassen, aber auch nicht mit ihm das Bett teilen, oder es gefiele ihnen, wenn das Kind jetzt schon aufhörte, bei ihnen zu schlafen. Wenn das bei Ihnen der Fall ist, wird es Sie interessieren zu erfahren, dass man Methoden vorgeschlagen hat, Kinder »das Schlafen zu lehren«, ohne sie weinen zu lassen.[63] Natürlich bewirken diese Methoden keine Wunder, sondern erfordern Zeit und Geduld. Aber denken Sie daran, dass Sie Ihrem Kind nichts beibringen, was es selbst braucht, sondern eine Fähigkeit, die Ihnen nützt, wenn es sie erwirbt. Sie tun ihrem Kind keinen Gefallen, sondern bitten es um einen Gefallen. Wenn es Ihnen diesen Gefallen tut, müssen Sie ihm dankbar sein. Und wenn nicht, dann tragen Sie es mit Geduld; das Kind ist zu nichts verpflichtet.

Eine Gewohnheit, die schwer zu brechen ist

Der Mensch gewöhnt sich an alles.
Almeda Garret, *»Vijajes por mi tierra«*

In der oben zitierten Studie[47] scheint die Nutzung des Familienbettes mit dem Alter zuzunehmen:

Drei Prozent der Kinder unter 15 Monaten schlafen bei ihren Eltern, während neun Prozent der Kinder zwischen 15 und 36 Monaten dies tun. Die Autoren schließen daraus:

> [...] dass das Schlafen bei den Eltern eine Gewohnheit ist und die Änderung oder Beseitigung einer Gewohnheit langfristig schwierig ist.

So müsste es wohl tatsächlich sein, wenn es sich um eine Gewohnheit oder ein erlerntes Verhalten handelte: Je häufiger das

Verhalten verstärkt wurde, desto häufiger kehrt man dazu zurück und desto schwerer ist es, dieses Verhalten zum Verschwinden zu bringen. So ist es bei anderen Gewohnheiten und erlernten Verhaltensweisen. Ein vierjähriges Mädchen wird viel leichter das Zähneputzen vergessen als eine Frau im Alter von 40 Jahren. Es ist viel leichter, mit dem Rauchen oder Trinken aufzuhören, wenn man es nur einige Monate ausprobiert hat, als wenn man schon jahrelang daran gewöhnt ist. Alte Menschen pflegen in ihren Gewohnheiten besonders heikel zu sein, und jegliche Veränderung stört oder verwirrt sie. Wir erinnern uns an das Zusammenzählen und Malnehmen aus unserer Schulzeit genauestens, weil wir es so oft üben mussten. Aber viele Erwachsene werden Schwierigkeiten haben, eine Quadratwurzel aus einer Zahl zu ziehen, weil das etwas ist, was wir seit unserem 15. Lebensjahr nicht mehr gemacht haben.

Wenn ein Baby, das nur ein einziges Mal im Elternbett schläft, schon diese verderbliche Gewohnheit annimmt, wird es nach drei Monaten im Elternbett ein hartnäckiger Missetäter sein, und wenn es drei Jahre alt ist, ein unrettbarer Sünder.

Aber in der Medizin beweist man die Dinge nicht mit Argumenten, sondern mit Studien. Um zu bestätigen, dass »das Aufgeben einer Gewohnheit langfristig schwierig ist«, müssen wir diese Kinder langfristig beobachten und feststellen, ob sie die Gewohnheit abgelegt haben oder nicht. Die Studie von Curell und Mitarbeitern umfasst nur die Zeit bis zum dritten Lebensjahr, was danach passiert, ist unbekannt.

Andere Forscher[64], die auch nicht zögern, das Schlafen im Familienbett als »schlechte Angewohnheit« zu bezeichnen, haben in einer ländlichen Gegend Kataloniens ganz andere Ergebnisse vorgefunden: Bei ihren Eltern schliefen regelmäßig 51 Prozent der Kinder zwischen fünf und zwölf Monaten; zwischen 13 Monaten und drei Jahren taten dies 31 Prozent und scheinbar null Prozent der Kinder zwischen drei und sieben Jahren (zumindest finden sie keine Erwähnung). In Nordamerika stellten Rosenfeld und Mitarbeiter[65] auch fest, dass bis zum zehnten Lebensjahr die Häufigkeit des gemeinsamen Schlafens abnimmt.

Das bedeutet, dass die »Gewohnheit« nicht nur nicht schwer zu brechen ist, sondern sogar ganz von selbst verschwindet. Obwohl die Eltern weiterhin das Verhalten des Kindes verstärken (indem sie es in ihrem Bett schlafen lassen oder herbeieilen, wenn es weint), ist das »Erlernte« weit entfernt davon, verstärkt zu werden, und lässt immer mehr nach, bis es vergessen wird, und die Kinder weinen immer seltener in der Nacht und sind immer häufiger bereit, alleine zu schlafen.

Es wird ein Alter kommen, in dem Ihr Kind um keinen Preis bei Ihnen schlafen will. Es wird ein Alter kommen, in dem es nicht einmal das Zimmer mit seinen Geschwistern teilen will (und wenn kein weiteres Zimmer zur Verfügung steht, ist der Konflikt vorprogrammiert). Diese Tatsachen sind mit der Theorie des Lernens unvereinbar und beweisen, dass nachts weinend aufzuwachen und die Gesellschaft der Eltern zu suchen keine durch Verstärkungen erlernten Verhaltensweisen sind, sondern angeborene Verhaltensweisen, die einer bestimmten Altersstufe eigen sind und zur rechten Zeit von selbst verschwinden.

Nebenbei: Wenn »Gewohnheiten wirklich so schwer zu brechen« wären, warum empfehlen dann dieselben, welche die Gewohnheit, bei der Mutter zu schlafen, vermeiden wollen, ohne zu zögern andere alternative Gewohnheiten? Zum Beispiel:

Einer der beiden [Elternteile] wählt eine Puppe aus, die dem Kind schon gehört, und gibt ihr einen Namen, sagen wir mal Benni. Die Puppe wird dem Kind mit den Worten gegeben: »Von heute an wird dein Freund Benni immer bei dir schlafen.«[15]

Finden Sie das normal, dass der Freund eines Kindes kein Mensch, sondern eine Puppe sein soll? Und sie soll nicht nur ein Freund sein, sondern sein bester Freund, denn die anderen Freunde (seine Eltern) verlassen es, aber Benni nicht.

Aber zurück zum Thema: Macht sich denn keiner Sorgen, dass sich das Kind daran gewöhnt, bei Benni zu schlafen? Es wurde ganz klar gesagt: »Er wird immer bei dir schlafen.« Werden die Nachbarn und Verwandten nicht anfangen, Kritik zu üben? »Wenn er zum Militärdienst eingezogen wird, muss er seine Puppe mitnehmen.« »Er wird heiraten, und in der Hochzeitsnacht werden sie die Puppe mitten ins Bett legen müssen.« Nein, natürlich sagt keiner solchen Unsinn.

Wir sind uns alle einig, dass das Kind einige Zeit mit der Puppe schlafen wird, solange es sie braucht, und dann damit aufhören wird – ungefähr die gleiche Zeit, die das Kind das Bedürfnis hat, bei der Mutter zu schlafen; die Puppe ist nur ein trauriger und kalter Ersatz für die Mutter. Wenn Sie aber den Mut hatten, den sozialen Vorurteilen die Stirn zu bieten und Ihr Kind ins Elternbett zu nehmen, werden Sie mit Sicherheit Dutzende dummer Kommentare gehört haben!

Es alleine lassen, wenn es noch wach ist

Anscheinend ist es verboten, ein Kind einschlafen zu lassen, während man es im Arm hält oder in der Wiege schaukelt, ihm ein Wiegenlied vorsingt oder Gesellschaft leistet, bis es schläft. Die fanatischen Anhänger dieses Mythos gehen so weit zu fordern, dass man, falls das Kind zufällig einmal außerhalb seiner Wiege einschlafen sollte (wessen Kind ist noch nie nach einem Ausflug auf dem Rückweg im Auto eingeschlafen?), das Kind wecken solle, um es wach in die Wiege zu legen.

Diesen Mythos rechtfertigt man mit dem Glauben, dass das Kind im Moment des Einschlafens mit allem, was es umgibt, eine wundersame Verbindung eingeht. Wenn es nachts aufwacht und nicht genau das Gleiche sieht wie im Augenblick des Einschlafens, dann wird es in Panik geraten und anfangen zu schreien:

> *Das Kind muss den Schlaf mit einer Reihe äußerer Dinge verbinden, welche die ganze Nacht bei ihm bleiben: Wiege, Teddy etc.*[15]

Das heißt, man meint, das nächtliche Rufen nach der Mutter sei ein Verhalten, welches rein mechanisch erlernt wurde, und dass das Kind sie nur rufe, weil es sie im Augenblick des Einschlafens sah. Ein Teddy hat genau die gleiche Wirkung, mit dem Vorteil, dass er im Gegensatz zur Mutter die ganze Nacht anwesend sein kann, um das Kind zu beruhigen. (Wieso kann die Mutter das nicht? Weil es ihr lästig ist, das Kind die ganze Nacht zu ertragen, während das dem Teddy egal ist. Und wenn es einer Mutter nicht lästig, sondern angenehm ist, bei ihrem Kind zu sein? Das ist unerheblich – sie soll dem Experten gehorchen, und damit basta!)

Sonderbarerweise werden unter diesen »äußeren Dingen« oft ein Mobile an der Decke und ein Poster an der Wand genannt. Wenn das Kind mitten in der Nacht in vollständiger Dunkelheit aufwacht, kann es solche Objekte nicht sehen (und müsste daher, entsprechend der Theorie, anfangen zu weinen, bis jemand das Licht anmacht), aber dieses kleine Detail scheint die Überzeugung der Gläubigen nicht im Geringsten zu beeinträchtigen. Was soll man da von dem Baby sagen, das an einem Sommerabend, wenn es noch hell ist, einschläft und inmitten dunkler Nacht aufwacht? Oder über das, welches, vom Geräusch der Unterhaltungen und Fernsehprogramme aus der eigenen oder aus der Nachbarwohnung eingelullt, einschläft und nachts in absoluter Stille erwacht? Wieso gibt es äußere Dinge, deren Verschwinden das Kind nicht im Geringsten zu stören scheinen? Gibt es womöglich Rangstufen, dass ihm einige Dinge wichtiger sind als andere?

Machen wir ein Experiment. Heute Nacht, liebe Mama, legen Sie sich mit Ihrem einjährigen Kind und einer Puppe ins Bett. Vereinbaren Sie mit Ihrem Mann, dass er um ein Uhr früh mit aller Vorsicht hereinkommt, die Puppe mitnimmt und anderswo schlafen geht. Morgen Nacht machen Sie es umgekehrt: Um ein Uhr früh weckt Ihr Mann Sie auf, Sie gehen gemeinsam aus dem Zimmer und lassen das Kind mit der Puppe zurück. Glauben Sie, dass das Kind in beiden Situationen gleich reagiert? Natürlich nicht! Wenn man ihm die Puppe wegnimmt, wird das Kind sich nicht aus der Fassung bringen lassen. (Es sei denn, die Puppe wäre gerade DIE PUPPE, die manche Kinder den ganzen Tag überall herumschleifen, das, was die Psychologen Übergangsobjekt nennen. Das ist weiter nichts als ein Mutterersatz. Kinder, die auf den Arm genommen werden und bei der Mutter schlafen, besitzen und brauchen überhaupt kein Übergangsobjekt.)

Was das Kind nachts verlangt, ist nicht »das Letzte, was es sah«, denn es ist kein »das«, sondern ein Mensch. Und es ist nicht irgendein Mensch. Wenn Ihr Kind auf dem Arm eines Unbekannten eingeschlafen ist und mitten in der Nacht aufwacht, nach wem wird es rufen, nach dem Unbekannten oder nach seiner Mutter?

Gibt es irgendeinen Beweis dafür, dass Kinder häufiger aufwachen, wenn ihre Eltern im Augenblick des Einschlafens anwesend waren? Die einzigen wissenschaftlichen Studien, die durchgeführt wurden, um die Richtigkeit dieser Aussage zu überprüfen, sind die von Adair und Mitarbeitern in Nordamerika. In der ersten Studie[66] beobachteten sie, dass jedes dritte Kind von neun Monaten in Anwesenheit eines Elternteils einzuschlafen pflegt. In der Woche vor der Erhebung waren diejenigen, die alleine einschliefen, dreimal aufgewacht, und diejenigen, die zum Einschlafen Gesellschaft brauchten, sechsmal. Die Autoren vermuteten einen kausalen Zusammenhang (das Einschlafen in Gesellschaft ließ sie aufwachen). Aber es lassen sich leicht andere Erklärungen finden.

Zum Beispiel wäre es möglich – da Kinderärzte und Elternratgeber besonders in den angelsächsischen Ländern schon seit vielen Jahren empfehlen, das Kind wach in der Wiege zu lassen – dass die Eltern, die sich an solchen Rat nicht halten, auch in anderen Aspekten ihre Kinder auf andere Weise erziehen. Oder dass diese Eltern sich vielleicht gerade deshalb verpflichtet fühlen, ihren Kindern Gesellschaft zu leisten, weil sie so wenig schlafen. Oder möglicherweise handelt es sich um Eltern, die stärker auf die Bedürfnisse ihrer Kinder eingehen und deshalb auch häufiger aufstehen, wenn sie diese weinen hören. (In dieser Studie bedeutete »nächtliches Aufwachen«, dass die Eltern aufstehen mussten, um das Baby zu beruhigen. Man zählte nicht, wie oft das Kind aufwachte, ohne dass sich jemand darum kümmerte.)

In einer zweiten Studie[67] übergaben die gleichen Autoren mehreren Eltern von Kindern im Alter von vier Monaten ein Merkblatt mit dem Hinweis, das Kind immer wach in der Wiege zu lassen, sogar so weit zu gehen, es aufzuwecken, falls es zufällig irgendwo eingeschlafen wäre. Als die Kinder neun Monate alt waren, legte man den Eltern erneut den Fragebogen der ersten Studie vor. Die Kinder der ersten Studie dienten als Kontrollgruppe. Die Anzahl der Eltern, die beim Einschlafen ihres Kindes anwesend waren, hatte sich von 33 auf 21 Prozent verringert. Pro Woche wachten die Kinder durchschnittlich statt 3,9 nur noch 2,5 Mal auf, und die Zahl der Kinder, die pro Woche siebenmal oder häufiger aufwachten, sank von 27 auf 14 Prozent. Innerhalb der experimentellen Gruppe wachten die Kinder, die alleine schliefen, 1,6 Mal pro Woche auf, wohingegen diejenigen, die in Gesellschaft einschliefen, sechsmal pro Woche aufwachten.

Die Autoren schließen daraus, dass ihre Methode höchst wirkungsvoll ist, erklären aber nicht, wie ein Eingriff, der das Verhalten von nur zwölf Prozent der Eltern änderte, »so« wirkungsvoll sein konnte, dass dadurch 13 Prozent der Kinder besser schliefen (das ist ja, als würde man sagen, »dieses Antibiotikum ist so wirksam, dass zwölf es einnahmen und 13 geheilt wurden«).

Es überrascht auch, dass die Kinder, die alleine einschliefen, in der ersten Gruppe dreimal aufwachten und in der zweiten Gruppe 1,6 Mal, beinahe nur halb so häufig. Warum gibt es diesen großen Unterschied, wenn man davon ausgeht, dass alle das Gleiche tun? Entweder schwankt die Häufigkeit das Aufwachens bei Kindern so sehr, dass die Veränderung rein zufällig ist und ihr keine Bedeutung zukommt (falls das so ist – welchen Wert hat dann der Rest der Studie?), oder diese Eltern tun etwas, was sie früher nicht taten.

Aus Wissbegierde schrieb ich den Autoren und bat um das Merkblatt, das den Eltern der experimentellen Gruppe überreicht worden war. Es zeigte sich, dass darin zusätzlich zu der Empfehlung, das Kind wach in die Wiege zu legen, darauf hingewiesen wurde, falls das Kind nachts aufwache, sollten die Eltern, ehe sie hinzueilen, »einige Minuten warten«, für den Fall, dass es alleine wieder einschläft (Robin H. Adair, persönliche Kommunikation, 1992).

Es ist zu vermuten, dass einige Eltern beide Ratschläge zugleich befolgten und andere keinen von beiden. Die Eltern, die dem Säugling beim Einschlafen Gesellschaft leisten, eilen sofort herbei, wenn er aufwacht. Die Eltern, die das Baby alleine einschlafen lassen, legen sich auf die faule Haut und gehen nicht hin, wenn es weint. Da nur das als Aufwachen gezählt wurde, wenn sich die Eltern einfanden, verfälscht diese Anweisung die Ergebnisse, indem sie eine falsche Verbindung zwischen »das Kind wach in der Wiege lassen« und »sich nicht darum kümmern« herstellt.

Die Kinder, das Bett und der Sex

Man sagt, ein Baby im Zimmer beeinträchtige das Sexualleben des Paares. Aber das ist nicht so. Wenn Babys schlafen, dann schlafen sie fest; und selbst wenn das Baby im Elternbett schläft, kann man es, wenn es erst einmal eingeschlafen ist, herausnehmen und eine Weile in seiner Wiege lassen. Sicher kann es plötzlich aufwachen, aber das kann auch passieren, wenn es in einem anderen

Zimmer schläft, und wenn dann keiner schnell herbeieilt, kann es innerhalb von zwei Minuten herzzerreißend weinen. Außerdem hat der Tag viele Stunden und das Haus viele Zimmer. Wenn Sie keinen Weg finden, Ihre sexuelle Beziehung aufrechtzuerhalten, dann schieben Sie die Schuld nicht dem Kind in die Schuhe.

Eine extreme Version dieser Legende gibt vor, die Mutter lege das Baby zum Schutz vor ihrem Ehemann ins Bett:

> *Wenn es Spannungen zwischen den Eltern gibt, kann ein ins Ehebett geholtes Kind dazu dienen, die Konfrontation und sexuelle Intimität zu vermeiden [...] statt ihrem Kind zu helfen, benutzt sie es, um sich ihren eigenen Problemen nicht stellen und sie nicht lösen zu müssen.*[17]

So eine Äußerung empfinde ich als beleidigend. Selbstverständlich mag es Ehen mit Problemen geben, aber wieso kommt das einigen Miesmachern immer als Erstes in den Sinn, wenn sie ein Kind im Elternbett sehen? Warum kehrt keiner die Aussage um? (»Wenn es Spannungen zwischen Mutter und Kind gibt, kann ein ins Bett geholter Ehemann dazu dienen, die Konfrontation und den engen Kontakt des Stillens zu vermeiden [...] statt ihrem Mann zu helfen, benutzt sie ihn, um sich ihren eigenen Problemen nicht stellen und sie nicht lösen zu müssen.«)

Die Äußerung ist eine Beleidigung der Mutter (sie wird angeklagt, ihren Mann nicht zu lieben, nur weil sie ihr Kind liebt) und eine Beleidigung des Vaters. Um »sexuelle Intimität zu vermeiden«, reicht bei einem normalen Ehemann ein »ich habe Kopfschmerzen«. Wenn ihr Mann so ein Grobian ist, dass er auf diese Absage keine Rücksicht nimmt, würde er sich dann etwa wegen der Anwesenheit eines kleinen Säuglings zurückhalten? Und wenn die Anwesenheit des Babys das Einzige ist, was verhindert, dass eine Frau von ihrem eigenen Ehemann vergewaltigt wird, welches Recht haben wir dann, ihr diesen letzten und verzweifelten Schutz zu nehmen?

Weinen als Therapie

> *Er sah seine ehrenwerte Gattin mit einem Ausdruck großer Befriedigung an und bat sie schmeichelnd, so viel wie möglich zu weinen, da die Ärzte dies als sehr gesunde Übung ansehen. »Weinen öffnet die Lungen, wäscht das Antlitz, trainiert die Augen und macht einen sanften Charakter«, sagte Mr. Bumble. »Darum weine.«*
> Charles Dickens, »Oliver Twist«

> *Schreien ist eine sehr gesunde Übung, die eine ausgezeichnete Belüftung der Lungen bewirkt.*
> Stirnimann[33]

Und die Lungenfachärzte haben es immer noch nicht erfahren! Demnach wird sich das Weinen als beste Behandlungsmethode bei chronischer Bronchitis und Asthma erweisen.

Aber ich wollte jetzt nicht über das Weinen und die Lungen sprechen – ein so großartiges Thema, dass sich 100 Jahre, bevor Stirnimann es wieder ernsthaft aufgriff, bereits Charles Dickens darüber lustig machte – sondern über eine neue, noch hinterhältigere Theorie.

Die Ärztin Aletha Solter empfiehlt, Kinder liebevoll und respektvoll zu behandeln, sie oft in den Arm zu nehmen, mit ihnen das Bett zu teilen und sie zu stillen. Viele Mütter, die eine solche Haltung haben, genießen ihre Bücher. Aber wenn es um das Weinen geht, stellt sie einige mehr als zweifelhafte Behauptungen auf. Erstens weist sie den Tränen eine seltsame Ausscheidungsfunktion zu, als wären sie eine Ergänzung der Nieren[68]:

> *Untersuchungen haben gezeigt, dass Menschen jeden Alters von einem »gründlichen Weinen« profitieren und dass die Tränen helfen, das chemische Gleichgewicht des stressgeplagten Körpers wieder herzustellen. [...]*

Na klar, wenn das Weinen gut ist, muss man das Kind weinen lassen.

> *Aber wenn das Baby verdrießlich oder »nörglerisch« bleibt, nachdem wir seine Grundbedürfnisse befriedigt haben, dann sollten wir es zärtlich auf dem Arm halten und erlauben, dass es weiterweint.*

Ich könnte diesem Satz zustimmen, wenn man wirklich die Bedürfnisse des Kindes gestillt hätte (und nicht nur seine Grundbedürfnisse). Es stimmt, manchmal wissen wir nicht, was mit einem Kind los ist, wir haben alles versucht und konnten es doch nicht trösten, und in solchen Fällen ist das Beste, was wir noch tun können, das Kind auf den Arm zu nehmen, ihm unsere Liebe zu geben und ihm Gesellschaft zu leisten. Das Problem besteht darin, dass Solter scheinbar dagegen ist, weinende Kinder zu trösten:

> *Es ist sehr wahrscheinlich, dass unsere Eltern, als wir Babys waren, ständig versucht haben, unser Weinen aufzuhalten. Vielleicht gaben sie uns einen Schnuller oder Süßigkeiten, oder sie wiegten uns jedes Mal, wenn wir weinten, weil sie glaubten, dass wir dies brauchten.*

Sie ist der Meinung, Kinder einzuwiegen, sie zu liebkosen, nach Bedarf zu stillen, abzulenken oder zu kitzeln, seien repressive Kunstgriffe, die sie am Weinen hindern und ihnen darum schaden. Einige Mütter, die von dieser Theorie verführt wurden, versuchen nicht mehr, ihr Kind zu trösten. Und wenn dieses logischerweise mehr denn je weint, dann will Solter sie glauben machen, das sei ein gutes Zeichen:

Endlich weint es das unterdrückte Weinen, das es nicht zum Ausdruck bringen konnte, weil man es durch ein Übermaß an Zärtlichkeiten daran gehindert hatte.

Nein, an diese Theorie glaube ich nicht! Das ist nur dasselbe in Grün. Man lässt das Kind weinen, aber mit einer anderen theoretischen Begründung, die genauso absurd ist wie die der Lungenerweiterung. Solter spricht dem Kind jegliche Entscheidungsfähigkeit ab: Wenn die Mutter meint, das Kind habe Hunger, dann gibt sie ihm die Brust, weil es ein Bedürfnis hat. Aber wenn sie meint, es habe keinen Hunger, dann entscheidet sie, dass das Baby das Bedürfnis hat zu weinen. Und wie soll sie entscheiden, ob das Kind Hunger hat oder nicht, ob es das Bedürfnis nach der Brust oder das Bedürfnis zu weinen hat?

Solter sieht voraus, dass die Mutter keine objektiven Kriterien besitzt, um das zu entscheiden, darum schlägt sie die Rückkehr zu starren Zeitplänen vor: Wenn das Kind außerhalb der Stillzeit weint, »kann« es kein Hunger sein. Die Uhr kennt die Bedürfnisse des Säuglings besser als der Betroffene selbst! Sie schlägt uns vor, unseren Kindern zu sagen: »Ich weiß, wenn ich dich wiege oder streichle, dir die Brust oder den Schnuller gebe, dann wirst du aufhören zu weinen. Aber ich denke nicht daran, das zu tun, denn ich will, dass du weinst. Ich werde dir immer anbieten, auf meinem Arm still zu sein, obwohl du mich um etwas anderes bittest.« Mir scheint das eine absurde Grausamkeit zu sein.

Ich glaube, Kinder wie Erwachsene weinen, um sich mitzuteilen, um Hilfe zu erbitten. Wenn wir alleine sind, weinen oder lächeln wir normalerweise still vor uns hin. Wir weinen laut oder lachen schallend, wenn wir in Begleitung sind, wenn uns jemand hören kann. Kinder weinen, damit wir etwas tun, nicht damit wir sie gleichgültig ansehen. Und wenn wir uns nach dem Weinen besser fühlen, dann liegt das nicht daran, dass wir toxische Substanzen ausgeschieden hätten, sondern weil das Weinen bei den anderen eine Reaktion hervorgerufen hat, weil sie uns getröstet und sich um uns gekümmert haben.[5]

Die Familie, eine Gemeinschaft mit Grenzen

> *Denn es ist geradezu ein Instinkt des Menschengeschlechts, dass sie etwas um so mehr wollen, je mehr es verboten ist.*
> Torquato Tasso, *»Jerusalem liberada«*

Kindern Grenzen zu setzen, ist eine andere Mode in der Erziehung. Man schreibt ganze Bücher, die sich dieser neuen Wissenschaft widmen[69]. Natürlich setzt man die Grenzen zum Wohl des Kindes:

> Die Grenzen sind Hilfsmittel, wichtige Eckpfeiler, um den Spielraum zu begrenzen, damit sich das Kind darin sicher und beschützt bewegen kann.[69]

Natürlich ist es wichtig, den Kindern Grenzen zu setzen, denn sonst hätten sie keine Grenzen. Stellen Sie sich vor, welch schreckliche Situation! Ein Kind ohne Grenzen würde all seinen Freunden die Augen auskratzen, innerhalb von fünf Minuten 200 Bonbons essen und sich vom Balkon stürzen. Ein Kind ohne Grenzen wäre so furchtbar, so schaurig, so widerwärtig, dass... Wie kommt es eigentlich, dass wir noch nie eines gesehen haben? Wie wäre ein Kind ohne Grenzen?

Ein Mädchen ohne Grenzen

Marta ist vergnügt im Bett. Aber Mama hat sie gerufen, und sie muss aufstehen. Warum könnte sie nicht noch eine halbe Stunde länger liegen bleiben? Oder besser, nicht zur Schule gehen? Es müssten immer Ferien sein, sie würde jeden Tag zum Strand gehen oder mit dem Rad fahren. Oder besser, reiten. Wenn sie ein Pferd hätte, gäbe sie ihm Zucker und Möhren, würde alleine ausreiten und neue Länder entdecken. Na ja, alleine nicht – mit Isabel, die ist acht...

Ein Schrei der Mutter weckt sie aus ihrer Tagträumerei. Ja, ich stehe schon auf... Wie langweilig, sich waschen zu müssen, wo das Wasser doch so kalt ist! Und diese Seife riecht grässlich. Bei Isabel zu Hause haben sie eine ganz tolle Duftseife. Dies Kleid gefällt mir überhaupt nicht. Und die Reebok®-Sportschuhe, welche Schande, wo doch alle Mädchen in meiner Klasse Nike®-Sportschuhe tragen. Aber Papa besteht hartnäckig darauf, dass ich mir keine neuen Sportschuhe kaufe, ehe diese kaputt sind ...

Seit langem verzichtet Marta schon darauf, um mehr Kakao in der Milch zu bitten; es gibt keinen Weg, Mama klar zu machen, dass die Milch ganz dunkel werden muss. Runde Kekse? Die guten sind viereckig. Zähne putzen nach dem Frühstück? Aber Mama, meine Freundinnen putzen sich die Zähne nur vor dem Schlafengehen! Gut, das geht schon ... Die Zahnpasta ist scharf; gibt es denn nie Erdbeerzahncreme?

Man muss die Schultasche mit den Büchern tragen. Man muss zur Schule laufen. Mama will nicht mit dem Auto fahren, weil sie sagt, für 200 Meter holt sie das Auto nicht aus der Garage. Marta bleibt stehen, um ins Schaufenster des Spielzeugladens zu sehen, bittet um eine elektrische Eisenbahn, »Wünsche sie dir zu Weihnachten« – Zerren am Arm. Sie verweilt, um auf der Bordsteinkante zu balancieren – Zerren am Arm. Sie kickt mit einem Stein – Zerren am Arm. Sie hält inne, um einem Hund zuzusehen, der an eine Mauer pinkelt – Zerren am Arm. Sie tritt in eine Pfütze – Zerren und Schimpfen.

Die Schule ist ein Schmarren! Du darfst nicht aufstehen, wann du willst, du darfst nicht neben Isabel sitzen, du darfst nicht reden, du darfst nicht lachen, du musst die Lehrerin ansehen, du musst der Lehrerin zuhören. Gib die Hausaufgaben ab, öffne das Buch, hole ein Papier heraus, Diktat, sitze mit geradem Rücken, siehst du nicht, dass du den Bleistift anspitzen musst? Macht die Übungen auf Seite 30, zeichnet eine Kuh, für morgen den Rest von Seite 42. Mal sehen, Marta sage mir das Einmaldrei auf ... seit wann ist drei mal sechs 19? Mal sehen, gibt es jemanden, der Marta sagen kann, wie viel drei mal sechs ist? Isabel sagt, sie ist nicht mehr deine Freundin, weil sie gesehen hat, dass du mit Sonja gespielt hast. Dann sage Isabel, dass sie dumm ist, dass ich spiele, mit wem ich will. Mal sehen, was haben diese Mädchen so Wichtiges zu besprechen, dass es nicht bis zum Ende des Unterrichts warten kann? Warum sagen sie es nicht laut, damit wir es alle erfahren?

Wieder Erbsen zu Mittag! Und diese Zicke Isabel will nicht bei mir sitzen. Schau, wie sie mit Anna spricht, nur um mich zu ärgern! Igitt, Fisch!

Die Rückkehr nach Hause könnte nicht entmutigender sein! Zerren am Arm vor dem Bäcker (»Es gibt kein Schokocroissant!«), vor dem Spielzeuggeschäft (»Es gibt keine elektrische Eisenbahn!«), vor dem Computerladen (»Es gibt kein neues Spiel!«), vor dem Zeitungskiosk (»Es gibt kein Kaugummi!«). »Jetzt reicht es aber, Marta! Heute gehst du mir richtig auf die Nerven!« (Ja, heute – und gestern – und jeden Tag.)

Man muss vor dem Spielen andere Schuhe anziehen. Man muss die Hausaufgaben erledigen, ehe man fernsieht. Man muss jetzt sofort aufhören fernzusehen, um zum Abendessen zu kommen, obwohl die Sendung gerade so interessant ist. Vor dem Abendessen muss man beim Tischdecken helfen. Vor dem Tischdecken muss man sich die Hände waschen. Ich habe dir schon 20 Mal gesagt, dass du dir die Hände waschen sollst! Schau doch mal deine Hände an! Oh, nein! Schon wieder Erbsen! Sie haben sich nicht einmal abgesprochen. Mama, gibt es Spiegeleier? Waaas? Fisch?

Gibt es Schokoladencreme? Zuerst musst du das Obst essen. Ich möchte kein Obst. Obst ist sehr gesund. Ich möchte nicht. Du musst eine Birne essen. Nein, keine Birne, gibt es keine Banane? Nein, Birne oder Apfel. Ich will nicht, ich möchte Cremespeise. Mädchen, widersprich deiner Mutter nicht! Bäääh!

Na gut, nimm die Cremespeise und sei still!

Halten Sie das Bild an. Rufen Sie die Polizei! Sehen Sie, was am Ende passiert? Marta hat sich durchgesetzt. Es hat genügt, ein bisschen zu flennen, damit die Mutter nach ihrer Pfeife tanzt. Marta ist die typische Tochter, die IMMER ihren Willen bekommt. Völlig verzogen. Und das alles, weil ihre Eltern ihr keine Grenzen zu setzen wussten. Sie geben ihr ALLES, worum sie bittet! Dieses Mädchen wird große Verhaltensprobleme haben:

> *Die Kinder, denen alle Wünsche erfüllt werden, pflegen sich tief traurig zu fühlen, da sie am Ende nie genug haben. Die Eltern, die ihre Kinder grenzenlos verwöhnen, bewirken nur, dass sich ihre Erwartungen immer höherschrauben.*[69]

Nein, erschrecken Sie nicht! Marta wird nichts Schlimmes passieren, weil sie »ihren Willen durchgesetzt hat«. Im Gegenteil, wahrscheinlich ist es eine für die Persönlichkeitsentwicklung der Kinder notwendige Erfahrung, von Zeit zu Zeit den Willen durchzusetzen, zu erleben, dass es Gelegenheiten gibt, bei denen sie nicht nur Spielball des Schicksals sind, sondern etwas tun, wünschen, erreichen und andere beeinflussen können. Denn wie alle Kinder gibt Marta nach und gehorcht Dutzende, Hunderte Male am Tag.

Als Marta ihre Cremespeise verlangt, lernt sie, ihren Standpunkt deutlich zu vertreten und Achtung zu fordern. In einigen Jahren wird sie das ohne Weinen und Geschrei tun können, und wenn sie erwachsen ist, werden wir sehen, dass diese Eigenschaften positiv sind. Ihre Mutter zeigt ihr, dass sie sie wirklich liebt, das heißt sie als Menschen schätzt und ihre Meinungen und Worte berücksichtigt. Durch ihr Beispiel lehrt Mama Marta nachzugeben. Um es rundum gut zu machen, hätte sie ihr auch noch zeigen können, wie man elegant nachgibt, und statt zu schreien »Na gut, nimm die Cremespeise und sei still!« hätte sie in ruhigem Ton sagen können: »Gut, wenn du lieber Cremespeise möchtest, dann eben Cremespeise.«

Sollten wir also unseren Kindern alles geben, was sie verlangen? Natürlich nicht. Aber nicht deshalb, weil sie das verziehen würde, sondern einfach, weil das unmöglich ist.

Es gibt keine Kinder ohne Grenzen. Physische Faktoren, die weder Eltern noch Kinder ändern können, setzen ohnehin schon beträchtliche Grenzen. Ihr Kind kann nicht fliegen, es gewinnt auch nicht immer, wenn es mit seinen Freunden spielt, noch kann es verhindern, dass der Regen einen Tag am Strand ruiniert.

Ein anderes Mal halten Sie es dazu an, einige Dinge zu tun, oder verbieten ihm, andere zu tun, und das aus mehr als berechtigten Gründen (oder zumindest scheinen sie Ihnen berechtigt, obwohl man in anderen Familien anderer Meinung sein kann). Man muss zur Schule gehen, man muss die Hausaufgaben machen, man muss zum Abendessen kommen, man muss sich die Hände waschen. Man darf nicht so viele Bonbons essen, du hast schon genug Eiscreme, wir haben nicht das Geld für einen Urlaub in Paris, die Videoanlage ist sehr teuer, es gefällt mir nicht, dass du so viele Stunden fernsiehst, mit dem Fahrrad kann man nicht durch die Stadt fahren, weil es dort viele Autos gibt, räume den Baukasten auf, denn wir wollen gleich die Großeltern besuchen, du musst duschen, sammle die schmutzige Wäsche ein, fass den Gashahn nicht an, wir können keinen Hund in einer Etagenwohnung halten ...

Wenn Grenzen wirklich für das Glück der Kinder und deren Charakter- und Persönlichkeitsbildung notwendig wären, dann haben zweifellos alle Kinder, arme und reiche, streng erzogene und »verhätschelte«, jeden Tag Hunderte von Gelegenheiten, in den Genuss dieser Grenzen zu kommen.

Apropos, warum setzen wir voraus, dass gerade Kinder Grenzen brauchen, um glücklich zu sein, sie genießen und ohne sie unglücklich sind? So sehr unterscheiden sich unsere Kinder von uns, als kämen sie von einem anderen Planeten, dass sie unter dem leiden, was wir genießen, und das genießen, worunter wir leiden?

Uns Erwachsenen geht es nämlich normalerweise umgekehrt: Grenzen machen uns unglücklich (die Liebe, die nicht erwidert wird, der Urlaub, den wir nicht nehmen können, das Auto, das wir nicht bezahlen können, die cholesterinfreie Diät, das zu kleine Haus, das Spiel, das unsere Mannschaft verliert ...), während die Dinge, die wir bekommen, und die Ziele, die wir erreichen, zu unserem Glück beitragen.

Was kann an der Vorstellung, dass fehlende Grenzen Kinder unglücklich machen, richtig sein?

Stellen wir uns einmal vor, der kleine Jonas schneidet an einem Donnerstag mehr oder weniger geschickt aus einer alten Zeitschrift Fotos aus. Papa sagt ihm, dass er es sehr gut macht, und als Mama von der Arbeit heimkommt, erklärt ihr Papa stolz in Anwesenheit des Jungen: »Schau, wie gut er das ausgeschnitten hat, wie genau er die Konturen nachgeschnitten hat. Unglaublich, wie geschickt dieses Kind mit seinen drei Jahren schon ist.« Ermutigt versucht Jonas am Samstag seine hervorragende Leistung zu wiederholen; aber welche Überraschung! Mama schreit ihn an: »Aber was tust du Unglückswurm denn da, machst die Zeitschriften kaputt! Jetzt habe ich aber genug von diesem Kind!«, und Papa schließt sich dem Tadel an: »Du bist ein böser Junge gewesen, heute Abend darfst du zur Strafe nicht fernsehen.«

Auf so etwas beziehen sich vermutlich diejenigen, die versichern, dass Kinder unglücklich sind, wenn sie keine klaren und

THEORIEN, DENEN ICH NICHT ZUSTIMME

festen Grenzen haben, wenn sie nicht in einem berechenbaren Umfeld leben. Natürlich kann ein Kind nicht sehr glücklich sein, wenn das, worauf man gestern mit Lob (oder Gleichgültigkeit) reagierte, heute Schreien und Strafen zur Folge hat.

Aber ist es die Inkonsequenz oder das Schreien, was das Kind unglücklich macht? Diese Eltern könnten nämlich auf zwei sehr verschiedene Arten konsequenter sein:
- ihn von jetzt an jedes Mal loben, wenn er aus Zeitschriften ausschneidet,
- ihn von jetzt an jedes Mal anschreien und bestrafen, wenn er aus Zeitschriften ausschneidet.

In beiden Fällen ist die Regel klar und die Folgen vorhersehbar. Nach gewissen Theorien müsste Jonas bei beiden Haltungen gleich glücklich sein. Aber wir bezweifeln das und vermuten, ihm wird die erste tausendmal lieber sein.

Wenn wir stattdessen Schreien und Strafen ausschließen, dann scheint Unbeständigkeit nicht so furchtbar. Wenn Jonas ausschneidet, bleibt den Eltern manchmal vor Staunen der Mund offen stehen. Wenn Jonas ausschneidet, sagen die Eltern manchmal keinen

Ton. Wenn Jonas ausschneidet, kommt es von Zeit zu Zeit vor, dass seine Eltern ihm freundlich und ohne zu schreien, sagen: »Komm, lass das Ausschneiden, es ist schon genug«, »nimm nicht die Schere, sonst tust du dir weh« oder »lass diese Zeitschrift, mach sie nicht kaputt.« Hier ist die Reaktion der Eltern unberechenbar und schwankt von sehr positiv bis mäßig negativ. Glauben Sie, Jonas wird deshalb unglücklich sein? Nein, meine ich, unsere Kinder sind weder so zerbrechlich noch sind wir Eltern so konsequent.

Die meisten von uns reagieren bei verschiedenen Gelegenheiten unterschiedlich, je nach Laune, augenblicklicher Sorge oder einfach aufs Geratewohl; und wir sind nicht nur inkonsequent bei der Behandlung unserer Kinder, sondern in vielen anderen Lebensbereichen. Die Fähigkeit, die Grenzen den Situationen anzupassen, nennt man Flexibilität, und es ist nützlich, unsere Kinder (durch unser Beispiel) auch diese Tugend zu lehren. Die Unfähigkeit, uns konsequent an die Grenzen zu halten, die wir gestern selbst festgelegt haben, nennt man menschliche Schwäche, und das Verständnis dafür ist eine Tugend, die unsere Kinder auch erwerben werden.

Selbst wenn jedoch die Grenzen fest, unveränderlich, klar, konsequent und vorhersehbar sind, wäre es möglich, dass unser Kind das nicht merkt. Es kann sein, dass sein Alter oder sein fehlendes Wissen es daran hindern, alle Aspekte der Situation zu berücksichtigen, und dass unsere logischen, begründeten, vernünftigen Antworten ihm chaotisch und absurd erscheinen. Wenn Sie dachten, die Eltern von Jonas seien wohl ein bisschen kopflos, dass sie von einem Tag zum andern so ihre Meinung ändern, dann sollen Sie wissen, dass sie es nicht sind, sondern völlig normale Eltern.

Aber einmal zerschneidet der kleine Jonas eine Zeitschrift, die zum Altpapier soll, ein andermal Hefte, die Mama sammelt. Einmal verwendet er eine Kinderschere, die weder spitz noch scharf ist, und ein andermal schnappt er sich wegen einer Unachtsamkeit die rasiermesserscharfe Nähschere, die in jedem Krimi als Mordwaffe dienen könnte. Manchmal schneidet er aus, wenn es Zeit zum Spielen ist, ein andermal fängt er damit an, wenn es Zeit zum Baden oder Abendessen ist. Manchmal macht er das im Korridor, ein andermal im Wohnzimmer, wobei er alles mit Papierschnipseln übersät und nebenbei dem persischen Teppich mit der Schere ein paar Schnitte verpasst. Da hatten die Eltern doch wohl

Recht, verschieden zu reagieren? Welchen Unterschied gibt es für das Kind zwischen konsequenten Grenzen und je nach Lust und Laune veränderlichen Grenzen, wenn es nicht in der Lage ist, sie zu begreifen?

Nein, ich bin nicht dafür, unseren Kindern keinerlei Grenzen zu setzen, aus dem einfachen Grund, weil das unmöglich ist. Was ich fordere, sind keine künstlichen und unnatürlichen Grenzen. Wenn unser Kind uns um etwas bittet, das seiner Gesundheit nicht schadet, die Umwelt nicht zerstört, das wir durchaus bezahlen können und die Zeit haben, es ihm zu geben ..., dann wollen wir es ihm nicht verbieten, nur »um ihm Grenzen zu setzen« oder »damit es sich daran gewöhnt zu gehorchen«.

Wenn wir ihm etwas verboten haben und sehen, dass seine Reaktion »unverhältnismäßig heftig« ist, könnte es nicht vielleicht daran liegen, dass wir die Umstände falsch bewertet haben, dass das, was wir ihm soeben untersagt haben, ihm viel wichtiger ist, als wir dachten? Dann wollen wir unsere Entscheidung im Lichte dieser neuen Erkenntnis noch einmal überdenken: Wird es wirklich an Lepra erkranken, wenn es nicht heute, sondern morgen badet? Geht die Welt unter, wenn wir, statt jetzt sofort spazieren zu gehen, erst warten, bis sein Lieblingstrickfilm zu Ende ist? Wird es erfrieren, wenn es den Mantel nicht anzieht?

Wenn wir trotz allem schließlich entscheiden, nicht nachzugeben, wenn es zur Schule muss, wenn es die Hausaufgaben fertig machen muss, wenn es den Fernseher jetzt sofort ausmachen muss, werden wir dann in der Lage sein, unsere Autorität einzusetzen, ohne überheblich zu werden? Unsere Anordnungen zu geben, ohne zu schreien oder zu schimpfen und die Frustration unseres Kindes zu ertragen und zu akzeptieren, dass es murrend gehorcht und nicht mit einem Lächeln auf den Lippen wie die braven Kinder in den Filmen? Man sagt, Napoleons Soldaten »murrten und folgten ihm immer«.[70] Nicht einmal er erreichte es, dass sie ihm ohne zu mucksen gehorchten.

Im Zusammenhang mit dem Setzen von Grenzen steht auch der verbreitete Glaube, kleine Kinder widmeten sich einer seltsamen und exklusiven Tätigkeit, die man als »Grenzen testen« kennt. Exklusiv, weil kein Erwachsener das tut, soweit man weiß.

Stellen Sie sich zum Beispiel vor, eine Ihrer Freundinnen besucht Sie eines Tages. »Oh, was für eine entzückende Vase!« Sie nimmt sie, bewundert sie, sie entgleitet ihr..., und schon ist die Vase (altes chinesisches Porzellan, ein Andenken an Ihre Großmutter) in Scherben. Warum hat Ihre Freundin das getan? Sie testet ihre Grenzen. Wenn Sie sie jetzt nicht sofort bestrafen, wird sie sich von nun an nur damit beschäftigen, alle Vasen zu zerbrechen, die sie sieht, und wahrscheinlich auch die Wände bemalen und den Gashahn aufdrehen, weil sie die Achtung vor Ihnen verloren hat.

Was für ein Quatsch! Sie hat sie ungewollt zerbrochen, es tut ihr unheimlich Leid, sie wird sich tausendmal entschuldigen, obwohl Sie ihr versichern, dass es nicht schlimm ist, und sie wird es jahrelang nicht mehr wagen, sich irgendeiner anderen Vase zu nähern.

Und wenn Ihrer Tochter die Vase zerbricht? Was veranlasst Sie zu denken, sie habe andere Motive?

Anders sind auf jeden Fall ihr Wissen und ihre Erfahrung. Ein zweijähriges Mädchen weiß noch nicht, dass Porzellan zerbricht und Plastik nicht; außerdem ist es körperlich nicht in der Lage stillzuhalten und ist mit den Händen weniger geschickt. Natürlich müssen Sie ihr allmählich mit Geduld zeigen, welche Dinge zum Spielen sind und welche nicht und wie man sorgfältig mit zerbrechlichen Gegenständen umgeht. Aber Ihre Tochter hat in keinem Moment gedacht: »Mal sehen, wie weit ich gehen kann. Ich werde eine Vase zerbrechen, und wenn ich damit durchkomme, umso besser.« Sie sind es, die unvorsichtig waren, indem Sie eine sehr wertvolle Vase in Reichweite eines zweijährigen Mädchens ließen. Wenn man kleine Kinder hat, verwahrt man alle wertvollen Gegenstände entweder weit oben oder unter Verschluss und holt sie nicht wieder hervor, ehe das jüngste »kultiviert« ist. Das ist eine gute Gelegenheit, all die scheußlichen Geschenke griffbereit zu haben, die man Ihnen im Laufe der Zeit gemacht hat und von denen Sie nicht wissen, wie Sie sich ihrer entledigen können.

Was können Sie tun, wenn Ihre Tochter gerade eine sehr wertvolle Vase zerbrochen hat? Wählen Sie eine der folgenden Alternativen:

a. Ein Klaps aufs Händchen.
b. Schau doch, was du gemacht hast! Ich habe dir schon 20 Mal gesagt, dass du aufpassen sollst! Ich habe die Nase voll von dir!

c. Zur Strafe nicht in den Park gehen.
d. Ich mochte diese Vase sehr gern, sie war viel Geld wert und war das einzige Andenken, das ich von meiner Großmutter hatte. Du bist schuld, dass ich jetzt sehr leiden muss, und ich hoffe, du freust dich darüber.
e. Du wirst wenigstens einen Teil der Vase bezahlen müssen, so dass du von heute bis Weihnachten nur jeweils die Hälfte vom Taschengeld bekommst.
f. Oh, wie schade, die Vase ist zerbrochen! Man muss sehr vorsichtig sein, Vasen sind nicht zum Spielen. Komm, jetzt müssen wir die Scherben mit dem Besen wegkehren.
g. Das macht nichts, es war ja nur eine alte Vase.

Achten Sie darauf, wenn Ihre Freundin, Ihre Nachbarin oder Ihre Schwägerin die Vase zerbrochen hat, dann besteht nicht der geringste Zweifel: Sie würden immer Alternative g wählen. Sie würden darauf beharren, sie ständig wiederholen, während die andere sich in überschwänglichen Entschuldigungen ergeht.

Nun gut, ich glaube, dass dies auch die angemessenste Alternative für Ihre achtjährige Tochter ist. Sie weiß genau, dass die Vase durchaus wichtig ist, dass man sich vorsehen muss, dass es Ihnen Kummer bereitet und dass Sie sich aus Höflichkeit nichts anmerken lassen. Sie ist traurig, beschämt und würde alles dafür geben, die Vase nicht zerbrochen zu haben. Sie braucht weder Vorwürfe noch Strafreden.

Die Alternative e. ist bei größeren Kindern sehr verbreitet, scheint mir aber ein wenig kleinlich. Von Ihrer Freundin würden Sie niemals Geld verlangen und es auch nicht annehmen, wenn sie es anböte, selbst wenn sie ein gutes Gehalt bezieht. Wie werden Sie dann Geld von Ihrer Tochter verlangen, die minderjährig ist und nicht einmal genug verdient, um sich Eis zu kaufen?

Wenn Ihre zweijährige Tochter die Vase zerbricht, kann Alternative g unangemessen sein. Sie könnte Sie beim Wort nehmen und wirklich glauben, es sei kein Unterschied, ob sie eine chinesische Vase zerbricht oder einen Luftballon zum Platzen bringt. In diesem Alter ist eine Antwort so ähnlich wie f respektvoll, verständnisvoll und informativ. Und den übrigen Zierrat heben Sie an einem sicheren Ort auf, denn ein so kleines Kind versteht die Dinge nicht immer auf Anhieb.

Das völlige Gewährenlassen: Angst vor der Freiheit

> *Ich halte mich nicht für permissiv
> [keinerlei Grenzen setzend].*
> Dr. Spock

Benjamin Spock ist der Autor von *Baby and Child Care* (Säuglings- und Kinderpflege), das in seiner spanischen Übersetzung *(Tu hijo)* das meistverkaufte (einige Dutzend Millionen Exemplare) und von seiner ersten Ausgabe im Jahre 1945 an das einflussreichste Buch über Kindererziehung ist. Dr. Spock engagierte sich auch politisch, trat gegen die nordamerikanische Invasion in Vietnam ein und sprach sich für die nukleare Abrüstung aus. Oft warf man ihm vor, permissiv zu sein, so häufig, dass er sich gezwungen sah, sich im Vorwort der Ausgabe von 1985[71] zu rechtfertigen:

> *Zum ersten Mal kam der Vorwurf 1968 auf ... 22 Jahre nach der Veröffentlichung des Buches, und zwar von verschiedenen hoch stehenden Persönlichkeiten, die mir wegen meines Widerstandes gegen den Vietnamkrieg energisch Vorhaltungen machten. Sie sagten, meine Ratschläge an die Eltern, ihren Babys und Kindern »unmittelbar Bedürfnisbefriedigung« zu gewähren, sei die Ursache dafür, dass so viele Jugendliche, die gegen den Vietnamkrieg waren, »verantwortungslos, undiszipliniert und unpatriotisch« gewesen seien. In diesem Buch ist von unmittelbarer Bedürfnisbefriedigung nicht die Rede.*

In der Tat spricht er davon nicht. Wir wollen vielmehr einige seiner Bemerkungen betrachten:

> *Ab dem dritten Lebensmonat [...] muss das Baby sich daran gewöhnen, alleine in seiner Wiege zu schlafen, ohne dass es der Gesellschaft bedarf.*
> *Wenn das Kind bei seinen Eltern schläft, ist es empfehlenswert, es von ihnen zu trennen, wenn es sechs Monate alt ist.*

Außerdem empfiehlt er den Eltern, wenn das Kind krank oder so sehnsüchtig ist, dass es die ganze Nacht in ihrem Bett verbringen will (so ein Verlangen muss selbstverständlich krankhaft sein), in das Zimmer des Kindes zu gehen, um es zu beruhigen: »Bleiben Sie bei ihm sitzen, bis es eingeschlafen ist.«

Es ist den Eltern auch gestattet, die Kinder morgens zum Verwöhnen ins Ehebett zu lassen, »sofern dies nicht dazu führt, dass einer der beiden Elternteile beunruhigt ist, weil dies bei ihm sexuelle Gefühle anspricht«. Gefühle, die zwei Zeilen später »sexuellen Annäherungsversuchen« des Kindes (!) zugeschrieben werden. Scheint das nicht unglaublich verdreht? Das erste, was ihm einfällt, wenn ein kleines Kind ins Bett der Eltern kommt, um sie zu küssen oder auf der Matratze zu hüpfen, ist, dass es ein beunruhigendes sexuelles Gefühl geben könnte, das ausgerechnet vom Kind ausgelöst wird. In vielen anderen Situationen des täglichen Lebens, die objektiv gesehen erheblich leichter in Verlegenheit bringen könnten, zieht niemand dergleichen Dinge in Betracht. In keinem Buch können Sie Warnungen lesen wie »Sie können zum Strand gehen, sofern das Betrachten der halb nackten Körper bei Ihnen keine sexuellen Gefühle erregt« oder »U-Bahn fahren ist natürlich viel ökologischer als im eigenen Auto; bevor Sie aber in die U-Bahn oder den Bus einsteigen, fragen Sie sich, ob Sie nicht in Wirklichkeit eine ›lüsterne Berührung‹ suchen««.

Dr. Spock ist auch nicht sehr dafür, Kinder oft auf den Arm zu nehmen oder viel Rücksicht auf sie zu nehmen:

Es ist nicht erforderlich, ein Kind sofort auf den Arm zu nehmen, sobald es aufwacht.

Ein wenige Monate altes Kind wird verwöhnt, wenn man sich zu viel mit ihm beschäftigt.

All dies unterscheidet sich nicht sehr von dem, was viele andere alte und neue Experten gesagt haben. Wenn ich in diesem Abschnitt über »Theorien, die ich nicht teile« gesondert auf Dr. Spock eingehe, dann nicht deshalb, weil er schlechter wäre als andere Autoren, denn das ist er nicht, sondern weil er fälschlich in dem Ruf steht, permissiv zu sein. Einige Eltern könnten dies glauben. Und wenn permissiv sein bedeutet, das Kind alleine schlafen zu lassen und selten auf den Arm zu nehmen, was wird man dann tun müssen, um »streng« zu sein?

Auf Gedeih und Verderb den Kurs halten

> *Streben Sie danach, stets zu treffen,*
> *was rechtschaffen und wesentlich;*
> *aber wenn Sie danebenliegen,*
> *dann heißt es dabeibleiben und nicht korrigieren.*
> Guillén de Castro, »Der Cid«

Eltern bekommen häufig den Rat niemals zurückzustecken, wenn sie einmal eine Entscheidung getroffen haben. »Wenn du einmal nachgibst, wirst du immer nachgeben müssen.« »Das Kind wird die Achtung vor dir verlieren. Unter keinen Umständen darfst du auf seinen Protest hören oder dich herablassen, mit ihm über deine Machtbefugnis zu diskutieren.«

Ein Vater, der angesichts eines Wutausbruches seines Kindes nachgibt, wäre nach diesem Mythos ein schlechter Vater, ein schwaches und bedauernswertes Wesen, das sich selbst und seinem Kind sogar noch mehr schadet, weil es so lernt, seinen Willen mit Hilfe von Geschrei und Protest durchzusetzen. Ein Vater, der angesichts eines Wutausbruches nachgibt, ist ... wie soll ich sagen? Wie ein Unternehmer, der bei einem Streik nachgibt, oder eine Regierung, die mit den Demonstranten verhandelt.

Aber nein, natürlich nicht. Die Unternehmer müssen auf die gerechten Forderungen der Arbeitnehmer eingehen, die Regierungen müssen auf den Willen des Volkes hören, der in Anwendung des heiligen Demonstrationsrechtes zum Ausdruck gebracht wird. Eine Regierung, die sich zur Regel machte, niemals nachzugeben, nie Entscheidungen zu revidieren, nicht zu verhandeln und die Demonstranten zu ignorieren, wäre eine diktatorische Regierung, undemokratisch, ineffektiv. Auf der ganzen Welt sind jene Regierungen, die am meisten verhandeln, am meisten zuhören und am meisten nachgeben, diejenigen, die über die größte Liebe und Achtung ihrer Staatsangehörigen verfügen; die anderen dagegen, die inflexiblen, die ein strenges Regiment zu führen scheinen, laufen jederzeit Gefahr, in einer Revolution gestürzt zu werden.

Warum sollte das mit Kindern anders sein? Warum hält man bei Eltern das für eine Tugend, was bei jeder anderen Autoritätsperson als Tyrannei oder Arroganz angesehen würde?

Nicolaÿ[72] beschreibt mit spitzer Feder die Gefahren, vor einem Kind nachzugeben:

> – *Mama, gib mir eine Aprikose.*
> – *Was sagst du, Kind! Du bist verrückt! Du warst eben noch krank; der Arzt hat dir Obst vollständig verboten: Schlage dir das aus dem Kopf!*
> *Das Mädchen murrt.*
> – *Nein, es ist zwecklos…! Ich habe Nein gesagt, und es bleibt dabei! Hast du das gehört?*
> *Das Schreien nimmt zu, und der Tonfall ändert sich; das heißt, die Mutter fängt an, weich zu werden.*
> – *Aber, meine Tochter, willst du denn krank sein? Ich versichere dir, dass es nichts so Schädliches wie das Obst im Sommer gibt!*

Die Szene setzt sich fort mit emotionalen Erpressungen, beide schreien, die Mutter bietet eine halbe Aprikose an, die Tochter beharrt, die Mutter gewährt eine ganze Aprikose:

> – *Da nimm! Hier hast du die blöde Aprikose; nimm sie schon! Willst du zwei, drei…? Iss sie! Wenn es dir dann dreckig geht, umso besser! Das geschieht dir ganz recht…! Ich werde mich darüber freuen!*

Bemerkt der moderne Leser etwas Seltsames? Mir fallen verschiedene Punkte auf: Was mag das für eine Krankheit sein, bei der Aprikosen verboten sind? Was ist schlecht an Obst im Sommer? Haben sie den ganzen Sommer lang kein Obst gegessen?

Nicolaÿ hatte die Absicht, die schrecklichen Folgen mangelnder Disziplin zu demonstrieren: die Mutter, die unfähig ist, ihre Meinung durchzusetzen, das Mädchen, das »seinen Willen bekommt«. Heutzutage würden viele dem Grundgedanken zustimmen, aber das Beispiel würde wahrscheinlich umgekehrt verlaufen: »Komm, iss das Obst, du weißt doch, der Arzt hat gesagt, es ist sehr gesund und enthält viele Vitamine.« »Ich will nicht!« »Na gut, dann isst du das Obst eben nicht, wenn du keine Lust dazu hast. Wenn dir die Zähne ausfallen und du blind wirst, wird es dir ganz recht geschehen!«

Da sie sich völlig widersprechen, muss sich wenigstens eine der beiden Mütter irren. Wahrscheinlich irren sich sogar beide. Im Namen welches moralischen oder pädagogischen Prinzips muss die Meinung der Eltern durchgesetzt werden, auch wenn sie sich irren, und das Kind sich unterwerfen, auch wenn es Recht hat? Vielleicht erschien der blinde Gehorsam gegenüber Autoritätspersonen den Untertanen des 19. Jahrhunderts logisch, aber die Bürger des 21. Jahrhunderts sollten nach Höherem streben.

Es stimmt, die Mutter in der Geschichte begeht einige Fehler; aber das Nachgeben ist kein Fehler. Der erste Fehler (der übrigens nicht ihr Fehler ist, sondern der des Arztes, der sie beriet), besteht darin zu glauben, das Kind könne krank werden, wenn es Obst esse. (Die moderne Mutter pflegt unter dem gegenteiligen Irrtum zu leiden, der ebenso von einigen Ärzten verbreitet wurde: dass nämlich ein Kind krank werden könnte, wenn es kein Obst isst.) Der zweite Fehler besteht darin, nicht früher nachgegeben zu haben. Man wird sagen, sie handelte unter dem starken Druck des Arztes, der sie vor den großen Gefahren der Aprikose gewarnt hatte. Aber in diesem Falle hätte sie niemals nachgeben dürfen.

Wenn Sie ganz sicher sind, dass Ihrem Kind etwas erheblich schadet, dann können Sie nicht nachgeben, nicht wegen eines Wutanfalls und auch nicht wegen tausend Wutausbrüchen. Oder werden Sie vielleicht zulassen, dass Ihr Kind Seifenlauge trinkt oder sich vom Balkon stürzt, damit es nicht weint? Wenn diese Mutter nachgab, dann nicht, damit »es ihrer Tochter dreckig geht«, wie sie in ihrer Wut sagte, sondern genau deshalb, weil sie wusste, dass sie daran eben nicht sterben würde. Im tiefsten Innern wusste diese Mutter, dass ihr Arzt übertrieben hatte, als er vor den gravierenden Gefahren von Obst im Sommer warnte und dass die Gefahr (wenn sie besteht) ziemlich gering ist. Nun gut, wenn es keine Frage von Leben und Tod war, wenn sie im Grunde genommen wusste, dass es unwichtig war, wozu dann so viel Aufhebens? Wenn Sie meinen, Sie können nachgeben, dann tun Sie das frühzeitig, und Sie ersparen sich Diskussionen.

Der dritte Fehler besteht darin, dass sie nicht elegant nachzugeben wusste. Was würde es kosten, sich anstelle der wüsten Verwünschungen wie »Hoffentlich geht es dir dreckig!« oder subtilerer und vielleicht noch schädlicherer Manipulationen wie »Nimm, da hast du die Aprikose, aber du weißt schon, dass Mama sehr verärgert und vor allem sehr enttäuscht ist, denn du hast dich sehr schlecht benommen« ein wenig freundlich zu zeigen und beim Nachgeben sein Gesicht und die Würde zu wahren? »Na gut, nimm dir die Aprikose. Ich wusste nicht, dass du sie so gerne magst ...«

Fernand Nicolaÿ war ein französischer Jurist und Denker, Autor des Werkes *Les enfants mal élevés* (»Die schlecht erzogenen Kinder«)[72], das zu einem großer Bucherfolg wurde: Das Exemplar, das mir in die Hände fiel, gehört zur zehnten spanischen Auflage und ist eine Übersetzung der 20. französischen Auflage. Das Buch enthält kein Datum der Veröffentlichung. Obwohl der Einband aus den vierziger Jahren stammen könnte, scheint der Text älter, denn er erwähnt weder Autos, noch Radio, noch Flugzeuge ... Im Internet fand ich weitere Anhaltspunkte. Der Katalog der französischen Nationalbibliothek umfasst 15 Werke von Nicolaÿ, die zwischen 1875 und 1922 veröffentlicht wurden, darunter drei Exemplare des genannten Buches aus den Jahren 1890, 1891 und 1907. Nur in dem von 1891 wird die Auflage genannt; es handelt sich um die elfte Auflage.

Nicolaÿ behauptet, seine Werke vertreten nicht nur einfach Meinungen, sondern beruhten auf wissenschaftlichen Experimenten, denn er hat auf einem Papier eine Liste ihm bekannter gut erzogener Kinder und eine Liste schlecht erzogener Kinder erstellt, wobei »letztere extrem lang, schier endlos« ist. Anschließend hat er die unterschiedlichen Erziehungsmethoden der Eltern analysiert. Er beschreibt in allen Einzelheiten und mehreren Kapiteln die Laufbahn dieser schlecht erzogenen Kinder und versichert, so sei es bei der Mehrheit seiner französischen Zeitgenossen.

Im Alter von drei Jahren: »ständige Gehorsamsverweigerung«, »das Kind bestimmt, wo es langgeht«, isst nur, was es will ... Mit zehn Jahren »ist es unverschämter«, »schreit lauter«, seine Eltern wagen es nicht, ihm Einhalt zu gebieten, es hält sich für eine große Persönlichkeit ... Mit 15 Jahren »hat eine dünkelhafte Dummheit den Platz seiner primitiven Naivität eingenommen«, es macht sich über die Unwissenheit seiner Eltern lustig, ist unverschämt ... Mit 20 Jahren »wird das Haus nach der Laune des jungen Gecken umgestaltet«, er ist ein undankbarer Taugenichts, der auf Kosten anderer lebt. Wenn er erwachsen ist (nach dem 25. Lebensjahr), ist er »unfähig und verschwenderisch, faul und anspruchsvoll, liederlich und herzlos«.

In einem Absatz habe ich mehr als 80 Seiten zusammengefasst, die wirklich nicht zu verachten sind. Die Beschreibung des schlecht erzogenen dreijährigen Kindes stimmt mit der diverser moderner Autoren merkwürdig überein:

> *Seit einigen Jahren beobachtet man in den Kindern einen immer stärker ausgeprägten Hang, alles zu tun, was ihnen in den Sinn kommt. Oft kommt uns zu Ohren: »Die Kinder von heute haben ›vor nichts mehr Achtung‹« (Langis, 1996).*[1]

Das ist des Pudels Kern, der Grund, weshalb ich mir so viel Mühe gemacht habe herauszufinden, wann das Werk geschrieben wurde. Seit einigen Jahren? Nein, die Kinder, von denen Nicolaÿ spricht, sind nicht Ihre Kinder, lieber Leser, sondern Ihre Urgroßeltern, ja, genau, Ihre Urgroßeltern, die von Ihren Ururgroßeltern entsetzlich verzogen wurden. Ihr Urgroßvater verzog dann Ihren Großvater, und der verzog Ihren Vater, der, da er als kleiner Junge verzogen wurde, zu einem »unfähigen und verschwenderischen, faulen und anspruchsvollen, liederlichen und herzlosen« Wesen wurde und später dann Sie verzog. Was ist nun mit all den Mythen, die besagen, »früher hatte man mehr Achtung vor den Eltern«, »früher war man disziplinierter«, »wir sind mit so etwas nie durchgekommen« ...? Nach Nicolaÿ war die große Mehrheit der Kinder schon vor mehr als einem Jahrhundert verzogen.

Nein, wenn wir nachgeben, wenn wir verhandeln, wenn wir unsere Fehler zugeben, dann verlieren wir nicht die Achtung unserer Kinder. Im Gegenteil, gerade dann gewinnen wir mehr Achtung.

> *Indem wir nachgeben, lehren wir sie nachzugeben.*[44]

Vor langer Zeit, ich war wohl 13 oder 14 Jahre alt, tadelte mich mein Vater ohne Grund. Zumindest erinnere ich mich nicht an den Grund, ich habe ihn längst vergessen. Aber ich erinnere mich ganz deutlich an meine tiefe Empörung angesichts einer derartigen Ungerechtigkeit. Ich ging verletzt und weinend zu Bett – und dann, welch Wunder, kam mein Vater, um mir gute Nacht zu wünschen, und bat mich um Verzeihung! Ein Kind um Verzeihung bitten! Ist das nicht der sicherste Weg, Autorität und Achtung zu verlieren? Im Gegenteil. In jenem Moment wurden ihm alle Fehler der Vergangenheit, Gegenwart und Zukunft vergeben.

Eine Ohrfeige zur rechten Zeit

Kinder sind nie zu klein, um verprügelt zu werden:
wie harte Beefsteaks,
je mehr du draufschlägst, desto weicher werden sie.
Edgar Allan Poe, »*Fifty Suggestions*«

Eine Ohrfeige beizeiten kann die Atmosphäre entspannen,
sowohl für die Eltern als auch für das Kind.
Dr. Spock

Viele Psychologen und Erzieher haben ein Loblied auf die Ohrfeigen gesungen. In Spanien sterben jedes Jahr Dutzende von Kindern durch die Hand der eigenen Eltern. (Zwischen 1991 und 1992 bestätigten die Jugendämter in Spanien 8.565 Fälle von Misshandlungen. In den Vereinigten Staaten zählte man 1.185 Todesfälle im Jahre 1995; das waren 34 Prozent mehr als zehn Jahre zuvor.)[73] Trotzdem haben Anfang des Jahres 2000 drei oder vier im gleichen Zeitraum von Jugendlichen verübte Morde eine Welle der Hysterie ausgelöst, als ob Kinder üblicherweise ihre Eltern misshandelten. Ich hörte einen gesetzten Experten in einem Rundfunkinterview behaupten, das sei die Folge der staatlichen Einmischung in Familienangelegenheiten, denn vor wenigen Jahren hatte man gesetzlich verboten, Kinder zu schlagen. Eine Ohrfeige zur rechten Zeit hätte diese Verbrechen verhindern können! Das Kind, das mit acht Jahren von seinen Eltern eine kräftige Ohrfeige bekommt, lernt, dass man mit Schlägen Konflikte löst und dass die Starken ihre Ansichten den Schwachen aufzwingen können. Ich weiß nicht, wie diese frühe Lehre und dieses lebendige Beispiel verhindern helfen, dass aus dem Jugendlichen ein Mörder wird.

Betrachten wir einen konkreten Fall.

Jochen hält sich für einen guten Ehemann und toleranten Vater, aber es gibt Dinge, die ihn auf die Palme bringen. Sonja hat einen schwierigen Charakter, sie gehorcht nie und ist obendrein widerspruchslustig. Sie »vergisst«, das Bett zu machen, auch wenn man sie 20 Mal daran erinnert. Sie ist beim Essen wählerisch; was sie nicht mag, probiert sie nicht einmal. Wenn er ihr den Fernseher ausschaltet, schaltet sie ihn wieder an, ohne ihn auch nur eines Blickes zu würdigen. Sie nimmt ihm Geld aus dem Geldbeutel und macht sich nicht einmal die Mühe, darum zu bitten. Bei Gesprächen redet sie dauernd dazwischen. Wenn sie sich ärgert (was häufig geschieht), dann fängt sie an zu weinen, rennt in ihr Zimmer und knallt die Tür zu. Manchmal schließt sie sich im Badezimmer ein: In solchen Momenten lässt sie sich mit keiner Argumentation beschwichtigen. Tatsächlich musste man einmal die Badezimmertür mit Fußtritten öffnen.

Was Jochen aber wirklich auf die Palme bringt, ist ihr Mangel an Respekt. Gestern Abend holte sich Sonja zum Beispiel Papier aus dem Büro, um etwas zu zeichnen. »Ich habe dir gesagt, du sollst kein Papier aus dem Büro holen, ohne um Erlaubnis zu bitten«, sagte Jochen zu ihr. »Was denkst denn du? Ich hole mir das Papier, wann ich will!«, erwiderte Sonja. Jochen gab ihr eine Ohrfeige und schrie sie an: »So redest du nicht mit mir. Entschuldige dich jetzt sofort!« Sonja, weit davon entfernt, ihren Fehler einzusehen, bot ihm jedoch forsch die Stirn: »Entschuldige du dich!« Jochen versetzte ihr noch eine kräftige Ohrfeige, da schrie sie ihn an: »Arschloch!«, und rannte hinaus. Jochen musste sich mühsam beherrschen, um ihr nicht zu folgen. In solchen Fällen ist es besser, sich zu beruhigen und langsam bis zehn zu zählen. Natürlich wird Sonja das ganze Wochenende Stubenarrest haben.

So weit die Geschichte. Nehmen wir mal an, Sonja ist sieben Jahre alt und Jochen ist ihr Vater. Wie sehen Sie die Sache? Ist das nicht einer der Fälle, bei denen jedem »die Hand ausrutschen« würde? Hat diese Ohrfeige nicht dazu beigetragen, die Atmosphäre zu entspannen, wie Dr. Spock es so treffend formulierte? Was können in einem solchen Fall diese Fanatiker machen, die Ohrfeigen gesetzlich verboten haben? Werden sie gegen diesen Vater Anzeige erstatten, weil er einem Mädchen eine Ohrfeige gegeben hat, die es übrigens ganz gewiss verdient hat?

Wäre es nicht besser, diese Probleme ohne fremde Einmischung im Rahmen der Familie lösen zu lassen? Vielleicht denken Sie sogar, dass ein Mädchen niemals so ungehorsam und widerspruchslustig geworden wäre, wenn man ihr vor langem einmal eine ordentliche Ohrfeige verpasst hätte? Diese Situation scheint typisch für verzogene Kinder nachgiebiger Eltern, die keine klaren Grenzen zu setzen wissen, die nicht die erforderliche Disziplin walten lassen: Was heute erlaubt ist, ruft morgen eine unverhältnismäßige Reaktion hervor; das hat zur Folge, dass das Kind verwirrt und unglücklich ist.

Und wenn ich Ihnen, lieber Leser, sagte, dass Sonja in Wirklichkeit 16 Jahre alt und Jochen ihr Vater ist? Ändert das etwas? Lesen Sie noch einmal die Geschichte im Lichte dieser neuen Informationen. Scheint sie Ihnen vielleicht zu alt, um geschlagen zu werden, um ihr den Fernseher auszuschalten oder um zu fordern, dass sie um Erlaubnis bittet, ehe sie sich ein einfaches Blatt Papier holt? Scheint es Ihnen angemessen, dass ein Vater die Tür des Badezimmers, in dem sich seine 16-jährige Tochter befindet, mit Tritten öffnet? Fangen Sie vielleicht an zu argwöhnen, es könnte sich um einen zwanghaften, tyrannischen und gewalttätigen Vater handeln und dass die Antwort seiner Tochter logisch und verständlich ist?

Und wenn das so ist, warum dieser Unterschied?

Überdenken Sie einen Moment lang die Kriterien, die Sie verwendet haben, um diesen Vater und seine Tochter zu beurteilen. Sind kleine Kinder stärker dazu verpflichtet als Jugendliche, das Eigentum der Erwachsenen zu achten, sich an die Befehle zu erinnern und sie zu befolgen, lächelnd ohne Murren zu gehorchen, freundlich und höflich zu reden, auch wenn sie eine Wut im Bauch haben, die Ruhe zu bewahren und weder zu weinen noch Szenen zu machen? Schaden Anschreien und Schläge dem Jugendlichen mehr als dem kleinen Kind?

Das sind nicht die Kriterien, die Gerichte bei Minderjährigen anwenden. Im Gegenteil, je kleiner das Kind, desto weniger verantwortlich ist es vor dem Richter, desto geringer die Strafe (wenn es überhaupt eine Strafe gibt). Wer hat Recht – der »sich einmischende« Staat, der das Kind als nicht für seine Taten verantwortlich betrachtet, oder der »gerechte und weise« Vater, der seinen Sprössling korrigiert, wenn er noch jung ist? Sollten wir vielleicht anstelle von Sozialarbeitern, Erziehern, Jugendgerichten und Besserungsanstalten für jugendliche Straftäter Hochsicherheitsgefängnisse verwenden und die Folter wieder einführen?

Aber noch immer bleibt eine weitere, noch quälendere Lesart. Was ist, wenn ich Ihnen sage, dass Sonja 27 Jahre alt und Jochen ihr Ehemann ist? (Nein, ich mogle nicht. Lesen Sie noch einmal die Geschichte. Nirgends habe ich geschrieben, dass Sonja die Tochter ist.) Finden Sie es normal, wenn ein Ehemann seiner Frau den Fernsehapparat ausmacht, »weil sie schon genug ferngesehen hat«, dass er ihr befiehlt, das Bett zu machen, dass er sie zwingt, alles aufzuessen, dass er ihr untersagt, ein Papier aus dem Büro zu holen oder ihr eine Ohrfeige versetzt?

Glauben Sie weiterhin, Jochen sei ein guter Ehemann, aber der schwierige Charakter von Sonja bringe ihn manchmal aus der Fassung? Ist es vielleicht nicht das Recht und die Pflicht jedes Ehemannes, seine Frau zu bessern, ihren Charakter zu formen und erforderlichenfalls auf Strafen zurückzugreifen? (»Wen der Herr liebt, den züchtigt er.«) Hat sie nicht vor Gott und den Menschen versprochen, ihren Mann zu ehren und ihm zu gehorchen? Soll der Staat sich in eine streng private Angelegenheit einmischen?

Warum dachten Sie beim ersten Lesen der Geschichte von Jochen und Sonja, Sonja sei ein Kind? Nun, gerade deshalb, weil Jochen sie anschrie und schlug. Unbewusst haben Sie gedacht: »Wenn er sie so behandelt, muss sie seine Tochter sein.« Es kommt uns nicht in den Sinn, dass man einen Erwachsenen so behandeln könnte, ebenso wenig wie wir beim Lesen der Worte »rassistischer Überfall« in einer Schlagzeile auf die Idee kommen, die Opfer könnten Schwedinnen sein. Die Gewalt scheint uns eher akzeptabel, wenn das Opfer ein Kind ist; je jünger, desto besser.

Sehen wir uns ein anderes Beispiel an: Peter ist sechs Jahre alt und bittet in einer Bäckerei um ein Kaugummi. Marta tut, als habe sie es nicht gehört. Peter beharrt. »Ein Kaugummi, bitte!« »Nein.« »Ich will ein Kaugummi!« »Ich habe nein gesagt.« »Ich will ein Kaugummi!« »Du gehst mir auf die Nerven. Ich habe dir schon 20 Mal gesagt, dass ich dir kein Kaugummi gebe«, ruft Marta, während sie den Jungen fest am Ellenbogen packt und aus der Bäckerei zerrt.

Wer hat eine solche Szene noch nie gesehen, noch nie erlebt? Es ist leicht zu verstehen, dass eine Mutter am Ende die Geduld verliert ...

Und wenn Marta nicht die Mutter ist? Die Mutter, liebe Leserin, sind Sie. Sie haben Ihren Sohn Peter mit einer kleinen Münze in der Hand in die Bäckerei geschickt, um ein Kaugummi zu kaufen (er braucht nicht einmal über die Straße zu gehen), und Marta, die Bäckersfrau, hat ihn so behandelt. Würden Sie nicht hingehen, um sich zu beschweren? In dem Laden werden Sie bestimmt nie mehr etwas kaufen!

Gewalt gegen ein Kind akzeptieren wir eher von einem Vater oder Lehrer als von einem Fremden. In der Tat würden wir es niemals zulassen, dass sich ein Fremder auf der Straße unserem Kind nähert und es schlägt.

Und für das Kind, was ist für das Kind annehmbarer? Der Angriff eines Fremden kann körperliche Schmerzen und Angst auslösen. Aber dein eigener Vater! Zu Schmerz und Angst kommen Entsetzen, Verwirrung, Verrat, Schuldgefühl (ja, Schuldgefühl, auch wenn es unglaublich klingt: Kinder neigen dazu zu glauben, wenn sie geschlagen werden, dann hätten sie es wohl verdient; selbst wenn der Vater, der sie verprügelt, Alkoholiker ist, fühlen sich die Kinder schuldig). Ein Fremder schlägt nur deinen Körper; deine Eltern können außerdem deine Seele schlagen.

Stellen Sie sich jetzt vor, Ihr Sohn von zehn Jahren hätte eine Auseinandersetzung in der Schule gehabt. Ein Schubsen, ein gestelltes Bein, ein paar Beleidigungen, ein Herumwälzen auf dem Boden... Endergebnis: ein verweintes Kind, schmutzige Kleidung und eine Schramme am Knie. Würden Sie in die Schule gehen, um sich zu beschweren, oder mit den Eltern der Angreifer oder den Angreifern selbst das Gespräch suchen? Wahrscheinlich nicht, es sei denn, die Angriffe wären regelmäßig oder die Verletzungen ernsthaft. Letzten Endes ist das »Kinderkram«. Mehr noch, viele Väter und nicht wenige Mütter würden ihrem Sohn sagen, er solle aufhören zu flennen und den Raufbolden die Stirn bieten...

Entschuldigung – habe ich gesagt, Ihr Sohn von zehn Jahren? Ich wollte sagen, Ihr Ehemann von 30 Jahren. Ein Kollege im Büro hat ihm nach einer Diskussion einen Faustschlag versetzt und ihn zu Boden gerissen, während die übrigen Kollegen lachten und schrien: »Gib's ihm, gib's ihm tüchtig!« Gibt es irgendeinen Unterschied?

Natürlich gibt es ihn. Solch ein Benehmen scheint uns nicht hinnehmbar. Man braucht weder zu warten, bis sich das täglich wiederholt, noch bis ein Knochen gebrochen ist. Ich habe erlebt, dass wegen viel geringerer Anlässe Anzeige erstattet wurde. Ein Erwachsener, der wegen eines Angriffs Anzeige erstattet, ist nicht wehleidig und kein Petzer, sondern verteidigt seine Rechte. Kinder dagegen unterstehen einem Schweigegebot, das so hart ist wie das der Mafia, und jegliche Beschwerde kann als Antwort die Verachtung der Kameraden und sogar der Lehrer zur Folge haben.[74]

Wir können tausend Entschuldigungen erfinden, um die Wirklichkeit zu beschönigen, aber die Tatsache bleibt, dass unsere Gesellschaft Gewalt verurteilt, es sei denn, das Opfer ist ein Kind. Wenn das Opfer ein Kind ist und der Angreifer ein anderes Kind, ein Lehrer oder mehr noch ein Vater, dann wird ein unglaubliches Maß an Gewalt toleriert und manchmal sogar gebilligt. David Finkelhor, ein nordamerikanischer Soziologe, der familiäre Gewalt und Kindesmisshandlungen eingehend erforscht hat, nennt drei Hauptgründe, die dazu führen, dass Kinder so oft angegriffen werden[75]:

1. Kinder sind schwach und von den Erwachsenen abhängig.
2. Die Justiz macht es sich nicht zur Aufgabe, sie zu schützen, und die Gesellschaft verurteilt die Angriffe nicht.
3. Kinder können sich nicht aussuchen, mit wem sie in Beziehung treten, sie können nicht Eltern, Schule oder Stadtteil wechseln, wenn sie wollen.

Will ich damit sagen, dass wir niemals, unter gar keinen Umständen, ein Kind schlagen dürfen? Genau das!

Und wie können wir dann für Disziplin sorgen? Stellen Sie sich vor, Ihr Sohn tut genau das Gleiche 15 Jahre später. Sie werden ihn nicht schlagen können, denn er wird stärker sein als Sie. (Wir wollen uns nichts vormachen, das ist der Hauptgrund, weshalb wir ältere Kinder nicht schlagen.) Wie werden Sie dann die Situation lösen? Gut, dann setzen Sie das gleich in die Praxis um!

Ich stimme mit Spock[71] überein, wenn er versichert, dass einige Eltern, statt ihre Kinder zu schlagen, auf noch schädlichere Formen der Gewalt zurückgreifen, zum Beispiel Demütigung, ständiges Anschreien, Spott und Missachtung. Wie überall gibt es graduelle Unterschiede; und jeden Tag verspottet und beleidigt zu werden kann schlimmer sein als von Zeit zu Zeit eine leichte Ohrfeige zu bekommen. Aber das ist meines Erachtens dennoch keine Rechtfertigung für die Ohrfeigen.

Sollte die Polizei Eltern verhaften, die ihre Kinder schlagen? Oder, in weiterem Sinne, sind wir schlechte Eltern, weil wir gelegentlich unsere Kinder geschlagen haben? Oder weil wir sie oft geschlagen haben? Wird mein Sohn ein »Trauma« davontragen, weil ich damals, vor zwölf Jahren, einmal die Beherrschung verlor und ihn schlug?

Natürlich müssen Polizei und Justiz bei schweren Fällen von Gewalt und Grausamkeit eingreifen; andere, etwas weniger gravierende Fälle gehören in den Bereich der Psychiatrie und Sozialarbeit. Aber es ist ebenso wahr, dass es schwierig sein wird, einen Vater zu finden, der noch nie seine Hand oder seine Stimme gegen ein Kind erhoben hat.

Es gibt auch Ehepaare, Verwandte, Freunde oder Arbeitskollegen, die irgendwann (oder oft) heftig miteinander gestritten haben, sich gegenseitig beleidigt oder lächerlich gemacht haben, sich sogar geprügelt haben und denen es dennoch gelungen ist, sich wieder zu versöhnen und das Gleichgewicht wiederherzustellen. Innerhalb wie außerhalb der Familie würde in vielen Fällen geringfügiger Gewalt ein Eingreifen von Polizei und Richtern die Situation nur verschlimmern und eine freundschaftliche Regelung erschweren.

Was meiner Ansicht nach die Gewalt gegen Kinder von anderen Arten der Gewalt in unserer Gesellschaft unterscheidet und sie zu einer unerträglichen Schande macht, ist ihre Rechtfertigung. Nicht nur ein großer Teil der öffentlichen Meinung, sondern sogar eine große Zahl von Fachleuten und Intellektuellen, die ansonsten höflich, liebenswürdig und rücksichtsvoll sind, beharren darauf zu versichern, eine »Ohrfeige zur rechten Zeit« sei nicht nur zulässig, sondern empfehlenswert, sei ein nützliches und wertvolles »Erziehungsmittel«, das dem Opfer helfe, sich zu bessern. Man sagt dem Opfer, es sei »zu seinem eigenen Wohl«, und sogar, als Gipfel des Zynismus, es habe »mir mehr wehgetan als dir«. Wenn das Opfer ein Erwachsener wäre, würde niemand es wagen, die Gewalt auf so eine Weise zu rechtfertigen, zumindest nicht in einem demokratischen Land Anfang des 21. Jahrhunderts.

Es ist nicht erforderlich, zu den extremen Fällen zu kommen, die man in Zeitschriften liest, den Verbrennungen durch Zigaretten oder den Knochenbrüchen. Jeden Tag bekommen Kinder, die unter uns leben, Ohrfeigen, weil sie Erwachsenen »Widerworte geben«, werden wegen ganz unschuldiger Handlungen angeschrien, lächerlich gemacht oder ausgeschimpft. Sie werden für ungewollte Unfälle oder Irrtümer bestraft, stundenlang in Gefängniszellen gleichen Zimmern eingeschlossen, werden gezwungen, das soeben Erbrochene erneut zu schlucken, oder werden bestraft, indem man ihnen Bewegung an frischer Luft oder Freizeitbeschäftigungen vorenthält. Und das Ganze auf der Grundlage ungeschriebener »Gesetze« und Bestimmungen, aufgrund von Regeln, die oft erst nach dem Ereignis erfunden werden; durch »Gerichtsverfahren«, in denen ein und dieselbe Person Polizei, Zeuge, Richter und Strafvollstrecker ist; ohne irgendein schriftliches Dokument, ohne Verteidiger, ohne Beschwerdemöglichkeit (Widerspruch führt normalerweise zu einer noch härteren Strafe). Wenn all dies nicht in einem Zuhause passierte, sondern in einem Gefängnis, und wenn die Opfer keine Kinder, sondern Verbrecher und Terroristen wären, würde man parlamentarische Anfragen stellen.

Ich schlage vor, dieser Rechtfertigung ein Ende zu setzen. Wir wollen aufhören, unser Denken nach unserem Leben zu richten, und stattdessen versuchen, unser Leben nach unserem Denken auszurichten. Und wenn uns einmal bei unserem Kind »die Hand ausrutscht«, dann wollen wir dasselbe tun, was wir täten, wenn uns dies bei einem Arbeitskollegen oder erwachsenen Familienmitglied passiert wäre:
 – mit allen Mitteln zu verhindern suchen, dass dies passiert;
 – zugeben, dass wir falsch gehandelt haben und uns schämen;
 – das Opfer um Entschuldigung bitten.

Ein Experte im Verprügeln von Kindern

Diesen Abschnitt könnte ich nicht beenden, ohne die Argumente einiger Befürworter der Ohrfeigen durchzugehen. Es gibt klassische Befürworter, wie die von Miller[35] zitierten:

> *Diese Tracht Prügel darf kein einfaches Spiel sein, sondern muss sie davon überzeugen, dass ihr seine Herren seid [...] Trotzdem müsst ihr euch sorgfältig davor hüten, dass sich beim Bestrafen der Zorn eurer bemächtigt, denn das Kind wird scharfsinnig genug sein, um eure Schwäche zu bemerken, und die Strafe als eine Folge des Zornes sehen, die doch in seinen Augen Ausübung der Gerechtigkeit hätte sein müssen (J. G. Krüger, 1752).*

Unter den modernen Autoren habe ich keinen gefunden, der so überzeugt war wie der in Australien heimisch gewordene Nordire Dr. Christopher Green, Autor eines Buches mit dem viel sagenden Titel *Toddler taming* (»Kleinkinder bändigen«).[76]

Green fängt mit der Aussage an, dass er in »gewisser Weise die Tracht Prügel, die übermäßigen Strafen, die Gewalt oder den Missbrauch von Kindern entschuldigt«. Als Nächstes klagt er »gewisse Aktivisten gegen körperliche Strafen« an, dass sie:

> *[...] ihre Position und Fehlinformation verwenden, um der Mehrheit der guten Eltern, die nicht gegen eine gelegentliche Ohrfeige sind, unnötige Sorge zu bereiten.*

Es ist nicht ganz eindeutig, ob die »guten Eltern« trotz oder gerade wegen der gelegentlichen Ohrfeige gute Eltern sind. Die Schuldumkehr ist bewundernswert: Das Opfer ist nicht das Kind, das von seinem eigenen Vater eine Ohrfeige versetzt bekam, sondern der arme Vater, der sich durch die Schuld der fehlinformierten Aktivisten »unnötig Sorgen« macht. Könnte es nicht vielleicht vorkommen, dass sich eine »unnötige Sorge zur rechten Zeit« günstig auf die Erziehung der Eltern auswirkt?

Dann beschreibt Green einige Fälle, in denen Ohrfeigen schlecht angewendet werden: mangelnde Konsequenz (der Vater bereut, dass er seinen Sohn geschlagen hat, und gibt nach). Der Tropfen, der das Fass zum Überlaufen bringt (der Vater erträgt »eine lange Reihe Belästigungen« und zum Schluss fährt er angesichts einer Kleinigkeit aus der Haut). Die Gefahr, dass das Kind reagiert und den Vater schlägt. Die Gleichgültigkeit des Kindes:

> *Einige kleine Kinder verfügen über ein besonderes Schauspieltalent. Wenn man sie schlägt, ertragen sie es stoisch wie Rambo, und wenn du sie fragst, sehen sie dir in die Augen und sagen dir in absolutester Vermessenheit: »Das hat mir nicht wehgetan!« Natürlich hat es wehgetan, aber sie wissen, dass diese Reaktion denjenigen, der sie schlug, wütend machen und dafür strafen wird, die Hand gegen eine so wichtige Persönlichkeit erhoben zu haben.*

Wir sprechen gerade von Kindern unter vier Jahren. In diesem Alter (und auch noch später) reagiert ein Kind, dem gelegentlich eine Ohrfeige versetzt wird, mit ungläubigem Erstaunen und Entsetzen, Frustration und unkontrollierbarem Weinen. Ein Kind muss mit Dutzenden kräftiger Ohrfeigen »abgehärtet« worden sein, um in der Lage zu sein, das Weinen zu unterdrücken und zu antworten: »Das hat mir nicht wehgetan.« Wieder einmal beschuldigt man das Opfer: Das verprügelte Kind ist »vermessen«, »heuchelt«, »nimmt sich sehr wichtig«, »straft«. Soll das etwa heißen, der Vater, der wiederholt ein dreijähriges Kind schlägt, sei nicht vermessen, sei kein Heuchler und sei auch nicht eingebildet, sondern ganz im Gegenteil liebenswürdig, aufrichtig und demütig?

Wenn du nicht weinst, wenn sie dich schlagen, bist du vermessen; aber Vorsicht! Wenn du weinst, dann manipulierst du sie, wie Dr. Green in einem anderen Abschnitt ausführt:

> »Jedes Mal, wenn ich die Stimme zur Durchsetzung der Disziplin erhebe, zerfließt er in Tränen.« Das ist eine häufige Situation, in der die korrekte und angemessene Disziplinierungsmaßnahme nach hinten losgeht und die Eltern bestraft, verwirrt und mit Schuldgefühlen zurücklässt [...] Sie wissen, dass sie schlechte Karten haben, aber sie setzen die Tränen ihren Eltern gegenüber als Trumpf ein.

Die Übersetzung wird den großzügigen Meinungsäußerungen des Dr. Green über Kinder nicht ganz gerecht, denn das englische *to trump* wird nicht nur für das Ausspielen eines Trumpfes, sondern auch für das Zusammenschwindeln einer Geschichte verwendet. Kurz und gut, lieber Leser, wenn dein Vater dich schlägt, dann sollst du nicht zu sehr weinen (sonst fühlt sich dein Vater schuldig), aber auch nicht ganz auf das Weinen verzichten (weil das die gleiche verhängnisvolle Folge hätte). Die guten Kinder, die stets darum besorgt sind, ihren Eltern kein psychisches Trauma zu verursachen, mögen auf die Ohrfeigen mit einem kurzen und gut modulierten Weinen reagieren, das die tiefe Dankbarkeit für die väterliche Sorge und den entschlossen Vorsatz zur Besserung ausdrücke.

Anschließend erläutert Dr. Green die korrekte Art, Kinder zu ohrfeigen. (Ja, lieber Leser, man hat bei uns und in vielen anderen zivilisierten Ländern praktische Leitfäden veröffentlicht, um die Technik zu lehren, Kinder zu verprügeln; und diese Leitfäden sind nicht aus dem Handel genommen worden, und ihre Autoren wurden auch nicht angezeigt. Stellen Sie sich den Skandal vor, angenommen es gäbe einen Leitfaden für Polizisten mit dem Titel *Verdächtige bändigen,* der die korrekte Art beschriebe, einen Verhafteten zu schlagen!)

Green versichert, es sei besser, die kleineren Kinder von zwei Jahren zu ohrfeigen, weil bei ihnen die Methode am effektivsten sei, und dass die Ohrfeige eine schnelle Wirkung habe, die Grenzen deutlich setze, die Eskalation des Konflikts verhindere, eine Pattsituation beseitige und sehr wertvoll sei, um zu vermeiden, dass das Kind gefährliche Handlungen wiederholt.

Als Beispiel für den letztgenannten Punkt dient ein Kind, das auf der Balkonbrüstung herumklettert. Was wäre besser, sagt Green, als eine »kräftige Ohrfeige«, um zu vermeiden, dass es das noch einmal macht?

Nun, es gibt vieles, was besser wäre. An erster Stelle ist anzuführen, dass ein Kind von zwei oder drei Jahren nicht auf einer Balkonbrüstung herumklettern kann, wenn kein grober Sicherheitsmangel besteht: Es darf keine Blumentöpfe geben, auf die es klettern kann; die Brüstungen mit horizontalen Stangen müssten gesetzlich verboten sein, und ein Kind dieses Alters dürfte niemals alleine auf einem Balkon bleiben. Wenn wir nur eine Minute abgelenkt sind, dann könnte das Nächste, was wir sehen, unser Sohn oben auf der Balkonbrüstung sein. Wir schlagen ihn nicht, um ihn zu »erziehen«, sondern um die Schuld auf ihn abzuladen, von der wir in Wirklichkeit wissen, dass wir sie uns selbst zuzuschreiben haben, weil wir abgelenkt waren.

Da wir nun einmal Menschen und deshalb unvollkommen sind, wird sich unser Kind früher oder später bei einer Nachlässigkeit in Gefahr begeben: auf dem Balkon, wenn es die Straße überquert, wenn es sich dem Herd nähert oder die Finger in eine Steckdose steckt. In solch einem Falle wäre es natürlich nicht angemessen, sich darauf zu beschränken, lächelnd zu sagen: »Oh du Schlingel, drehe den Gashahn nicht noch einmal auf!« Aber die logische und spontane Reaktion jedes Vaters, sehr ernst zu werden, es anzuschreien, dass man so etwas nicht tun darf, dass der Herd »aua« macht, es sofort aus der Küche zu holen und dabei die Tür zu schließen, ist mehr als ausreichend, so dass jedes Kind in Tränen ausbricht, das nicht an Ohrfeigen gewöhnt ist. Wenn das Kind alt und reif genug ist (sagen wir mal mit etwa vier Jahren), wird das genügen, damit es nie mehr im Leben den Gashahn anfasst. Wenn das Kind anderthalb Jahre alt ist, empfiehlt es sich, weiterhin aufzupassen, denn wahrscheinlich ist es weder mit noch ohne Ohrfeige in der Lage zu verstehen, welche Gefahr der Gashahn bergen kann.

Ein anderer Ohrfeigen-Fachmann, dieses Mal ein Spanier, ist der Kinderpsychiater Dr. Castells. Er schlägt unter anderem eine wirklich originelle Anwendung der Ohrfeigen vor:

Wenn Ihr Kind gern grundlos und untröstlich zu weinen anfängt, ist es besser, ihm einen konkreten Grund zu geben, zum Beispiel eine ordentliche Ohrfeige.[77]

Weinen Kinder ohne Grund? Haben Sie, lieber Leser, irgendwann ohne Grund geweint? Das Kind weint vor Hunger oder Kälte, vor Schmerz oder Müdigkeit, vor Frustration oder Wut, aber auf jeden Fall hat es einen Grund zum Weinen. Das, wozu ein Mensch in der Lage ist und was einem »grundlosen Weinen« noch am nächsten kommt, entsteht in einer Depression; und, soweit ich weiß, gehören Ohrfeigen nicht zur üblichen Behandlungsmethode einer Depression beim Erwachsenen. Auf alle Fälle werde ich mich sorgfältigst hüten, die Praxis eines solchen Psychiaters zu betreten, falls ich mich irgendwann einmal deprimiert fühle ...

Sein Rat an die Eltern besagt, sie sollen das Weinen ihres Kindes überhören und missachten; sie sollen nicht versuchen, es zu beruhigen, es zu trösten, ihm Gehör zu schenken, herauszufinden, was es hat, oder ihm zumindest Körperkontakt und Gesellschaft anzubieten. Wieso sollte man sich um das Leid seines Kindes kümmern, wieso versuchen, mit seinem Leid Mitgefühl zu empfinden (mit-leiden), wenn es doch viel einfacher ist, ihm eine Ohrfeige zu verpassen, und schon sind alle zufrieden?

Wenn euer Kind nicht lernen will, weil ihr es so liebt, wenn es mit der Absicht weint, euch zu trotzen, wenn es Schaden anrichtet, um euch zu kränken, kurz gesagt, wenn es sich durchsetzen will: »Vorwärts mit den Schlägen, und draufgehauen, bis es schreit: genug, Papa, genug!« (Krüger, 1752, zitiert von Miller[35]*).*

Wer den schwierigen Weg vorzieht, Worte statt Gewalt anzuwenden, wird das ganz andere Buch von Cubells und Ricart (ein Kinderarzt und eine Kinderpsychologin) genießen. Sie gehen von einer Grundvoraussetzung aus:

Man muss auch das verbreitete Vorurteil vergessen, ein Kind weine, weil es weinen wolle. Um zu weinen, ist es erforderlich, etwas zu fühlen.[44]

Überraschenderweise verspüren die Befürworter der Ohrfeigen oft das Bedürfnis, ihr Bild zu tünchen:
> *Vor allem, gestatten Sie mir unmissverständlich zu versichern, dass ich kein Fan von Ohrfeigen bin (Green).*
> *Nach diesen Äußerungen soll der Leser nicht etwa glauben, wir sind sadistisch und hartnäckig im Ohrfeigen von Kindern (Castells).*

Nein, keineswegs! Nicht einen Moment haben wir das geglaubt...

Einer der schrecklichsten Aspekte der Gewalt gegen Kinder ist, dass sie so leicht von einer Generation auf die nächste übertragen wird. Castells bringt das klar zum Ausdruck (denn es ist eine in der Wissenschaft gut bekannte Tatsache, die ihm als Psychiater nicht unbekannt sein kann):
> *Ebenso sind wir uns dessen bewusst, dass es Eltern gibt, die deshalb eifrige Befürworter der körperlichen Bestrafung sind, weil sie selbst beharrlich geschlagen wurden, als sie klein waren.*

Ja, misshandelte Kinder werden oft zu Eltern, die ihre Kinder misshandeln. Verschiedene Gründe tragen dazu bei, dass sich diese unselige Kette fortsetzt. Auf der einen Seite wächst das Kind heran und kennt kein anderes Vorbild, keine andere Art, die Dinge zu tun, keine andere Art der Erziehung. Infolge der erlittenen Misshandlungen wächst es auch mit psychischen Problemen heran, Problemen wie Aggressivität oder der Unfähigkeit, fremdes Leid mitzuempfinden.

Aber das Kind wächst auch oder vielleicht vor allem mit dem Bedürfnis heran, seine Eltern zu rechtfertigen. Kinder empfinden eine starke Liebe zu ihren Eltern und fühlen die Verpflichtung, sie zu rechtfertigen.[35] Alles, was meine Eltern taten, war gut. Wenn ich meine Kinder nicht schlage, dann ist das, als würde ich meinen Eltern unter die Nase reiben, es war schlecht, mich zu schlagen. Mit geradezu kindlicher Hingabe verfällt Castells nur eine Seite weiter in den gleichen Fehler, den er zuvor anderen zugeschrieben hat:
> *Alle – oder die allermeisten von uns – haben die eine oder andere schallende Ohrfeige von unseren Eltern erhalten, an die wir uns seltsamerweise als Erwachsene liebevoll und*

> auch wehmütig erinnern, denn sie sind nicht mehr da, um uns noch eine zu versetzen.

Wesentlich früher hatte Théophile Gautier das mit schöneren Worten zum Ausdruck gebracht, als er das Elend des jungen Baron Sigognac *(Kapitän Fracasse)* beschrieb:

> Sein Vater, den er trotz allem vermisste, hatte seine Fürsorge mühsam durch ein paar Tritte in den Hintern zum Ausdruck gebracht oder durch die Anweisung, ihm Peitschenhiebe zu versetzen. In diesen Augenblicken spürte er eine solche Sehnsucht, dass er glücklich gewesen wäre, wenn er eine dieser väterlichen Verwarnungen erhielte, deren Erinnerung ihm die Tränen in die Augen trieb, denn ein Tritt vom Vater zum Sohn ist immerhin eine menschliche Beziehung...

Eine menschliche Beziehung, in der Tat. Kinder sind so verzweifelt auf den Kontakt und die Aufmerksamkeit ihrer Eltern angewiesen, dass sie sogar in der Lage sind, in Ermangelung eines Besseren, die Misshandlungen als Zeichen der Zuneigung hinzunehmen. Einige Kinder, die auf normalem Wege nicht ausreichend »gesunde« Aufmerksamkeit bekommen können, fangen an, auf anomale Weise krankhafte Aufmerksamkeit zu suchen. Das sind dann die »schlechten«, trotzigen Kinder, die »scheinbar Ohrfeigen herausfordern«. Einige Eltern erklären die Ohrfeige, indem sie sagen: »Es bat schreiend darum!« Glauben Sie, Ihr Kind würde um eine Ohrfeige bitten, wenn es um etwas anderes bitten könnte oder zu bitten wüsste, wenn es sich fähig fühlte, etwas anderes zu bekommen, oder wenn es in der Lage wäre (in den schwersten Fällen), sich vorzustellen, dass es etwas anderes gibt?

Auch ich hoffe, dass mich meine Kinder eines Tages mit Tränen in den Augen vermissen oder sich liebevoll an mich erinnern. Aber ich hoffe, dies geschieht weder wegen eines Fußtrittes noch wegen einer Ohrfeige.

Und Sie, welche unauslöschliche Erinnerung würden Sie gerne hinterlassen?

Belohnungen und Strafe

Und so wuchs Eppie ohne Strafen auf.
George Elliot, *»Silas Marner«*

Viele Gegner von Ohrfeigen verteidigen dagegen andere Formen von Strafen. Das Streichen von Vorrechten (Nachtisch oder Fernsehen) oder die natürlichen Folgen (»Wenn du die Spielsachen nicht aufräumst, packe ich sie weg«) ... Die nordamerikanische Gesellschaft scheint besonders von Strafen besessen zu sein, zumindest überraschen in den Fernsehkomödien Heranwachsende, die schon fast ausgewachsene Männer sind, mit der spontanen Äußerung: »Ich weiß, das habe ich schlecht gemacht, deshalb habe ich zwölf Wochen lang Hausarrest.«

Ich glaube, dass Kinder zum Lernen keine Strafen brauchen, ebenso wenig wie wir Erwachsenen sie benötigen. Kinder wollen ihre Eltern glücklich machen und versuchen dies mit all ihrer Begeisterung (auch wenn sie nicht immer wissen, wie).

Wenn ein Kind weiß, dass es etwas falsch gemacht hat, dann wird es versuchen, das nicht noch einmal zu machen, und es bedarf keiner Strafe. Wenn es das nicht weiß, genügt es, ihm das zu sagen. Wenn es dem nicht zustimmt, wenn es vielmehr aufrichtig glaubt, richtig gehandelt zu haben, dann wird es nicht wegen einer Strafe seine Meinung ändern. Stattdessen wird es wütend und sich gedemütigt fühlen und dasselbe noch einmal machen, sofern es kann. Strafen können höchstens lehren, bestimmte Dinge heimlich zu machen, damit man nicht dabei erwischt wird. Das ist kein moralisches Gewissen, sondern reine Scheinheiligkeit.

Es ist vollkommen möglich, ein Kind ohne Strafen und ohne die Androhung von Strafen zu erziehen.

Ebensowenig gefallen mir auch die Belohnungen nicht mehr. Natürlich geht es hier um ein ganz anderes Niveau. Selbstverständlich zieht jedes Kind 1000 Belohnungen einer Strafe vor.

Worum es geht, ist aber Folgendes: Eines Tages fragte mich eine Mutter: »Wie kann ich meinem Kind denn eine Belohnung anbieten, ohne dass sie wie Erpressung aussieht?« Dies ließ mich nachdenken. Denn tatsächlich ähnelt eine Belohnung doch ganz merkwürdig einer Erpressung. »Wenn du mit guten Schulnoten heimkommst, kaufe ich dir die Spiele-Konsole« ist eigentlich das gleiche wie »Wenn du mit schlechten Schulnoten heimkommst, kriegst du eben keine Spiele-Konsole«.

In Wirklichkeit gibt es für ein Kind keine größere Belohnung als die Anerkennung seiner Eltern (und keine größere Strafe als ihre Ablehnung) und in diesem Sinne ist die Belohnung natürlich und unvermeidlich. Wir können es nicht lassen, unser Kind für seine guten Schulnoten zu loben, seine hübschen Bilder zu bewundern oder ihm zu danken, dass es den Tisch gedeckt hat. Und wenn es Seiten aus dem Lexikon herausreißt oder ein kleineres Kind schlägt, können wir nicht anders als unerfreut zu sein; auch wenn wir uns bemühen, es nicht auszuschimpfen, wird unser Kind wissen, dass es etwas getan hat, was uns stört, etwas, was es nicht hätte tun sollen.

Ich will damit nicht suggerieren, unsere Anerkennung als »Waffe« einzusetzen, um es zu manipulieren. Wenn ich meiner Tochter sage, dass sie eine sehr hübsche Geschichte geschrieben hat, denke ich dabei weder »Meine Anerkennung wird wie eine positive Verstärkung einer erwünschten Handlungsweise wirken« noch »Jetzt werde ich ihre künstlerischen Neigungen stimulieren«. Ich denke einfach nur »Was für eine hünsche Geschichte hat meine Tochter da geschrieben«.

Darüber hinaus ist es angebracht, zwischen Anerkennung und Liebe zu unterscheiden. Wir können mehr oder weniger zufrieden sein mit dem, was unsere Kinder tun, aber nicht deshalb lieben wir sie mehr oder weniger. So sollten wir natürlich niemals sagen (noch denken): »Ich liebe dich nicht, weil du ungezogen warst« (Und das Traurige ist, dass wir das, auch wenn wir das nicht denken, oft genug sagen.) Aber es ist gleichermaßen gefährlich zu sagen: »Ich liebe dich sehr, weil du so artig warst«, weil dies sicherlich eine Lüge ist. Wenn Sie Ihre Kinder bedingungslos lieben, werden Sie sie lieben, was auch immer sie tun – warum sollten Sie dies verschleiern und Sie Ihre Kinder glauben machen, Ihre Liebe hätte Bedingungen?

Aber mehr noch als die Anerkennung hat der bewusste und verbreitete Einsatz von Belohnungen und Versprechungen zur Beeinflussung des Verhaltens unserer Kinder zwei große Nachteile:
- Die Natur der Belohnung: »Wenn du gute Noten nach Hause bringst, gehen wir diesen Sommer an den Strand.« – Und wenn er durchfällt, langweilt sich dann die ganze Familie den ganzen Sommer zu Hause? »Wenn du dein Zimmer aufräumst, gebe ich dir eine Tüte Bonbons.« Aber verursachen Bonbons nicht Karies? Wie können wir unserem Kind eine Belohnung geben, von der

wir wissen, dass sie ihm nicht gut tut? In 15 Jahren, was wird dann die Belohnung sein – Tabak oder Alkohol? »Wenn du mir hilfst, Staub zu wischen, kaufe ich dir ein Buch.« Aber ist es nicht sowieso gut, wenn Kinder lesen? Wie können wir ihm dann das Buch vorenthalten? – Und so ist es mit jedweder Belohnung. Alle diese Dinge, die Sie geben können und müssen, werden Sie aus Liebe geben, ohne Bedingungen. Und ein ebenso unerwünschter Effekt wäre ein sinnloser Konsum, angeheizt von sinnlosen und überflüssigen Preisen.
- Die Korruption: Die dem moralischen Akt innewohnende Qualität verfällt und degradiert sich, wenn es eine Belohnung als Mittel zum Zweck gibt. Ich gehe mit meinen Kindern in den Park, damit sie ihre Freude daran haben, herumrennen und -springen zu können; weil es mir Freude bereitet, sie so zu sehen, weil ich viele Stunden auf der Arbeit verbringe und sie viele Stunden in der Schule und weil ich gern am Wochenende meine Zeit mit ihnen verbringe...– Soll ich etwa all dies damit verderben, indem ich sage »Weil ihr artig wart, gehen wir in den Park?« Warum sollte ich meine Liebe verheimlichen, warum sollte ich so tun, als ob ich dies zweckorientiert tue, wie ein Unternehmer, der Anreize anbietet, um die Produktion zu erhöhen? Meine Tochter ist mit ihrem kleineren Cousin liebenswert gewesen, hat ihn gehütet und versorgt und hat ihm Spielsachen geborgt. Sie hat dies aus Liebe getan, weil sie ihren kleinen Cousin liebt und weil sie ihn gern glücklich sieht; sie war stolz auf sich, dass sie alles gut und richtig gemacht hat... Aber wenn ich ihr eine Versprechung gemacht hätte »Wenn du auf deinen kleinen Cousin aufpasst, kaufe ich dir ein neues Computerspiel«, hätte sie sich dann auch noch stolz fühlen können? Hat sie auf ihren kleinen Cousin aus Liebe aufgepasst oder hat sie ihn für Geld ertragen? Sie selbst zweifelt jetzt an ihren Motiven, weil ich der Erste war, der an ihr gezweifelt hatte.

Die Belohnung ist kein Fortschritt auf dem Weg der Erziehung, eher ein Rückschritt im Bezug auf whre Güte, die uneigennützig und bedingungslos ist. Daher achte ich auf meine Sprache. »Wenn du mit deinen Hausaufgaben fertig bist, gehen wir ins Kino« klingt wie eine Bedingung, wie eine Erpressung; ich sage lieber: »Heute Abend gehen wir ins Kino, also sieh, dass du dich beeilst und deine Hausaufgaben machst.«

Auf der Suche nach Problemen

> *Papa spricht so viel von meinen Schwächen*
> *und behandelt mich mit so viel Verachtung,*
> *dass ich nur noch ständig an mir selbst zweifele.*
> *Oft denke ich, dass ich wirklich so unnütz bin,*
> *wie er es sagt und dann fühle ich mich so unglücklich*
> *und verbittert, dass ich alle Welt hasse.*
> *Ich bin ein Nichtsnutz, mit schlechtem Charakter*
> *und ganz erbärmlich.*
> Emily Brontë, »Sturmhöhe«

Die Bestandsaufnahme von Eyberg (*Eyberg Behavioral Child Inventory*, ECBI) ist ein Fragebogen, um Verhaltensprobleme bei Kindern aufzuspüren.[78] Die Eltern müssen darin ihre Kinder in 36 Aspekten nach Punkten bewerten, in der Art wie »Es hat schlechte Tischmanieren«, »Es weint ständig«, »Es weigert sich zu gehorchen, bis man ihm mit Strafen droht«...

Der Vater oder die Mutter müssen einschätzen, wie häufig ihr Kind dergleichen Scheußlichkeiten tut (nie oder fast nie, manchmal, immer oder fast immer) und angeben, ob sie der Meinung sind, dass dieses Verhalten bei ihrem Kind ein Problem ist. Wenn die Eltern 13 oder mehr Probleme identifizieren, ist das Kind »verhaltensgestört«.

Auf diese Weise fand man heraus, dass in Nordspanien 17 Prozent der Kinder zwischen zwei und 13 Jahren Verhaltensprobleme haben und es sehr nützlich ist, diesen Fragebogen in der Sprechstunde von Kinderärzten einzusetzen. Theoretisch ist die »Verhaltensstörung« eine psychiatrische Erkrankung, die der Behandlung durch einen Spezialisten bedarf, aber es ist fraglich, ob es ausreichend Fachleute gibt, um solch eine große Zahl »geistig Kranker« zu behandeln.

Der pfiffige Leser wird vielleicht schon viele der Probleme erkannt haben, die eine solche Art der »Diagnostik« birgt.

Erstens beobachtet der Arzt nicht direkt das Verhalten des Kindes und spricht auch nicht mit einem neutralen Beobachter, sondern mit den Eltern. Im Konfliktfall sind die Eltern Beteiligte und können nicht als unparteiisch gelten. In Wirklichkeit ermittelt der Fragebogen nicht das tatsächliche Verhalten des Kindes, sondern nur die Meinung der Eltern über das genannte Verhalten. Zu sagen, »mein Herr, Ihr Kind hat eine schwere Verhaltensstörung«, ist nicht dasselbe wie »mein Herr, Sie haben eine erbärmliche Meinung von Ihrem Kind«.

Zweitens schreibt dieses System alle Probleme dem Kind zu. Es ist das Kind, das zu viel schreit, das nicht gehorcht oder viel weint. Als ob es keine Eltern gäbe, die ihre Kinder zu viel anschreien, sie ständig mit Beleidigungen und Schlägen zum Weinen bringen, die sie mit übertriebenen Forderungen und Befehlen überlasten, denen sie unmöglich gehorchen können! Ein paar wird es hier und da geben, aber mit diesem Fragebogen wird man keinen davon entdecken. Wie merkwürdig!

Zum Beispiel müsste die normale Antwort normaler Eltern auf den Satz »Es weigert sich zu gehorchen, bis man ihm mit Strafen droht« lauten: »Das weiß ich nicht, denn wir haben unserem Kind nie gedroht!« Unser Strafgesetz verwendet den Begriff der Drohung als Tatbestandsmerkmal. Wenn ein Ehemann sagte, »Meine Frau weigert sich zu gehorchen, bis ich ihr mit einer Strafe drohe«, dann wären wir uns alle einig, dass er es ist, der ein Verhaltensproblem hat. Wenn dagegen ein Vater oder eine Mutter das von ihrem Sohn sagen, dann denken wir, »problematisch« sei das Kind.

Drittens sind viele (ich meine, sogar die meisten) der Punkte im Fragebogen als Indizien für die Feststellung einer Verhaltensstörung mehr als zweifelhaft:

– *Es braucht lange zum Anziehen.*

Was ist lange? Ein ernsthafter Fragebogen hätte das genauer erläutert, zum Beispiel: »Es braucht mehr als zwölf Minuten, um sich Unterwäsche, Hemd und Hose anzuziehen.« So wie es ist, bleibt die Beurteilung den willkürlichen Kriterien der Eltern überlassen. Jedenfalls weisen viele Erwachsene diese »Verhaltensauffälligkeit« auf.

– *Es weint ständig.*

Das ist bei 13-Jährigen selten. Aber weinen nicht alle Kinder im Alter von zwei oder fünf Jahren?

– *Es weigert sich, das zu essen, was man ihm anbietet.*

Im Restaurant lassen viele Leute Essen auf dem Teller übrig, und keiner scheint sich darüber Gedanken zu machen. Wenn ein Kind sich weigert, das zu essen, was man ihm anbietet, kann das drei Gründe haben: Man hat ihm zu viel auf den Teller gefüllt (das

heißt, es hat keinen Hunger), das Essen schmeckt ihm nicht (ich esse auch nicht das, was mir nicht schmeckt, und Sie?), oder es ist krank und hat keinen Appetit.
– *Es fordert ständig Aufmerksamkeit.*
Kleine Kinder brauchen nun einmal ständige Aufmerksamkeit, deshalb ist es normal und gesund, wenn sie diese einfordern.
– *Es ärgert sich, wenn es seinen Willen nicht bekommt.*
Na so was, genau wie ich! Womöglich bin ich nicht ganz bei Trost und wusste das nur noch gar nicht.

Und Sie, ärgern Sie sich nicht, wenn Sie nicht erreichen, was Sie wollen? »Wie bin ich glücklich! Heute bin ich bei der Prüfung durchgefallen, meine Verlobte hat mir einen Korb gegeben, ich habe beim Kegeln verloren, und man hat mir ein Bußgeld fürs Parken in zweiter Reihe aufgebrummt. Ich habe mich schon lange nicht mehr so amüsiert.« Falls es eine geistige Krankheit ist, sich zu ärgern, wenn wir unseren Willen nicht bekommen, müssen wir wohl alle zur Kur in eine Klinik.
– *Es fällt ihm schwer, einen Moment ruhig zu sein.*
Jeder, der Kinder hat, weiß, dass das normal ist. Wenn Ihr Kind ruhig bleibt, gehen Sie besser mit ihm zum Arzt.
– *Es verhandelt mit seinen Eltern über die Regeln zu Hause.*
Aber, aber, leben wir denn in einer Demokratie oder nicht? Über Regeln zu streiten ist ein Recht, das man »Mitwirkung« nennt. Um morgen gute Staatsbürger zu sein und Regeln mit den Regierenden erörtern zu können, ist es empfehlenswert, dass die Kinder im Schoße der Familie üben.
– *Es unterbricht die Erwachsenen.*
Die Leute im Gespräch zu unterbrechen gehört sich nicht, ist aber unvermeidbar, wenn man als Teilnehmer einer Talkshow im Radio oder Fernsehen Erfolg haben will. Wie oft unterbrechen wir Eltern unsere Kinder, wie oft verlieren wir wegen ihrer stammelnden Sprache die Geduld, wie oft schneiden wir ihnen das Wort ab und sagen Dinge wie: »Red keinen Unsinn!«, »Siehst du nicht, dass wir uns gerade unterhalten?«, »Ich habe nein gesagt, und es bleibt dabei!«, »Kommt gar nicht in Frage!« ...? Kinder lernen aus Beispielen.
– *Es macht ins Bett.*
Nächtliches Bettnässen ist keine Verhaltensstörung, sondern eine normale Schwankung im Reifungsprozess der Kinder. Schon vor

langer Zeit hat man nachgewiesen, dass nächtliches Bettnässen mit keinerlei psychischen Problemen zusammenhängt.
   – *Es beleidigt seine Geschwister oder Kinder in seiner Umgebung und streitet mit ihnen.*
Die Rivalität unter Geschwistern ist vollkommen normal, und oft ist das Beste, was Eltern tun können, sich herauszuhalten.[79]
   – *Es hat schlechte Tischsitten.*
Kann jemand allen Ernstes denken, die Ellenbogen auf den Tisch zu stützen oder beim Löffeln der Suppe zu schlürfen, wäre ein Grund, zum Psychologen zu gehen?
   – *Es hat Schwierigkeiten, etwas Begonnenes fertig zu stellen.*
Das ist ein Ding! Die meisten gotischen Kathedralen sind immer noch nicht fertig.

Überraschend und Besorgnis erregend ist die Unnachsichtigkeit, mit der Eltern urteilen, dass ein bestimmtes Kind ein »Verhaltensproblem« hat. So versichern sechs Prozent der Eltern, es sei »immer oder fast immer« so, dass ihr Kind sich »weigert, die Aufgaben zu erledigen, die man von ihm verlangt«, und weitere 52 Prozent sagen, dies geschehe »gelegentlich«, aber 29 Prozent sehen in diesem Punkt ein Problem. Das heißt, ein guter Teil der Eltern betrachtet es schon als Problem, wenn sich das Kind »nur gelegentlich« weigert, die Aufgaben zu erledigen. Ebenso gibt es nur fünf Prozent, die immer oder fast immer »andere Kinder belästigen«, aber 13 Prozent der Eltern sehen ein Problem; nur fünf Prozent haben »Schwierigkeiten, etwas Begonnenes fertig zu stellen«, aber 16 Prozent der Eltern sehen ein Problem; nur sechs Prozent haben immer oder fast immer »Wutanfälle«, aber 21 Prozent der Eltern sehen ein Problem ... Nur in zwei Bereichen – »Es fällt ihm schwer, einen Moment ruhig zu sein« und »Es macht ins Bett« – ist es umgekehrt: Einige Eltern versichern, ihr Kind tue das immer oder fast immer, und sehen trotzdem kein Problem darin (womit sie zeigen, dass sie über bessere Kriterien verfügen als der Autor des Fragebogens).

Kann es sein, dass die ständige Wiederholung negativer Bemerkungen über Kinder dazu führt, dass wir unsere eigenen Kinder allmählich als schlecht wahrnehmen?

Von jeder Beleidigung bleibt etwas hängen

> *[...] wenn man den Sittenverfall der heutigen Jugend betrachtet [...]*
> Margarita de Valois (1492 - 1549), *»Das Heptameron«*

Wenn Erwachsene über Kinder sprechen, greifen viele zu Stereotypie, Beleidigung und systematischer Erniedrigung. Das geschieht oft in einem scherzhaften, fast »liebevollen« Ton (»das Monsterchen«, »die kleinen Tyrannen«, »die Plagen« ...), aber der Schaden ist schon entstanden:

Man überträgt auf die Eltern die Vorstellung, ihre Kinder seien gegen sie und verdienten keine Achtung als Personen. Sehen wir uns ein paar konkrete Beispiele an:

> *Kaum dass er das Bettuch berührt, fängt der Schlingel an zu plärren.*[15]

Der »Schlingel« ist zehn Monate alt, aber sein Verhalten beurteilt man nicht nur als wohl überlegt und bewusst, sondern auch noch als moralisch verwerflich. Die Wortwahl ist kein Zufall: Das Baby fängt nicht an zu stöhnen (laut Wörterbuch »schmerzvoll klagen«) und auch nicht zu weinen (»aus Trauer oder vor Schmerz Tränen vergießen«), sondern zu »plärren« (»grundlos laut und ungezogen weinen«).

Wer hat behauptet, es sei ungezogen und habe keinen Grund zum Weinen? Betrachten wir weitere Beleidigungen näher:

> *Kleine Kinder sind negativ, zeigen wenig gesunden Menschenverstand und keinerlei Rücksichtnahme auf die Rechte anderer.*[76]

Sie meinen, ich übertreibe? Sie finden diesen Satz nicht so beleidigend? Ersetzen Sie »kleine Kinder« durch »Schwarze« oder »Frauen« und sagen Sie mir, wie er jetzt auf Sie wirkt.

> *Zehn Prozent der untersuchten Kinder waren kleine Terroristen.*[76]

Das ist eine sehr schwere Anschuldigung. Ersetzen Sie »Kinder« durch »Gewerkschaftler«, »Bayern«, »Patienten«, »Beamte« oder irgendeinen anderen Begriff, der sich auf Erwachsene bezieht, und Sie können sich auf eine Anzeige wegen übler Nachrede gefasst machen.

> *Sie vermitteln ihrer Mutter ein Gefühl der Minderwertigkeit. Kleine Kinder verfügen über eine unglaubliche Fähigkeit, ihre Mütter zu demoralisieren. Viele benehmen sich wie vollkommene Engel, während andere für sie sorgen, und heben sich ihre dämonische Seite ausschließlich für ihre Eltern auf.*[76]

Was für eine Entdeckung! Ohne unnötige Beleidigungen und Übertreibungen wie »dämonisch« ist es tatsächlich wahr, dass wir alle uns bei Fremden besser benehmen als in der Familie. Sie lassen sich von Ihren Arbeitskollegen, ganz zu schweigen von Ihren Vorgesetzten, Kränkungen gefallen, die bei Ihrem Ehepartner einen Streit auslösen würden. Im Restaurant beschweren wir uns seltener über das Essen als zu Hause (und wenn wir im Hause eines Freundes essen, beklagen wir uns niemals über das Essen).

Und Sie, lieber Leser, der Sie Vater sind, wo machten Sie besser Ihr Bett, wo fegten und wischten Sie ohne Murren den Boden, wo gehorchten Sie unverzüglich und lächelnd: daheim oder beim Militär? Heißt das, Sie liebten und achteten Ihren Spieß mehr als Ihre Mutter? Natürlich nicht, Sie hatten nur mehr Angst vor ihm. In Spanien hat es unter der sozialistischen Regierung viel mehr Streiks und Demonstrationen gegeben als zu Francos Zeiten. Bedeutet das, die Arbeiter waren unter Franco glücklicher?

Es ist eine Tatsache, dass wir nicht häufiger protestieren, wenn wir unglücklicher sind, sondern dann, wenn wir mehr Hoffnung haben, dass unser Protest etwas nützt. Wir erheben häufiger Einspruch, wenn wir uns angenommen und geliebt fühlen. Bowlby bestätigt das wie folgt:[80]

> *Aufgrund der emotionalen Bande, die das Kind mit den Eltern und diese mit dem Kind verbinden, benehmen sich Kinder gegenüber ihren Eltern immer kindischer als gegenüber anderen Personen [...] Das gilt sogar für die Vogelwelt. Junge Finken, die schon ausreichend in der Lage wären, sich eigenständig zu ernähren, fangen manchmal an, wie Jungvögel um Futter zu betteln, wenn sie ihre Eltern sehen.*

Selbst Freud hielt sich mit seinen Erniedrigungen nicht zurück:
> *Ein Übermaß an mütterlicher Zärtlichkeit wird vielleicht für das Kind schädlich sein, weil es seine sexuelle Reifung beschleunigt, schlechte Gewohnheiten lehrt und unfähig macht, in späteren Lebensphasen vorübergehend auf Liebe zu verzichten oder mit einem kleinen Teil davon vorlieb zu nehmen. Die Kinder, die in ihrem Verlangen nach mütterlicher Zärtlichkeit unersättlich sind, zeigen damit eines der deutlichsten Symptome zukünftiger Nervosität. Auf der anderen Seite tendieren neurotische Eltern im Allgemeinen zu maßloser Zärtlichkeit und erwecken so durch ihre Liebkosungen in ihren Kindern vor allen anderen die Neigung zu späteren neurotischen Erkrankungen.*[81]

Von der Beleidigung des Kindes zur Beleidigung der Eltern ist es nur ein Schritt, und wenn Sie mit Ihren Kindern zärtlich umgehen, dann sind Sie ein Neurotiker.

»Nein«, wird der Leser sagen, »Freud nennt nur die Neurotiker, deren Zärtlichkeit kein Maß kennt, nicht diejenigen, die normale Zärtlichkeit zeigen.« Stimmt, aber was ist maßlose Zärtlichkeit? In unserer Gesellschaft ist es für viele schon übermäßige Zärtlichkeit, wenn man ein weinendes Kind auf den Arm nimmt.

Freud ist keineswegs der Einzige, der sich über Eltern lustig macht, die »übertrieben zärtlich« zu ihren Kindern sind:
> *Es aus dem Bett zu nehmen, wenn es schlafen müsste, ist kein Zeichen von Zärtlichkeit, sondern von dummer Ignoranz.*[33]

Sehen wir einmal, wie Dr. Green seine Methode beschreibt, Kinder weinen zu lassen, um ihnen das Schlafen beizubringen:
> *Lassen Sie es fünf Minuten weinen, wenn Sie normal sind, zehn Minuten, wenn Sie streng sind, zwei Minuten, wenn Sie empfindlich sind, und eine Minute, wenn Sie sehr zart besaitet sind. Die Dauer des Weinens ist abhängig von der Toleranz der Eltern und davon, wie sehr sich das Kind wirklich aufregt.*[76]

Das heißt, dass Eltern, die ihr Kind nicht weinen lassen wollen, empfindlich, zart besaitet und nicht tolerant genug (intolerant!) sind. Das ist ein unglaublicher Verfall der Sprache, wenn es als Toleranz bezeichnet wird, sein eigenes Kind weinen zu hören und sich nicht die Bohne darum zu scheren. Selbst wenn man annähme, es wäre moralisch akzeptabel, Kinder weinen zu lassen (was ich absolut nicht annehme!), wäre es dann nicht logischer, die Dauer des Weinens an die Widerstandskraft des Kindes anzupassen und nicht an die der Eltern? Aber natürlich, Dr. Green macht sich keine Sorgen darum, was ein wenige Monate altes Kind erleiden kann, sondern darum, was ein Erwachsener von 20 oder 30 Jahren erleiden kann.

Die Kontrolle der Schließmuskeln

Ein Menschenrecht, das in Büchern normalerweise keine Erwähnung findet und trotzdem weitestgehend geachtet wird, ist das Recht, Kot auszuscheiden, wann uns danach ist. Natürlich kommt es vor, dass es uns bei einem gesellschaftlichen Ereignis erwischt oder weit von einer Toilette entfernt, und wir uns deshalb gezwungen sehen, den Impuls zu unterdrücken (und wir alle wissen, wie schwer uns das fällt).

Wir wissen auch, wie schwer es ist, Kot auszuscheiden, wenn uns nicht danach ist (die typische Anweisung »Geh zur Toilette, ehe wir das Haus verlassen, denn nachher werden wir keine Gelegenheit dazu haben«).

Stellen Sie sich einmal vor, ein Fabrikdirektor würde alle Angestellten verpflichten, von 11.00 bis 11.15 Uhr gleichzeitig die Toilette aufzusuchen, um nicht unnütz Zeit zu verschwenden. Das wirkte mehr als demütigend, ja, es ist grotesk. So etwas gäbe Anlass zu Protesten, käme in die Presse, nicht wahr?

Wenn es uns lächerlich scheint, einen Erwachsenen zu verpflichten, um 11.45 Uhr zur Toilette zu gehen oder ihm zu verbieten, es um 13.28 Uhr zu tun, müsste es uns noch viel lächerlicher scheinen, das mit einem Baby zu versuchen. Wenn unsere neun (oder 19) Monate alte Tochter einkotet, dann tut sie das nicht, um uns zu ärgern, nicht aus Bosheit, nicht aufgrund einer Erkrankung, sondern weil das normal ist, weil Babys in diesem Alter noch nicht die Kontrolle über ihren Schließmuskel haben. Und wenn wir mit fünf (oder 15) Monaten unseren Sohn aufs Töpfchen setzen und er nichts macht, dann meinen wir nicht, er wolle uns auf den Arm nehmen oder uns herausfordern, und auch nicht, wir müssten ihn zum Psychiater bringen. Sondern es ist einfach normal, dass er das Töpfchen noch nicht benutzen kann. Tatsächlich würde es uns bei einem Kind von fünf Monaten nicht einmal wundern, wenn es vom Töpfchen fiele.

Aber es gab eine Zeit, ob Sie es glauben oder nicht, da zwang man Kinder (oder versuchte, sie dazu zu zwingen), im Alter von neun Monaten und im Alter von fünf Monaten, das Töpfchen zu benutzen. Im Jahre 1941 versicherte Dr. Ramos, wobei er sich auf das zweite Trimester bezog (das heißt zwischen dem dritten und sechsten Lebensmonat):

> *Die Regelung der natürlichen Handlungen der Kotausscheidung und des Wasserlassens ist auch ein mächtiges Mittel der Erziehung. Ab dem dritten Lebensmonat setzt die Mutter das Kind zu den Zeiten aufs Töpfchen, wo es seinen Darm zu entleeren pflegt [...] und falls es das nicht tut, ist es gestattet, ihm während ein paar Tagen ein Zäpfchen nur aus Kakaobutter oder Glycerin einzuführen, damit es die Vorstellung des »Töpfchens« mit »Aa machen« in Verbindung bringt.*[37]

Ist Ihnen ein Detail aufgefallen? Die Schließmuskelkontrolle ist nicht ein Ziel, sondern ein Mittel. Man erzieht das Kind nicht, damit es seinen Darm ins Töpfchen entleert, sondern umgekehrt: Man regelt die Ausscheidung, um das Kind zu erziehen. Das Ziel besteht nicht darin zu erreichen, dass das Kind sich nicht beschmutzt, das ist nur sekundär. Das wirkliche Ziel besteht darin, das Kind zu erziehen, das heißt, dass es lernt zu gehorchen und den Willen der Eltern zu tun. Wer einem so lächerlichen Befehl wie »entleere jetzt sofort deinen Darm« zu gehorchen vermochte, wird später ohne Fragen und Proteste jedem anderen Befehl Folge leisten. Freud hatte das schon im Jahre 1905 klar und deutlich zum Ausdruck gebracht:

> *Eines der besten Erkennungszeichen für zukünftige Anomalie oder Nervenleiden besteht beim Stillkind darin, dass es sich weigert, seinen Darm zu entleeren, wenn man es aufs Töpfchen setzt, das heißt, wann es demjenigen angebracht scheint, der für das Kind sorgt; das Kind behält sich diese Funktion für den Zeitpunkt vor, den es selbst für angebracht hält.*[81]

Das heißt, das Stillkind (vermutlich ein Kind unter 12 Monaten), das nicht Aa macht, wenn seine Eltern es sagen, sondern wenn ihm danach ist, »weigert sich« zu gehorchen. Es »behält sich« dieses zweifelhafte Vergnügen vor, bietet der elterlichen Autorität die Stirn und zeigt deutliche Symptome einer zukünftigen Anomalie, einer Neurose. Alle Kinder, die nach dem ersten Lebensjahr weiterhin eine Windel benutzen, werden (oder sind schon) laut Freud neurotisch. Mit Recht sagt man, es gibt mehr außerhalb als innerhalb der Norm!

Warum waren Freud, Ramos und viele andere so von dem überzeugt, was sie sagten? Sie werden wohl irgendein Kind gesehen haben, das vor Vollendung des ersten Lebensjahres erfolgreich aufs Töpfchen ging, um zu behaupten, das sei normal. Sie werden wohl irgendeinen Neurotiker gekannt haben, der Probleme mit dem Töpfchen hatte, um daraus zu schließen, es gäbe einen Zusammenhang zwischen beidem.

Tatsächlich funktionierte die Methode bei vielen Kindern. Einige entleeren ihren Darm jeden Tag zur gleichen Zeit, und wenn man sie genau zu dieser Zeit aufs Töpfchen setzt, dann ist der Beweis erbracht! Durch die Wiederholung brachte das Kind das Töpfchen mit der Darmentleerung in Zusammenhang, und so entstand mit der Zeit ein bedingter Reflex. Das typische Beispiel für einen bedingten Reflex ist der berühmte Pawlow'sche Hund, bei dem man jedes Mal, wenn er etwas fraß, ein Glöckchen erklingen ließ. Zum Schluss fing er schon an, Speichel abzusondern, wenn er nur das Glöckchen hörte (»das Wasser lief ihm im Munde zusammen«). Der bedingte Reflex ist unbewusst, erfordert weder Intelligenz (der Hund hatte sie nicht), noch einen freien Willen (der Hund kann nicht willentlich Speichel absondern, sondern nur, wenn er das Glöckchen hört).

Wenn die Verbindung zwischen dem Sitzen auf dem Töpfchen und der Darmentleerung nicht durch Zufall erreicht wurde, dann stellte man sie durch ein Glycerin-Zäpfchen oder ein Klistier her, was normalerweise innerhalb weniger Minuten zur Darmentleerung führt. Außerdem ist bekannt, dass Kälte kleine Kinder zum Wasserlassen veranlasst, weshalb es leicht passiert, dass sie es schon tun, wenn man ihnen nur die Hose herunterzieht.

Aber es gab natürlich auch viele Kinder, bei denen es nicht gelang, den Reflex zu konditionieren; viele Kinder machten nicht auf Kommando Aa. Heutzutage sagen die Großmutter, die Nachbarin, die Krankenschwester, der Kinderarzt und das Buch den unerfahrenen Eltern: »Natürlich ist das so, was hattet ihr erwartet? In diesem Alter haben sie noch keine Schließmuskelkontrolle.« Die Eltern sagen: »Ach so, gut!«, heben das Töpfchen bis zum nächsten Jahr auf, und schon hat die liebe Seele Ruh. Diesen Kindern passiert nichts, und offensichtlich werden sie auch nicht neurotisch.

Wenn aber vor 80 Jahren ein sechs Monate altes Kind nicht ins Töpfchen machte, dann sagten die Nachbarin, die Großmutter, der Kinderarzt, das Buch und der Psychiater zu den Eltern: »Das darf nicht sein!« »Es hält Euch zum Besten!« »Mal sehen, ob es krank ist.« »Ein Cousin von mir fing so an und endete im Irrenhaus.« »Ihr müsst darauf bestehen.« »Dieses Kind muss eine feste Hand spüren.« ...

Die betrübten Eltern waren konsequent und setzten das Kind stundenlang aufs Töpfchen (»Bis du nicht Aa gemacht hast, gehst du hier nicht weg«), schrien es an, drohten, straften, verspotteten es (»schon so groß und noch immer in Windeln«), brachten es zum Arzt, gaben ihm Abführmittel, machten ihm Einläufe, tauchten seinen Po zur Strafe in heißes Wasser (in Büchern findet man noch Beschreibungen der typischen Verbrühungen durch kochendes Wasser) ...

Kein Wunder, wenn einige dieser armen Kinder am Ende Neurosen entwickelten! Die Prophezeiung wurde wahr, die Nachbarn und Kinderärzte verkündeten: »Ich hatte schon darauf aufmerksam gemacht, dass es ein schlimmes Ende mit diesem Kind nehmen würde, wenn man ihm nicht vor Vollendung des ersten Lebensjahres beibringt, aufs Töpfchen zu gehen.« Und Freud (wie fast alle seiner Zeitgenossen) verwechselte die Ursache mit der Wirkung. Sie konnten nicht einmal den leisesten Verdacht hegen, dass gerade die Bemühungen, das Kind zu »erziehen«, die Neurose verursacht hatten. Zum Glück merkten immer mehr Ärzte, worin das Problem wirklich bestand, und in den siebziger Jahren formulierte Dr. Blancafort tadellos, was die Wissenschaft damals dachte (und noch heute meint):

Vor Vollendung des ersten Lebensjahres sind die Bemühungen, dem Kind »beizubringen«, seine physiologischen Bedürfnisse richtig zu kontrollieren, unnütz und sogar manchmal schädlich.

> [...] *Das Kind muss man erziehen, aber nicht »dressieren« wie ein kleines Tier. Genau das ist das Einzige, was hartnäckige und zwanghafte Mütter maximal erreichen würden: es dressieren, aber um den Preis, es viele Stunden lang auf dem Töpfchen sitzen zu lassen, was für den Kleinen eine richtige Folter bedeutet und nicht selten eine Haltung der Ablehnung und Zurückweisung, wenn nicht wahres Entsetzen zur Folge hat. [...] Im Alter von etwa zwei Jahren ist es gut möglich, dass ein Kind in der Lage ist, vollständige Kontrolle über diese Bedürfnisse zu erlangen.*[82]

Ganz meine Meinung! Nur einen Vorwurf würde ich Dr. Blancafort machen: Statt anzuerkennen, dass Medizin und Psychiatrie einen Missgriff getan haben, wälzt er die Schuld auf »hartnäckige und zwanghafte Mütter« ab. Arme Mütter, haben sie doch nichts weiter getan, als den Empfehlungen zu folgen, die Kinderärzte und Psychiater 30 Jahre zuvor gegeben hatten.

Zum Glück hält man sich heutzutage bei der Kindererziehung an die Wissenschaft und begeht nicht mehr so eine Grausamkeit, wie Kindern mit drei Monaten beibringen zu wollen, aufs Töpfchen zu gehen, nicht wahr? Doch, heutzutage begeht man eine ähnliche Grausamkeit, um dem Kind das Schlafen »beizubringen«.

Eines Tages wird man anerkennen, dass »es unnütz und schädlich ist«, Kinder nachts weinen zu lassen und sie zu zwingen, während der ersten Lebensjahre von ihrer Mutter getrennt zu schlafen, und dass diese Methoden sie »dressieren und nicht erziehen«. Auch dann wird man diese Schuld auf die »hartnäckigen und zwanghaften Mütter« schieben. Als ob es ihre Idee gewesen wäre ...

Wie und wann die Windeln weglassen

Oft spricht man davon, »die Schließmuskeln kontrollieren zu lernen«, und das hinterlässt eine vage Besorgnis bei den Eltern. Denn Lernen erfordert doch offensichtlich Unterweisung. Wer soll dem Kind auf welche Weise beibringen, seine Schließmuskeln zu kontrollieren, was auch immer das sein mag?

Auf keinen Fall! Sich nicht die Hose nass zu machen ist wie laufen, sitzen und sprechen. Um das zu lernen, bedarf es weder der Ausbildung noch des Unterrichts. Es gibt zehnjährige Kinder und auch Erwachsene, die nicht lesen können oder nicht Klavier spielen, weil es ihnen niemand beigebracht hat. Die Eltern müssen etwas tun (ihrem Kind Unterricht erteilen, einen Lehrer oder eine Schule suchen), wenn sie wollen, dass es dies und viele andere Dinge lernt. Aber es gibt keine zehnjährigen Kinder, die nicht laufen, sitzen, sprechen können oder sich in die Hose machen (wenn sie wach sind). Alle gesunden (und ein großer Teil der kranken) Kinder kontrollieren mit vier Jahren oder schon viel früher perfekt ihre Ausscheidung von Urin (tagsüber) und Kot.

Die Frage ist also nicht: »Was muss ich tun, damit mein Kind lernt, die Toilette zu benutzen?« Denn was auch immer Sie tun, egal ob Sie alles »richtig« machen oder ob Sie alles »falsch« machen, ja sogar wenn Sie absolut gar nichts machen, Ihr Kind wird es lernen. Die Frage lautet: »Was kann ich tun, damit mein Kind nicht leidet, während es lernt, die Toilette zu benutzen?« Und die Antwort ist: »Am besten tun Sie nichts.« Oder tun Sie so wenig wie möglich.

Wenn die Eltern etwas tun, das heißt, wenn sie ihr Kind zu einer bestimmten Zeit auf das Töpfchen setzen, wenn sie es zwingen, sitzen zu bleiben, bis es etwas gemacht hat, wenn sie es ausschelten, weil es in die Hose macht, dann wird das Kind langfristig auch lernen, zur Toilette zu gehen, aber in der Zwischenzeit wird es unglücklich sein (und seine Eltern auch). In extremen Fällen ist es wahrscheinlich, dass gewisse unglückliche »Unterrichtsmethoden« das Lernen verzögern können oder bei dem Kind eine Abwehr gegen die Darmentleerung bewirken, was zu Verstopfung führen kann.

Aber wenn wir ihm nie die Windel abnehmen, wie wird es dann lernen? Wird es nicht sein Leben lang Windeln tragen? Das bezweifle ich. Ich kenne niemanden, der es ausprobiert hätte. Aber ich wage zu unterstellen, dass selbst wenn die Eltern nie die Initiative ergreifen, alle Kinder sich irgendwann selbst der Windel entledigen würden. Kein 15-Jähriger würde mit einer Windel auf die Straße gehen. Aber die Sache liegt so, dass Windeln nämlich Geld kosten und Windeln zu wechseln Mühe macht und fast alle Eltern früher oder später bestrebt sind, ihren Kindern die Windeln abzunehmen.

Prinzipiell dürfte dies kein Problem verursachen. Die Windel ist etwas vollkommen Künstliches, eine relativ neue Erfindung, die nicht die Bequemlichkeit des Kindes, sondern die seiner Eltern zum Ziel hat. Kinder brauchen keine Windel. Viele Eltern nehmen ihren Kindern im Sommer die Windeln ab und lassen der Natur ihren Lauf. Das tun sie sogar vor Vollendung des ersten Lebensjahres, wenn sie genau wissen, dass ihr Kind unmöglich seine Ausscheidungen willentlich unter Kontrolle haben kann. Dafür ist es natürlich vorteilhaft, zu Hause weder Teppichböden noch Läufer zu haben, und erforderlich, jederzeit bereit zu sein, an jedem Ort ohne den geringsten Vorwurf den Boden aufzuwischen. So erspart man dem Kind einiges Wundsein wegen der Hitze und den Eltern viel Geld für Windeln. Am Ende des Sommers, wenn das Kind (wie zu erwarten war) weiterhin sich voll macht, legt man ihm wieder die Windel um, und alle sind zufrieden.

Im ersten Sommer nach dem zweiten Geburtstag, wenn in der Tat eine gewisse Hoffnung auf Änderung besteht, können die Eltern ihrem Kind erklären, was sie von ihm erwarten: »Wenn du Aa oder Pipi machen willst, lass es uns wissen.« Aber natürlich werden Sie ihm nicht auf die Nerven gehen und alle halbe Stunde nachfragen (es genügt, wenn Sie es einmal im Juni erklären und höchstens alle 14 Tage wiederholen) und Sie werden Ihr Kind nicht aufs Töpfchen setzen, wenn es Sie nicht darum gebeten hat. Sie werden es weder tadeln noch kritisieren und sich auch nicht wegen eines Malheurs oder falschen Alarms über es lustig machen und keine Ungeduld zeigen.

Es kann nützlich sein, es zu fragen, was ihm lieber ist, ob es wie Papa und Mama die Toilette oder ein Töpfchen oder eine Sitzverkleinerung für die Toilette benutzen will (und sich selbst aussuchen, welches ihm am besten gefällt). Solange es noch nicht die geringste Kontrolle hat, ist es klug, ihm eine Windel anzulegen, wenn man mit ihm auf die Straße geht.

Einige Kinder schaffen es, in diesem Sommer trocken zu werden, andere im nächsten. Einige werden natürlich auch dazwischen reif und verlangen, dass man ihnen die Windel abnimmt. (»Bist du sicher?« »Ja!« »Gut, probieren wir es aus.«)

Wir sagten, es dürfte kein Problem verursachen, die Windeln abzunehmen, aber manchmal tut es das doch. Selbst wenn man sie nicht zwingt, nicht tadelt, ihnen nicht auf die Nerven geht und keine beleidigenden Kommentare äußert, weigern sich einige Kinder, sich die Windeln abnehmen zu lassen. Sie haben sich so daran gewöhnt, sie zu tragen, dass sie sich ein Leben ohne Windel nicht vorstellen können. Erklären Sie Ihrem Kind, dass es nicht schlimm ist, wenn es irgendwo Pipi oder Aa macht, und Sie nicht verärgert sein werden.

Wenn es aber trotzdem um die Windel bittet, ziehen Sie sie ihm ohne ein weiteres Wort an. Schließlich war es nicht seine Idee gewesen; es waren seine Eltern, die entschieden, ihm nach seiner Geburt Windeln anzuziehen, und es ist nicht die Schuld des armen Kindes, wenn es sich daran gewöhnt hat. Es kann sein, dass ein Kind, das sich mit anderthalb Jahren die Windel abnehmen ließ, es mit zweieinhalb nicht zulässt. Bestehen Sie nicht darauf, drängen Sie es nicht, sagen Sie einfach: »Gut, wenn du willst, dass ich sie dir abnehme, dann sage mir Bescheid,« und damit ist das Thema erledigt.

Einige Kinder gehen gerne ohne Windel, fühlen sich aber nicht in der Lage, das Töpfchen zu benutzen. Sie merken, dass sie müssen, sagen Bescheid, wollen sich aber nirgends hinsetzen. Sie wollen die Windel. Manchmal muss man ihnen eine Zeit lang jedes Mal eine Windel anziehen, wenn sie Pipi oder Aa müssen. Einigen Kindern, die nackt am Strand spielen, muss man eine Windel anziehen, damit sie Pipi machen. Wundern Sie sich nicht, beklagen Sie sich nicht, lachen Sie nicht. Ziehen Sie ihm ohne zu verhandeln die Windel an, nur ganz wenig fehlt, dann ist es geschafft. Einige ängstlichere Kinder wagen es nicht, um die Windel zu bitten, aber auch nicht, das Töpfchen zu benutzen, und versuchen, sich so lange wie möglich zu beherrschen. Einige beginnen unter Verstopfung zu leiden. Wenn Sie merken, dass Ihr Kind seinen Darm nicht mehr entleert, wenn Sie ihm die Windel abnehmen, dann probieren Sie, sie ihm wieder anzuziehen (selbst, wenn es nicht darum gebeten hat).

Es ist nicht schlimm, nach einigen Tagen oder Monaten die Windel wieder zu verwenden. Das ist weder ein Rückschritt noch Rückschlag und schadet dem Kind auch überhaupt nicht. Es sei denn, natürlich, es weigert sich.

Jetzt gehen wir zum anderen Extrem, zum Kind, das sich nicht beherrschen kann, aber darauf besteht, dass man ihm die Windel abnimmt oder nicht wieder anzieht, wenn man sie ihm den Sommer über abgenommen hatte. Wie immer ist es wichtig, mit dem Kind zu sprechen und rücksichtsvoll zu sein. Wenn es nur gelegentliche Malheurs gibt, ist es besser, auf es zu hören. Wenn es überhaupt keine Kontrolle hat, können Sie es vielleicht davon überzeugen, sich die Windel anziehen zu lassen. Aber wenn es das rundweg ablehnt, wenn es weint, damit Sie ihm keine Windel anziehen, wenn es das als Versagen oder Demütigung empfindet, ist es auch besser, auf es zu hören und vielleicht zu versuchen, einen Kompromiss zu schließen. (»Im Haus kannst du ohne Windel gehen, aber wenn wir spazieren gehen, musst du dir eine anziehen lassen.«)

Manchmal muss man, was zweifellos lästig ist, einige Wochen darauf verzichten, das Haus zu verlassen, um ein Drama zu vermeiden. Darum ist es wichtig, mit der Angelegenheit nicht lästig zu fallen, keine Anspielungen zu machen und nicht zu sticheln, und dass keiner dem armen Kind sage »schäme dich, so groß und noch in Windeln«, »mal sehen, ob du noch einmal lernst, zur Toilette zu gehen«, »wenn du noch einmal in die Hose machst, muss ich dir Windeln anziehen wie einem kleinen Mädchen« oder andere gehässige Bemerkungen mache. So darf man niemals mit einem Kind sprechen, weder über dieses Thema noch über andere.

In den vergangenen Jahren haben sich einige Eltern entschlossen, ihren Kindern gleich von Anfang an keine Windeln anzuziehen, um so die Probleme (und ebenso die ökonomischen und ökologischen Kosten) zu vermeiden, die so viele Windeln bzw. das Abgewöhnen mit sich bringen. Die Idee ist nicht schlecht; denn ganz offensichtlich hat die Menschheit Tausende von Jahren ohne Windeln gelebt und auch heut noch trägt die Mehrheit der Kinder dieser Welt keine Windeln. Es geht diesen Eltern nicht darum, dem Kind beizubringen, auf dem Topf sitzen zu bleiben, bis es sein Geschäft verrichtet hat, es auszuschimpfen oder es zu bestrafen, wenn es aufsteht, sondern darum, dass wir, die Eltern, es lernen, so aufmerksam zu sein, dass wir die Zeichen erkennen, wann unser Kind Pipi oder Kacka machen muss und klaglos zu akzeptieren, wenn uns manchmal ein Pipi oder Kacka daneben geht. Es gibt auch Bücher zu diesem Thema; allerdings wurde, so weit ich weiß, keins davon in Spanien veröffentlicht. Man bekommt dazu Informationen im Internet, in Spanisch[90] und vor allem in Englisch[91]. [Anm. d. Übersetzerin: auf Deutsch gibt es dazu bereits zahlreiche Bücher; zwei Klassiker dazu sind die Bücher von Ingrid Bauer, »Es geht auch ohne Windeln!« und »TopfFit!« von Laurie Boucke. Ein gutes Kapitel dazu gibt es auch in dem Buch von Julia Dibbern, »Geborgene Babys«.]

Tagsüber erlangen alle normalen Kinder die Kontrolle über ihre Ausscheidungen, ohne dass man ihnen irgendetwas beibringt. Wenn Ihr Kind nach dem vierten Lebensjahr noch Aa oder Pipi in die Hose macht (abgesehen von einem gelegentlichen Malheur mit dem Pipi), dann ziehen Sie einen Kinderarzt zu Rate. Wenn es Probleme gibt, haben sie oft psychische Ursachen (manchmal gerade aufgrund von Versuchen, ihnen mit Gewalt »beizubringen«, aufs Töpfchen zu gehen, in anderen Fällen aufgrund anderer Konflikte oder Eifersucht).

In einigen Fällen ist das Einkoten (Enkopresis) eine Folge von Verstopfung: Es bildet sich eine Kugel, welche die Schleimhaut des Mastdarmes reizt und einen unechten Durchfall verursacht. Das Kind macht das nicht absichtlich; Auslachen und Strafen werden das Problem nur weiter verschlimmern.

Nachts ist das aber ganz anders. Obwohl viele Kinder mit drei Jahren im Schlaf trocken bleiben können, leiden viele andere unter nächtlichem Bettnässen (Enuresis nocturna), bis sie jugendlich sind oder sogar ihr ganzes Leben lang. Während des Ersten Weltkriegs wurde ein Prozent der nordamerikanischen Rekruten wegen Enuresis für dienstuntauglich erklärt. Das nächtliche Bettnässen hat fast nie organische oder psychische Ursachen, sondern hängt von der neurologischen Reife und den genetischen Anlagen ab (es tritt familiär gehäuft auf).

Einigen Kindern gelingt es, an einem besonderen Tag nicht ins Bett zu machen (zum Beispiel, wenn sie bei einem Freund übernachten), indem sie praktisch die ganze Nacht durchwachen. Das können sie natürlich nicht viele Tage nacheinander machen. Leider begreifen einige Eltern nicht, welche unglaubliche Anstrengung das bedeutet hat, und werfen es ihrem Kind vor (»Bei Paul zu Hause konntest du dich gut zusammennehmen, aber hier machst du dir keine Gedanken, na klar, ich bin ja da, um die Bettlaken zu waschen«). Diese Art Bemerkungen sind nicht nur grausam, sondern auch unwahr. Vor kurzem berichtete eine Mutter in einem Internet-Forum, dass ihre siebenjährige Tochter bettnässt. Eine andere Mutter antwortete ihr folgendermaßen:

> *Bis zum 16. Lebensjahr machte ich nachts ins Bett, ich fühlte mich schlechter und hatte mehr Komplexe als alle anderen... Ich blieb nächtelang wach, um nicht ins Bett zu machen, und in den fünf Minuten, in denen mich der Schlaf übermannte,*

> machte ich Pipi ins Bett. Ab dem Mittag trank ich nichts mehr, es war schrecklich, und ich machte weiterhin ins Bett; nachts stand ich auf, um meine Bettlaken zu waschen, damit es keiner merkt... Tadele deine Tochter nicht, mache sie nicht dafür verantwortlich, es ist wie eine Krankheit, eines Tages hörte ich plötzlich auf damit. Mein ältester Sohn machte ins Bett, bis er 13 Jahre alt war...

An dieser Stelle möchte ich eine Anekdote vortragen, um meine tiefe Verehrung für einen großartigen japanischen Kinderarzt, Dr. Itsuro Yamanouchi aus Okayama, zum Ausdruck zu bringen: Im Jahre 1988 besuchte ich sein Krankenhaus, und dieser demütige Weise faszinierte mich. Obwohl er ärztlicher Direktor eines großen Krankenhauses war, hielt er weiterhin externe kinderärztliche Sprechstunden. Eines Nachmittags leistete ich ihm in seiner Sprechstunde Gesellschaft, und er erläuterte mir die Geschehnisse auf Englisch.

– Dieses Kind ist sechs Jahre alt und macht nachts ins Bett. Ich habe der Mutter erklärt, dass das normal ist und man nichts zu tun braucht und dass auch ich bis zum siebten Lebensjahr ins Bett gemacht habe.
– Was für ein Zufall! – entgegnete ich in meinem holperigen Englisch. – Ich habe auch ins Bett gemacht bis ich sieben Jahre alt war.

Dr. Yamanouchi beeilte sich (zu meinem Erstaunen), meine Worte zu übersetzen, und die Mutter sah mich mit noch größerem Staunen an, bedankte sich überschwänglich und verbeugte sich ehrerbietig.

Kurze Zeit später sah mich eine andere Mutter, während sie den Worten des Arztes zuhörte, ebenfalls erstaunt an und verbeugte sich ehrerbietig.
– Dieser zehnjährige Junge macht auch Pipi ins Bett. Ich habe der Mutter erklärt, dass ich bis zum elften Lebensjahr ins Bett gemacht habe und du bis zum siebten Lebensjahr.
– Aber... sagten Sie nicht, dass Sie auch bis zum siebten Lebensjahr ins Bett gemacht haben?
– Richtig – lächelte Dr. Yamanouchi – ich sage immer ein Jahr mehr.

Anschauen ja, aber nicht berühren

Die Sonntagsbeilage der spanischen Tageszeitung *El Periódico* hat eine feste Rubrik, die über berühmte Persönlichkeiten herzieht. In der Ausgabe vom 17. Oktober 1999 auf Seite 4 witzelte man unter dem Titel »anschmiegsame Kinder« über diejenigen, die mit ihrem Kind auf dem Arm von einem Fotografen überrascht wurden:

> *Viele Berühmtheiten haben sich entschlossen, ihren legendären Kinderwagen der Nobelmarke Jané beiseite zu stellen und sich ihren Nachwuchs direkt aufzuladen. Diese Rückkehr zur neolithischen Methode mag vielleicht ihre pädagogischen Qualitäten haben, aber sie dürfte weder gesund noch bequem sein.*

Der witzige Journalist scheint zu glauben, dass der Kinderwagen am Ende des Neolithikums erfunden wurde und seitdem niemand mehr ein Kind auf dem Arm getragen hat. Wie viele Kinderwagen aus der Bronzezeit hat der Leser in Museen gesehen, wie viele aus der Zeit der Assyrer, der Griechen, der Römer, aus dem Mittelalter, der Renaissance und dem Barock? Nein, der Kinderwagen ist eine viel modernere Erfindung, und die Kinder sind bis vor ziemlich kurzer Zeit auf dem Arm getragen worden.

> *So leicht das kleine Familienmitglied auch sein mag, die Quittung für sein Gewicht bekommt man am Ende in Form einer Wirbelsäulenverkrümmung oder eines Bandscheibenvorfalles.*

Das ist hanebüchener Unsinn. Ein Kind auf dem Arm zu tragen verursacht weder eine Verkrümmung der Wirbelsäule noch einen Bandscheibenvorfall.

> *Außerdem kann man darüber streiten, ob sich das Geschöpf als Anhängsel wohler fühlt als in einem weichen Wagen liegend.*

Sie können darüber streiten, wenn Sie wollen. Aber ein Kind, das im Kinderwagen aus Leibeskräften weint und sich sofort beruhigt, wenn man es auf den Arm nimmt, scheint recht gut zu wissen, wo es sich wohler fühlt.

> *Im Rhythmus von Mama und Papa zu reiten kann stimulierend wirken, aber es ermüdet.*

Ich wäre bereit zuzugeben, dass der Vater ermüdet, wenn er sein Kind auf dem Arm trägt, vor allem, wenn es pummelig ist. Aber wie kann er nur denken, das Kind würde ermüden? Es ist sehr typisch, dass man, wenn du auf dein Kind hörst und ihm gibst, worum es bittet (die Brust, auf dem Arm getragen zu werden, in deinem Bett schlafen), dich auch noch beschuldigt, ihm zu schaden.

Wie dem auch sei, das Kind wie Cindy Crawford spazieren zu tragen, als sei es eine Last, scheint nicht das Empfehlenswerteste zu sein, vor allem, weil Babys auch atmen müssen.

Wie eine Last? Auf dem Foto sieht man das Model, wie es zärtlich ein wenige Monate altes Baby in einem bequemen Tragetuch hält. Allerdings ist das eine sehr empfehlenswerte Methode, denn sie ist sicher, verteilt gut das Gewicht und erlaubt es, die Arme relativ frei zu bewegen. Und selbstverständlich kann das Baby ausgezeichnet atmen. Wird nicht eher dem neidischen Kommentator die Luft wegbleiben, wenn er Cindy so nahe sein könnte?

Antonio David Flores dagegen trägt seine Tochter allzu leichtsinnig. Sie stützt sich verächtlich auf seine Schulter wie jemand sich an die Theke einer Bar lehnt.

Auf dem Bild, das eine so scharfe Reaktion hervorgerufen hat, scheint ein Kind von drei oder vier Jahren rundherum glücklich auf Papas Armen. Ich entdecke nicht die geringste Verachtung in ihrer Art, ein Ärmchen aufzustützen. Manchmal liegt die Verachtung in den Augen des Betrachters...

Der Artikel ist nichts weiter als ein Beispiel für das starke Vorurteil, das in unserer Gesellschaft dagegen besteht, Kinder auf dem Arm zu tragen. Zugegeben, es ist ein bangloser Artikel, nur ein Scherz..., aber wie viele Eltern mussten nicht ähnliche Kommentare von Familienangehörigen, Freunden und sogar von Unbekannten anhören?

Vor einigen Monaten sprang mir ein Titel in einer Buchhandlung ins Auge: *Abrázame Mamá* (»Umarme mich, Mama«).[32] Er klang vielversprechend. Ein Buch, das eindeutig für den Kontakt zwischen Mutter und Kind eintritt! Aber nein, es ist nur die alte Leier von der »Freiheit innerhalb einer Ordnung«. Die Autorin lobt den Körperkontakt in den höchsten Tönen, das stimmt, und schreibt ihm Qualitäten zu, auf die ich noch gar nicht gekommen war, wie »Er stimuliert das Gehirn«, »Er ist eine Form der Kommunikation«, »Er übermittelt liebevolle Gefühle«, »das Kind hört die Herzschläge, und das beruhigt«.

In diesem Alter ist der psychologische Nutzen des körperlichen Kontaktes unbestritten. Man hat nachgewiesen, dass ein Kind, dem während des ersten Lebensjahres der Körperkontakt oder

> das natürliche Schaukeln beim Gehen im Tragesack vorenthalten wird, es später schwer hat, mit anderen Kindern soziale Kontakte aufzubauen, und als Erwachsener zu aggressivem Verhalten neigt.

Es fällt mir beinahe schwer zu glauben, dass es derart wichtig ist, Kinder auf dem Arm zu tragen. Wenn alles das, was sie sagt, stimmt, müssen wir jetzt sofort losrennen, um unsere Kinder auf den Arm zu nehmen, nicht wahr? Aber Vorsicht! Es gibt einige Ausnahmen, wann es offenbar nicht empfehlenswert ist, Kinder auf den Arm zu nehmen:

- Wenn du nervös bist, denn bestimmt würdest du deine Nervosität auf dein Kind übertragen.
- Damit es sich beruhigt.
- Damit es einschläft.
- Wenn ... du schon am Ende bist!
- Wenn es nicht laufen will.

Mit einem Wort: Nehmen Sie Ihr Kind jederzeit auf den Arm, nur dann nicht, wenn es das braucht oder wenn Sie das brauchen. Wenn Sie die Mutter aus dem Werbespot sind, die in Zeitlupe barfuß in einem blütenweißen Kleid über eine leuchtend grüne Wiese läuft, wobei die blonden langen Haare im Wind wehen (und ohne sich an einer Distel zu stechen) und an Ihrer Seite zwei blonde gehorsame Kinder spielen (die sich nicht streiten!) und ein Pudel, dessen Fell ebenfalls im Wind weht, dann können Sie Ihr pausbäckiges und lächelndes Baby, das weder die Windeln voll noch Koliken noch Schleim an der Nase hat, auf den Arm nehmen, ihm ihre liebevollen Gefühle übermitteln, sein Gehirn stimulieren und es die Frische Ihrer Kleidung spüren lassen.

Aber wenn Sie eine unerfahrene und konfuse Mutter sind (oder wenn Sie gleichzeitig für Ihr Baby sorgen und sich um sein eifersüchtiges Schwesterchen oder seine zwei krakeelenden Schwesterchen kümmern), wenn es seit der Geburt Tage gibt, an denen Sie wie ein Dummerchen weinen und nicht wissen, warum, wenn Sie Ihrem Mann vorgeworfen haben, wie wenig er hilft, und er wütend wurde, die Tür zuknallte und wegging, wenn Ihre Mutter und Ihre Schwiegermutter gekommen sind, um zu »helfen«, und alles kritisieren, was Sie tun, wenn niemand gekommen ist, um wirklich zu helfen, und sich die schmutzigen Teller und die Bügelwäsche stapeln, wenn Sie in der Nacht kein Auge zutun konnten, dann seien Sie nicht so egoistisch, Ihr Kind auf den Arm zu nehmen, es mit Küssen zu bedecken, sich mit ihm hinzusetzen und die ganze Welt zu vergessen. Nein! Sie sind nervös und könnten das auf Ihr Kind übertragen. Stattdessen spielen Sie Lotto, knacken den Jackpot, engagieren zwei Dienstmädchen und ein Kindermädchen und kommen erst zurück, wenn Sie wieder ruhiger sind. Wenn Sie sich beeilen, können Sie Ihren Sohn in den Arm nehmen, bevor er aus der Schule kommt.

Kennen Sie irgendeine schnellere Methode, um ein Baby dazu zu bringen, mit dem Weinen aufzuhören oder einzuschlafen, als es auf den Arm zu nehmen und etwas vorzusingen? Und wenn Ihr Kind von anderthalb Jahren nicht laufen will und es Zeit ist, nach Hause zu gehen, was können Sie da anderes tun, als es auf dem Arm zu tragen? Warten, bis es Lust zum Laufen bekommt, auch wenn es auf einer Bank neben der Sandkiste schlafen muss? Es an den Haaren durch die Straßen ziehen?

Es scheint, als wolle die Autorin einen ärgern. Das ist dasselbe, als würde man sagen »Das Wasser ist sehr gesund, aber trinke es nie, um deinen Durst zu stillen« oder »Im Bett kann man sich sehr gut ausruhen, aber lege dich niemals dorthin, um zu schlafen«.

Auszeit

Die Auszeit oder Zeit der Ausgrenzung ist eine der »Erziehungstechniken«, die aus dem Behaviorismus abgeleitet wurden. Einer ihrer Vorkämpfer war Dr. Christopherson, Professor für Kinderheilkunde und Verhaltenswissenschaft an der Universität von Kansas. Er veröffentlichte eine ausführliche Erläuterung seiner Methoden in einer renommierten Fachzeitschrift der Kinderheilkunde.[83] Er beginnt zunächst mit ziemlich viel gesundem Menschenverstand, indem er vehement körperliche Strafen ablehnt und erklärt, dass Kinder unter vier oder fünf Jahren kein abstraktes Denkvermögen besitzen, so dass sie vielen unserer Befehle nicht gehorchen können. Er weist auch darauf hin, dass Kinder durch Wiederholung lernen, und wenn sie eine Sache viele Male »falsch« machen, dann nicht aus Ungehorsam oder Trotz, sondern weil sie üben. Er behauptet, dass die Methode der Auszeit »viel besser funktioniert, als die Kinder zu schlagen, anzuschreien oder zu bedrohen«, was wahrscheinlich auch stimmt ...

Wenn er aber zur ausführlichen Beschreibung der Methode kommt, fragt man sich, wo sein gesunder Menschenverstand geblieben ist. Wir sprechen von Kindern zwischen acht Monaten und zwölf Jahren; ihre Taten waren zum Beispiel »Wutanfälle, Schlagen oder andere aggressive Handlungen, Nichtbefolgen gegebener Anweisungen [...], Hüpfen auf Möbeln und Dazwischenreden«. Das Verfahren ist folgendermaßen:

> Schritt 1 – Sofort nach dem unangemessenen Verhalten dem Kind sagen: »Nein, du darfst nicht...« Das muss man ruhig sagen, ohne die Stimme zu heben, ohne zornig zu sprechen oder zu schelten. Es wortlos und mit einem Gesichtsausdruck, der nicht mit Zuneigung verwechselt werden kann, in den Laufstall tragen.
>
> Schritt 2 – Nachdem sich das Kind an dem vorgesehenen Ort befindet, kein Wort sagen, es nicht ansehen und nicht mit ihm sprechen. Wenn es zu weinen aufgehört und sich entspannt hat, zu diesem Ort zurückgehen, es wortlos herausholen und in der Nähe seiner Spielsachen auf den Fußboden setzen. Ihm weder einen scharfen Verweis erteilen noch das erwähnen, was es falsch gemacht hat. Man braucht ihm keine lange Predigt zu halten und muss versuchen, nicht zornig zu wirken. Wenn das Kind zu weinen anfängt, sobald sich der Vater ihm nähert und es hochhebt, es wieder in den Laufstall setzen und das Ganze wiederholen.
>
> Schritt 3 – Nach jeder Auszeit muss das Kind eine Regenerationsphase beginnen. Es werden weder Erklärungen gegeben noch Beschimpfungen, Drohungen oder scharfe Verweise. Bei der ersten Gelegenheit positive Verhaltensweisen suchen und belohnen.

Das Kind kann jederzeit ohne Vorwarnung für unbegrenzte Zeit von einem allmächtigen Wesen bestraft werden, das nichts erklärt und vorgibt, nicht verärgert zu sein. Der Angeklagte kann nichts zu seiner Entlastung sagen, denn die Entscheidung ist unwiderruflich.

Das Einzige, was das Kind tun kann, um die Strafe zu beenden, ist aufzuhören zu weinen. Zu versprechen, es nie wieder zu tun, ist zwecklos, wenn es das unter Tränen verspricht. Es genügt nicht, eine bestimmte Zeit dort zu bleiben: Ein Mörder, der zu 18 Jahren Gefängnis verurteilt wurde, wird nach 18 Jahren entlassen, unabhängig davon, ob er weint oder nicht, unabhängig davon, ob er die Tat bereut oder nicht, unabhängig davon, ob er um Verzeihung bittet oder nicht. Aber ein Kind, für das eine Auszeit verhängt wurde, kann unbegrenzt dort bleiben, wenn es weiterweint (zum Glück verfügen die Eltern in der Regel über mehr gesunden Menschenverstand als die »Experten«, und wenn ihr Kind sich nicht in angemessener Zeit beruhigt, holen sie es am Ende heraus).

Von dem Kind fordert man, dass es seine Gefühle unterdrückt und genau dann aufhört zu weinen, wenn es am meisten Drang dazu verspürt (und am meisten Gründe dazu hat). Es soll sich verstellen, soll lügen (und sich selbst belügen), es soll auf seine eigene Persönlichkeit verzichten, um sich in einen Roboter im Dienste der Bedürfnisse der Erwachsenen zu verwandeln. Eine unmenschlichere Methode ist schwer vorstellbar.

Warum spricht man nicht zornig und schilt es aus? Um seine Überlegenheit zu zeigen. Es kommt darauf an, sich nicht auf die Ebene des Kindes zu begeben und sich vor ihm mit der Sicherheit und dem Selbstbewusstsein einer inkarnierten Gottheit zu zeigen.

Warum wird so darauf bestanden, nicht mit ihm zu sprechen und es nicht anzusehen? Durch das Sprechen versteht man einander, und für den Behavioristen ist es wesentlich, dass Vater und Kind einander nicht verstehen. Wenn sie miteinander sprechen, wird es möglich zu begründen, sich zu verteidigen, inständig zu flehen und Einwände vorzubringen, und das birgt das Risiko, dass der Prozess durch ein wenig Vernünftigkeit beeinträchtigt wird. Die Fähigkeit zu sprechen unterscheidet den Menschen vom Tier; und Skinner, das ist nicht zu vergessen, forschte mit Ratten. Wenn der Vater das Kind ansieht, kann er sein Leid erkennen, Mitleid fühlen, es kann ein visueller Kontakt entstehen. All dies gefährdet den Erfolg der Methode, denn sie muss aus Prinzip distanziert, unpersönlich, irrational und erbarmungslos sein.

Warum darf der Gesichtsausdruck nicht mit Zuneigung verwechselt werden können? Weil der Schwachpunkt der Methode darin besteht, das Kind auf den Arm zu nehmen, um es in den Laufstall zu tragen: In einer Umgebung, in der es streng verboten ist, Kinder auf den Arm zu nehmen, weil sie sonst »verzogen« werden, könnte der arme Unglückliche den Eindruck gewinnen, dass wir ihn liebevoll behandeln. Er könnte dazu übergehen, sich absichtlich »schlecht zu benehmen«, damit man ihn berührt und mit ihm redet.

In gewisser Weise schmerzt Kinder die Teilnahmslosigkeit ihrer Eltern mehr als Schelte und Schläge. Was auf den ersten Blick wie ein Fortschritt, ein »zivilisierteres« Vorgehen aussieht, nämlich Teilnahmslosigkeit statt Anschreien und Strafpredigten, ist nichts weiter als ein Rückschritt zu einer subtileren Form der Folter. Teilnahmslosigkeit ist – wie elektrische Schläge – eine ideale Form der Folter: Die Schmerzen sind schlimmer als die von Schlägen, aber am Körper bleiben keine erkennbaren Spuren.

Warum darf man während der Auszeit dem Kind gegenüber nicht erwähnen, was es falsch gemacht hat? Wäre die Methode nicht wirkungsvoller mit einer verbalen Verstärkung? (»Fasse den Gashahn nicht noch einmal an; du sollst dein Brüderchen nicht schlagen.«) Eindeutig nicht! Erklärungen führen nur dazu, die Wirkung abzuschwächen. Der Angeklagte könnte die Tat leugnen oder sogar (größte Herausforderung!) die Gültigkeit der Regel in Frage stellen. Ein Terrorregime kann keine Diskussion zulassen.

Warum wendet man die Methode nur bei Kindern unter zwölf an? Könnte man so nicht auch das Verhalten des sarkastischen Studenten, des faulen Angestellten, des unverschämten Kunden, des unhöflichen Verlobten oder der ungehorsamen Ehefrau verändern? Nein, aus drei Gründen geht das nicht: Erstens wiegt ein Kind über zwölf zu viel, um es auf den Arm zu nehmen und in einen Laufstall zu setzen. Zweitens wird es nicht schweigen, wenn man es mit so offensichtlicher Niederträchtigkeit behandelt. Drittens, und vielleicht ist das der Hauptgrund, Scham vor anderen. Schon der bloße Gedanke, einen Heranwachsenden oder Erwachsenen so zu schikanieren, würde Unglaube, Gelächter oder Bestürzung auslösen. Aber es scheint ganz »normal«, ein Kind so zu behandeln ...

(Nebenbei, liebe Leserin, hat Sie im vorhergehenden Abschnitt der Ausdruck »ungehorsame Ehefrau« gestört? Empörend, nicht wahr? So etwas nennt man heutzutage »sexistische Sprache«, und es ist die schlimmste Art, in der Ausdrucksweise gegen die Regeln von Anstand und Höflichkeit zu verstoßen. Warum ist es dann erlaubt, von einem »ungehorsamen Kind« zu sprechen?)

Einige der Leser werden wohl ein Déjà-vu-Erlebnis gehabt haben, als sie die Erklärungen über die Auszeit lasen. Wo hatten sie so etwas Ähnliches schon einmal gelesen? Vielleicht hier:

»Sie dürfen nicht weggehen, Sie sind ja gefangen.«
»Es sieht so aus«, sagte K. »Und warum denn?«, fragte er dann.
»Wir sind nicht dazu bestellt, Ihnen das zu sagen. Gehen Sie in Ihr Zimmer und warten Sie.
[...]

> *»Sie sind doch verhaftet.«*
> *»Wie kann ich denn verhaftet sein? Und gar auf diese Weise?«*
> *»Nun fangen Sie also wieder an«, sagte der Wächter und tauchte ein Butterbrot ins Honigfässchen. »Solche Fragen beantworten wir nicht.«*
> *»Sie werden sie beantworten müssen«, sagte K. »Hier sind meine Legitimationspapiere, zeigen Sie mir jetzt die Ihrigen und vor allem den Verhaftbefehl.«*
> *»Du lieber Himmel!«, sagte der Wächter, »dass Sie sich in Ihre Lage nicht fügen können und dass Sie es darauf angelegt zu haben scheinen, uns, die wir Ihnen jetzt wahrscheinlich von allen Ihren Mitmenschen am nächsten stehen, nutzlos zu reizen.«*

Es sind Abschnitte aus *Der Process* von Kafka. Ja, die Methode der Auszeit ist kafkaesk im wahrsten Sinne des Wortes.

Ist sie auch effektiv? Fast alle Methoden, die wir in diesem Buch kritisieren sind es – effektiv, um ihr Ziel zu erreichen: ein unterwürfiges, gehorsames Kind, das nicht stört. Die Frage ist, ob das auch unser Ziel ist; ob blinder Gehorsam und ehrfurchtsvolle Stille die Eigenschaften unserer Kinder sind, deren Entwicklung uns am meisten am Herzen liegt.

Aber gewiss ist die Methode nicht zu 100 Prozent effektiv. Und Christophersen selbst gibt das unbedacht und naiv zu, als er die schriftlichen Regeln erläutert, die den Eltern der Kinder (unter 18 Monaten) ausgehändigt werden, die eine Kindertagesstätte im Stadtgebiet von Kansas besuchen. Bei diesen Regeln gibt es mehrere positive Punkte: Das Personal darf Kinder nicht anschreien und nicht schlagen. (Wie eigenartig! Der Vorkämpfer für die Auszeit wird hier zu dem, was Dr. Green einen »Aktivisten gegen körperliche Bestrafung« bezeichnen würde.) Aber die tatsächliche Disziplinierung beginnt jetzt:

> *Wenn das Kind ein unannehmbares Verhalten zeigt, wird der Mitarbeiter, der am nächsten ist, eine kurze verbale Äußerung von sich geben: »Nein«, es entschlossen, aber ohne Gewalt, hochheben, zum Laufstall tragen und dort sanft absetzen. Sobald das Kind sich entspannt hat und ruhig ist, wird irgendein Mitglied des Teams es dort herausholen und wieder an einen geeigneten Platz bringen.*

Wenn das Fehlverhalten »andere Kinder in Gefahr bringt« und durch die Auszeit nicht verschwindet,

> [...] wird es das Zentrum verlassen müssen, und man wird die Eltern auffordern, es anderswo unterzubringen.

Das Ergebnis könnte nicht besser sein:
> [...] es kommt zu einer eindrucksvollen Verbesserung der Atmosphäre in den Tagesstätten, sobald ein oder zwei Problemkinder ihr Verhalten verbessert oder die Kindertagesstätte verlassen haben.

Wenn man an Verhalten denkt, das »andere Kinder in Gefahr bringt«, fallen einem Jugendliche ein, die sich Papas Sturmgewehr ausleihen und auf dem Schulhof um sich schießen. Wenn wir aber darüber nachdenken, über welche aggressiven Fähigkeiten ein Kind unter 18 Monaten verfügt, das sich in einem geschlossenen Raum unter der Aufsicht von Erwachsenen befindet, müssen wir folgern: Das »Risiko«, das die anderen Kinder tragen, besteht allenfalls darin, dass ihnen der Schnuller weggenommen wird oder sie geschubst werden und auf dem Po landen (auf einer weich gepolsterten Windel). Nachdem alle Versuche, diese schweren Probleme zu behandeln, versagt hatten, sahen sich die weisen Behavioristen von Kansas gezwungen, diese bösartigen Säuglinge aus den Kindertagesstätten auszuschließen. Werden sie nun in Besserungsanstalten eingewiesen werden oder sich zu gefährlichen Straßenbanden von verbrecherischen Babys zusammenrotten? Können Sie sich vorstellen, was für eine kriminelle Karriere ein Kind erwarten kann, das mit 14 Monaten wegen schlechten Benehmens aus der Kindertagesstätte verwiesen wurde? Das ist kein Witz, leider!

Was für eine Vorstellung bleibt einigen Eltern von ihrem eigenen Kind, das wegen eines »unverbesserlichen Fehlverhaltens« aus der Kita ausgeschlossen wird? (»Sehen Sie, gnädige Frau, uns bleibt nichts anderes übrig, als Ihr 14 Monate altes Kind aus der Kita auszuschließen. Es zeigt ein aggressives Verhalten, das die anderen Kinder gefährdet, und in seinem Falle haben die besten Behandlungsmethoden der modernen Psychologie nichts genützt. Wir können Ihnen leider nicht mehr helfen. Kaufen Sie sich einen Revolver, und Gott schütze Sie!«)

Was wird man im nächsten Kindergarten oder in der Schule bei der Anmeldung dieses Kindes sagen? (»Hier geben Sie an, dass es aus der Kita Däumling verwiesen wurde. Aus welchem Grunde?«) Wenn dies das Beste ist, was das System tun kann, um Babys mit »Problemen« zu helfen, welche disziplinarischen Maßnahmen wird man dann bei Kindern im Alter von fünf, sieben oder 13 Jahren ergreifen?

Ein 14 Monate altes Kind aus der Kinderkrippe zu verweisen, weil man unfähig ist, sein Verhalten zu ertragen oder unter Kontrolle zu bringen, ist ein tragisches Eingeständnis der Inkompetenz. Andere haben ohne Universitätstitel mehr Zeit aufgewendet, um Kinder zu beobachten und mit ihnen zu sprechen. Ich erinnere mich zum Beispiel, dass es in dem Kindergarten, in den unser erstes Kind ging, ein Kind gab, das die anderen Kinder biss. »Man braucht viel Geduld«, sagten Esther und Gerda, zwei hervorragende Erzieherinnen, »es hat zu Hause Probleme. Aber mit Liebe und Geduld wird es aufhören zu beißen.« Und natürlich hörte es auf zu beißen.

Um die Vortrefflichkeit seiner Methode zu demonstrieren, kann Christopherson nicht der Versuchung widerstehen, eine »persönliche Anmerkung« zu machen:

> [...] *viele Kinder, die nach dieser Methode erzogen wurden, bringen ihre Puppen und ihre Freunde in die gleiche Situation, wenn sie sich schlecht benehmen. Man hat auch beobachtet, dass Kinder, die von ihren Eltern geschlagen werden, das Gleiche mit ihren Puppen und Freunden tun, und dass diejenigen, denen ständig derbe Verweise erteilt werden, das Gleiche mit ihren Puppen und Freunden tun.*

Nein, wir wollen keine Angst haben, den Satz zu vollenden: *und diejenigen, die fortwährend liebevoll und respektvoll behandelt werden, behandeln ihre Puppen und Freunde ebenso.*

Es ist traurig, dass jemand der Wahrheit so nahe sein kann, ohne sie zu erkennen. Tatsächlich schlagen kleine Kinder andere nicht deshalb, weil »man sie nicht erzogen hat«, sondern gerade deshalb, weil sie mit Ohrfeigen »erzogen« wurden. Und die Lösung ist nicht die Methode Auszeit. So erreicht man zwar, dass das Kind zu schlagen aufhört, aber nicht, dass es seine Freunde liebevoll behandelt, sondern nur, dass es sie ausschließt.

Frühförderung

Es gibt hervorragende Fachleute, die sich der Betreuung behinderter Kindern widmen, und zweifellos kann die Frühförderung in diesen Fällen sehr nützlich sein. Was ich an dieser Stelle als Mythos anführen möchte, ist die Frühförderung von gesunden Kindern in der Absicht, Genies aus ihnen zu machen.[84]

Es kann ein ziemlich harmloser Mythos sein, wenn er nur dazu führt, dass Eltern ihrem Kind mehr Zeit widmen, mit ihm spielen, ihm Lieder beibringen und Geschichten erzählen. Natürlich ist all das gut für die Kinder.

Aber der Zweck (die Intelligenz zu vergrößern) könnte die Mittel verderben. Nehmen wir zum Beispiel an, dass Kinder früher zu sprechen lernen, wenn ihre Eltern mit ihnen spielen und ihnen Geschichten erzählen. Werden sie darauf in ihrem Lebenslauf hinweisen? (»In welchem Alter fingen Sie zu sprechen an?« »Mit elf Monaten sagte ich ›Papa‹, mit 18 Monaten beherrschte ich 85 Wörter.« »Ausgezeichnet, Sie bekommen die Stelle.«) Um sagen zu können, dass es tatsächlich eine Wirkung hatte, reicht es offensichtlich nicht aus, im Alter von zwei Jahren einen geringfügigen Unterschied nachzuweisen, sondern dieser Unterschied müsste auch mit 25 noch bestehen.

Und wenn es eine solche langfristige Wirkung gäbe, was war genau der Schlüssel zum Erfolg? Waren es die Spiele, die Geschichten oder die Lieder? Was stimuliert mehr, Fingerspiele oder Verstecken? Oder haben diese Eltern ihre Kinder womöglich auch in bessere Schulen geschickt oder ihnen im Alter von zwölf Jahren mehr beim Lernen geholfen? Wird es nicht so sein, dass die Eltern, die ihren Kindern während des ersten Lebensjahres mehr Aufmerksamkeit widmen, dies auch den Rest des Lebens tun?

»Spielen Sie mit Ihrem Kind, um diesen Lebensabschnitt zu genießen«, scheint mir ein guter Rat für frisch gebackene Eltern. Es scheint nicht klug, ihn durch den Rat »Stimulieren Sie Ihr Kind, damit es intelligenter wird« zu ersetzen. Bei den Spielen der Babys gibt es keinen Wettkampf, niemand gewinnt beim »Kuckuck-Spiel« oder verliert beim Kitzeln.

Aber bei der Förderung kann man durchaus verlieren, denn sie hat ein Ziel (die Intelligenz). Die Eltern spielen, um zu lachen und um es zu genießen, ihre Kinder lachen zu sehen, aber die Förderung kann für beide Seiten zu einer Pflicht werden, und die Eltern könnten glauben, sie hätten das Recht, für ihre »Bemühungen« etwas zu bekommen. (»Sei still, sage ich dir, unterbrich mich nicht, wenn ich dir eine Geschichte erzähle!« »Was soll das heißen, was ist ein Palast? Ich habe dir doch schon gestern erklärt, was ein Palast ist. Konzentriere dich etwas mehr!«) Was die Eltern ihren Kindern im Spiel geben, sind weder Kenntnisse noch Lerntechniken, sondern das wundervolle Gefühl, geliebt zu werden, geachtet zu werden, wichtig zu sein.

Eine der größten Gefahren dieses Mythos liegt in dem verbreiteten Glauben, dass Eltern ihre Kinder nicht angemessen zu stimulieren wissen und diese Aufgabe den Fachleuten der Pädagogik zukommt. Man redet den Eltern ein, ihr Kind müsse in den Kindergarten, um sprechen zu lernen, sich zu sozialisieren (das heißt, mit anderen Kindern Kontakt aufzunehmen), um ganz allgemein »aufgeweckt« zu werden, um nicht so verhätschelt zu sein, um sich von seiner Mutter zu trennen ... (dafür ist der Kindergarten tatsächlich geeignet, sich von der Mutter zu trennen, leider).

Wahr ist etwas anderes: In den Kindergarten zu gehen ist nicht besser als zu Hause bei der Familie zu sein. Vor einem Jahrzehnt sah Susan Dilks die wissenschaftlichen Studien gründlich durch, die Kinder, die in den Kindergarten gingen, wurden mit den Kindern verglichen, die bei ihren Eltern blieben.[85] Der Besuch des Kindergartens war mit einer weniger stabilen Gefühlsbindung an die Eltern verbunden. Was die Sozialisierung betraf, waren die Daten widersprüchlich: In einigen Studien waren sie umgänglicher, aber in anderen dagegen aggressiver; die Ergebnisse waren in erstklassigen Kindergärten besser. Was das Lernen oder die Intelligenz betraf, gab es keine Unterschiede zwischen den Kindern, die in den Kindergarten gingen, und denen, die zu Hause blieben. Die Ausnahme waren Kinder aus benachteiligten Gemeinschaften, die sich etwas verbesserten, wenn sie einen erstklassigen Kindergarten besuchten, der dem pädagogischen Fachbereich einer Universität unterstand. Der Lernvorteil verschwand, wenn die besondere Hilfe nicht die ganze Schulzeit durch aufrechterhalten wurde. Über Kinder aus wunderbaren Familien (wie der Ihren, lieber Leser), die einen minder guten Kindergarten besuchen, ist nichts gesagt.

2007 fanden Bradley und Vandell[93] ein vergleichbares Panorama: Die Kinder, die in den Kindergarten gingen, zeigten eine bessere sprachliche Entwicklung, vor allem, wenn sie aus schlechtergestellten Familien kamen und gute Kindergärten besuchten; aber sie hatten auch Verhaltensauffälligkeiten, zeigten Aggressivität und Stress, vor allem die Kinder, die sehr früh und für viele Stunden täglich in den Kindergarten gegeben wurden. Kurz und gut, wenn das Kind zu Hause angemessen behandelt wird, bietet der Besuch eines Kindergartens keinerlei Vorteile.

Natürlich müssen viele Familien ihre Kinder aus finanziellen Gründen in einen Kindergarten geben. Während wir (in Spanien, A. d. Ü.) weiter darum kämpfen, dass der Mutterschaftsurlaub verlängert und dem der sozial weiterentwickelten Länder gleichgestellt wird, ist es gut zu wissen, dass ein Kind sich in einem erstklassigen Kindergarten beinahe ebenso gut entwickeln kann.

Und wodurch zeichnen sich diese erstklassigen Kindergärten aus, von denen wir so viel sprechen? Dilks nennt eine Reihe allgemeiner Kriterien, zum Beispiel in Bezug auf die Anzahl der Kinder pro Betreuer. Maximal vier Kinder unter 18 Monaten oder fünf Kinder zwischen 18 und 36 Monaten oder acht Kinder zwischen drei und fünf Jahren. Wie viele Kinder pro Erzieherin gibt es im Kindergarten Ihres Kindes?

Das Gesetz (in Spanien, A. d. Ü.) erlaubt pro Betreuungsperson acht Kinder unter einem Jahr. Glauben Sie, dass es möglich ist, für acht Babys gleichzeitig zu sorgen? Wenn Sie Achtlinge hätten, oder auch nur Vierlinge, würden Sie sich in der Lage fühlen, den ganzen Tag ohne fremde Hilfe für sie zu sorgen? Allein das Wechseln der Windeln und Füttern würde die ganze Zeit in Anspruch nehmen. Es ist unmöglich, noch etwas anderes mit den Kindern zu machen. Wo bleibt da die berühmte Frühförderung? Wo bleiben ganz einfach Liebe und Zärtlichkeit? Was glauben Sie, wer wird Ihr Kind auf den Arm nehmen, wenn es weint, oder mit ihm spielen? Wen wundert es da, wenn es abends die ganze Zeit auf den Arm genommen und liebkost werden möchte?

Das Problem besteht darin, dass die Versorgung der Kinder nach rein wirtschaftlichen Gesichtspunkten geplant wurde. Der Vorgang war nicht »Kinder brauchen dies und jenes, das kostet so und so viel Geld, mal sehen, wo wir das Geld herbekommen«, sondern genau umgekehrt: »Wir haben so und so viel Geld, mal sehen, was wir damit erreichen können.« Und die Geldmenge ist naturgemäß sehr gering, weil die Mutter für die Versorgung ihres Kindes nur einen Teil dessen ausgeben kann, was sie durch ihre Arbeit verdient, und Frauen im Allgemeinen schlechter bezahlte Arbeitsstellen haben als Männer.

So ist unser gesamtes Bildungssystem heruntergekommen. Je jünger der Schüler, desto weniger Erfahrung und Qualifikationen fordert man von seinem Lehrer und desto weniger bezahlt man. Es müsste genau umgekehrt sein: Die Betreuer in einem Kindergarten müssten höher qualifiziert und besser bezahlt sein als die Universitätsprofessoren, denn ein Baby kann unter einer schlechten Betreuerin sehr leiden, aber ein junger Mann von 20 Jahren kann eine schlechte Physikprofessorin stolz missachten.

Üblicherweise liegt der Stundenlohn für die Betreuung eines Kindes zu Hause (Tagesmutter) niedriger als der einer Putzfrau. Was ist wichtiger, dass Ihr Kind gut betreut ist oder dass Ihr Fußboden glänzt?

Da die Kinderbetreuung so schlecht bezahlt ist, wurde sie entwertet. Wenn eine Mutter die enorme finanzielle Belastung auf sich nimmt, einige Monate nicht zu arbeiten, um ihr Baby zu versorgen, sagt man ihr obendrein: »Was hast du für ein Glück, dass du dir das leisten kannst« oder »Wie herrlich, den ganzen Tag nichts zu tun« oder gar »Du wirst den Anschluss verlieren, du kannst doch nicht auf deine Karriere verzichten ...«. Vor längerer Zeit las ich einmal die Bemerkung einer Mutter, die es leid war, Kritik zu hören, und deshalb entschieden hatte, nicht mehr zu sagen »Ich arbeite jetzt nicht«, sondern »Ich arbeite in einem Pilotprojekt angewandter Psychologie; wir untersuchen die Wirkung ständiger persönlicher Zuwendung auf die psychische und emotionale Entwicklung des Säuglings«. Das klang so kompliziert, dass keiner es wagte, nach weiteren Einzelheiten zu fragen, und so merkte niemand, dass sie selber die Forscherin, das Studienobjekt ihr Kind und das Forschungszentrum ihr Zuhause war ... und keiner sie für ihre Arbeit bezahlte.

Quality Time

Er ertrug es, dass seine Eltern ihn nur ein einziges Mal im Jahr besuchten und der Besuch dauerte nicht länger als eine Stunde.
Jonathan Swift, *»Gullivers Reisen«*

Viele Familien spüren deutlich, dass der Kindergarten keine optimale Lösung darstellt, dass aber die Umstände sie dazu zwingen, darauf zurückzugreifen. Anstatt das Problem bei der Wurzel anzupacken und die sozialen und wirtschaftlichen Voraussetzungen dafür zu schaffen, dass jede Familie frei wählen kann, haben viele die Flucht nach vorn angetreten: Sie loben die Vorzüge des Kindergartens und versichern den Müttern, dass es gar kein Problem gebe.

Man versichert den Müttern, auch wenn sie acht Stunden pro Tag von ihren Kindern getrennt sind (wegen der Fahrtzeit werden leicht zehn Stunden daraus), werden sie ihr Kind ganz genau so gut versorgen können, weil das Wichtigste nicht die Quantität, sondern die Qualität sei. Und in zwei Stunden »qualitativ hochwertiger Zeit« werden sie dasselbe erreichen können wie andere Mütter in zehn oder zwölf Stunden.

Ich gestehe, dass mir diese Vorstellung mehr oder weniger akzeptabel erschien, bis ich ihre Bedeutung am eigenen Leibe erfahren musste. Ich bat als Kinderarzt um eine zeitweilige Außerdienststellung, um meinen Kindern mehr Zeit widmen zu können. Man verzichtet in einem solchen Fall auf Arbeit, Gehalt, Beförderungschancen und Aufstieg, auf die soziale Anerkennung eines Berufes. Da die Kindergärten stark subventioniert sind, muss die Familie mit einem einzigen Einkommen über Steuern dazu beitragen, den Kindergarten der Familien zu bezahlen, die über zwei Einkommen verfügen. Und obendrein bekommt man dann auch noch Sätze zu hören wie: »Also, ich weiß nicht, wofür das gut sein soll, dass du zu Hause bleibst. Ich verbringe weniger Zeit mit meinem Kind, aber das ist *quality time,* und nur das zählt.«

Wir sollten unsere Vorgesetzten davon überzeugen: »Von jetzt an werde ich jeden Tag nur noch zwei Stunden arbeiten, aber das wird qualitativ hochwertige Zeit sein, in der ich so viel wie andere in acht Stunden arbeiten und dasselbe verdienen werde.« Das glaubt ihr wohl selber nicht! An jedem Arbeitsplatz oder bei jeglicher Tätigkeit, vom Mauern bis zum Klavierspielen, kann man nur Erfolg haben, indem man »Zeit investiert«. Warum will man uns einreden, für Kinder zu sorgen sei ausgerechnet die einzige menschliche Tätigkeit, bei der man die Zeit dehnen kann wie ein Gummiband?

Nachwort

Der glücklichste Tag

> *Viele Erinnerungen, die lange geschlummert hatten,
> bewegen jetzt mein Herz, Erinnerungen an meine Mutter,
> jung und schön (und ich so alt!)*
> Charles Dickens, »Eine Geschichte zweier Städte«

Als wir Kinder waren, haben wir fast alle einen Schulaufsatz mit dem Thema »Der glücklichste Tag meines Lebens« geschrieben. In katholischen Bekenntnisschulen war der Erfolg gesichert, wenn man von seiner Erstkommunion erzählte. Andere zogen es vor, vom größten und teuersten Weihnachtsgeschenk zu berichten, von einer Reise in ein fernes Land oder einem Besuch im Vergnügungspark ...

Im Laufe von zwei Jahren ändert sich unsere Perspektive; die Gegenstände werden verschwommen und die Personen erreichen dann eine unerwartete Bedeutung. Das Lächeln unserer Mutter, die Umarmung unseres Vaters, die Hand eines Freundes, ein Wort der Ermutigung, Dankbarkeit oder Entschuldigung ... Denken Sie einmal nach, lieber Leser, welche waren die glücklichsten Tage Ihrer Kindheit?

Manuel erzählt eine dieser unauslöschlichen Erinnerungen folgendermaßen:
> Ich war wohl sechs oder sieben Jahre alt, als ich im Dunkeln durch das Haus lief und gegen eine Glastür rannte, die sonst immer offen gewesen war. Sie lag in Scherben zu meinen Füßen. Ich war zu Tode erschrocken und hatte an der Stirn eine kleine Schnittwunde. Aber ich fühlte keinen Schmerz; die Angst vor der Strafe lähmte mich.
>
> Mein Vater kam gerannt, hob mich aus den Glasscherben, versorgte meine Wunde und sah mich von oben bis unten an. Aber er schalt mich nicht aus. Anfangs zitterte ich, rechnete jeden Augenblick damit, fürchterlich angeschrien zu werden. Dann dachte ich, er habe wohl vergessen, mit mir zu schelten, und versuchte, unbemerkt zu bleiben. Aber am Ende waren das Staunen und die Neugierde stärker, und ich fragte ihn noch unter Tränen: »Bist du nicht verärgert, dass ich die Tür zerbrochen habe?« »Nein«, antwortete er, »die Tür ist nicht wichtig, mir ist nur wichtig, dass du dich nicht verletzt hast.«
>
> Jetzt verstehe ich, dass uns Vätern unsere Kinder mehr bedeuten als alles andere auf der Welt. Aber das sagen wir unseren Kindern selten. Ich bin meinem Vater sehr dankbar, dass er es mir gesagt hat.

Dies ist die Geschichte von Andrea:
> Einer der glücklichsten Tage, an die ich mich erinnern kann, fing in Wirklichkeit schlecht an. Ich hatte einen grässlichen Alptraum. Nichts mit Monstern oder Männern mit einem Sack; ich träumte von einer Auster, einer riesigen Auster, die eine ebenfalls riesige Perle aus ihrer Muschel hinaustrieb und nicht wieder hereinließ. Die arme vertriebene Perle tat mir unendlich Leid. Ich wachte schreiend auf, von echtem Entsetzen gepackt. Ich war wohl fünf Jahre alt und schlief in einem Kinderbett im Zimmer meiner Eltern, die aufwachten und natürlich über mein Schreien erschrocken waren. Meine Mutter lud mich ein, bei ihr im Bett zu schlafen. Wie durch Zauberei verschwanden meine Ängste; ich fühlte mich vollkommen glücklich und geborgen. Nie mehr hatte ich Alpträume. Ich wusste, ich würde immer einen Zufluchtsort haben, jemand würde mir stets Schutz bieten.

NACHWORT

Ich persönlich erinnere mich an einen Nachmittag, ich glaube, es war ein Sonntag, als ich zwölf Jahre alt war. Gelangweilt schlenderte ich ziellos durchs Haus. Meine Mutter erwischte mich und sagte: »Komm, setz dich auf meine Knie wie damals, als du klein warst.« Ich kann mir vorstellen, dass ich wohl vor Scham am liebsten im Boden versunken wäre, aber an die Scham kann ich mich nicht erinnern. Ich erinnere mich stattdessen daran, dass sie ganz sanft zu singen begann:

Weißt du, wie viel Sternlein stehen,
an dem blauen Himmelszelt?
Weißt du, wie viel Wolken gehen,
Weithin über alle Welt?
...

Ich legte meinen Kopf in ihren Schoß, und mich erfüllte unendlicher Friede. Ich schlief beinahe ein. Es war, als sei ich wieder zwei Jahre alt.

Die meisten Menschen haben keine Erinnerung an ihre ersten Lebensjahre. Ich weiß, was ein Baby in den Armen seiner Mutter fühlt, denn ich hatte das unerhörte Privileg, im Alter von zwölf Jahren noch einmal eine halbe Stunde lang ein Baby zu sein.

Alle diese Geschichten haben etwas gemeinsam: Die glücklichsten Tage unserer Kindheit waren die, an denen unsere Eltern (oder unsere Großeltern, Geschwister oder Freunde) uns glücklich machten. Sogar dann, wenn uns scheint, eine elektrische Eisenbahn habe uns glücklich gemacht, merken wir bei genauerem Hinsehen, dass immer Menschen dahinter stehen: die Eltern, die sie mit einem Lächeln oder einem Lob überreichten, der Bruder, mit dem wir die Eisenbahn (nicht immer gerne) teilten ...

Wir waren Kinder, und jetzt sind wir Eltern. Es sind so viele Jahre vergangen, aber so wenig Zeit, dass wir uns manchmal über den Rollentausch wundern. Plötzlich sehen wir unsere eigene Kindheit und unsere eigenen Eltern in einem anderen Licht. Wir sehen unsere Kinder an und fragen uns: Welcher Tag, welcher Satz, welches Abenteuer wird für sie zu einer bleibenden Erinnerung? Welche Schmerzen werden in ihrer Seele stecken bleiben und welche Freuden werden sie wie einen Schatz bewahren?

Die glücklichsten Tage Ihres Kindes stehen bevor. Es liegt nur an Ihnen.

Literaturhinweise

1. GARCÍA, P. A., *Compendio de pedagogía teórico-práctica.* Librería de Perlado, Páez y compañía, Madrid, 1909.
2. LANGIS, R., *Aprende a decir "NO" a tus hijos.* Editorial Sirio, Málaga, 1999.
3. GRAY, C., *Pediatricians taking new look at corporal-punishment issue.* CMAJ 2002, 19; 166:793. http://www.cmaj.ca/cgi/content/full/ 166/6/793?
4. MIRANDA BELLO, J., *Vida y color 2.* Álbumes españoles, Barcelona, 1968.
5. TAYLOR, S. E., *Lazos vitales.* Taurus, Madrid, 2002.
6. NELSON, E. A. S., SCHIEFENHOEVEL, S. y HAIMERL, F., *Child care practices in nonindustrialized societies.* Pediatrics, 2000, 105. http://www.pediatrics.org /cgi/content/full/105/6/e75.pdf
7. ALLPORT, S., *A Natural history of parenting.* Harmony Books, Nueva York, 1997.
8. KOI, S., *Family and Orphan Rabbit Care.* En Kind Planet, http://www.kindplanet.org/rabbitbabies.html
9. LEBAS, F., COUDERT, P., ROUVIER, R. y ROCHAMBEAU, H. de, *The rabbit husbandry, health and production.* FAO, Roma, 1986. http://www.fao.org/docrep/x5082e/X5082E07.htm
10. LAWRENCE, R. A. y LAWRENCE, R. M., *Breastfeeding, a guide for the medical profession.* 5.ª ed. Mosby, St. Louis, 1999.
11. BOWLBY, J., *El vínculo afectivo.* Paidós, Barcelona, 1997.
12. PUIG y ROIG, P., *Puericultura.* Librería Subirana, Barcelona, 1927.
13. KRAMER, M. S., CHALMERS, B., HODNETT, E. D., SEVKOVSKAYA, Z., DZIKOVICH, I., SHAPIRO, S., et ál., *Promotion of breastfeeding intervention trial (PROBIT). A randomized trial in the republic of Belarus.* JAMA, 2001, 285:413-420.
14. CHRISTENSSON, K., SILES, C., MORENO, L., BELAUSTEQUI, A., FUENTE, P. DE LA, LAGERCRANTZ, H., PUYOL, P. y WINBERG, J., *Temperature, metabolic adaptation and crying in healthy fullterm newborns cared for skin-to-skin or in a cot.* Acta Paediatr., 1992, 81:488-493.

15. ESTIVILL, E. y BÉJAR, S. DE, *Duérmete, niño*. 2.ª ed. Plaza & Janés, Barcelona, 1996.
16. BOWLBY, J., *Child Care and the Growth of Love*. 2.ª ed. Penguin Books, Londres, 1990.
17. FERBER, R., *Solve your child's sleep problems*. Dorling Kindersley, Londres, 1986.
18. CYRULNIK, B., *Los patitos feos*. Gedisa, Barcelona, 2002.
19. MORELLI, G. A., ROGOFF, B., OPPENHEIM, D. y GOLDSMITH, D., *Cultural variation in infants sleping arrangements: questions of independence*. Dev. Psychol., 1992, 28:604-613.
20. SMALL, M. F., *Our babies, ourselves*. Anchor Books, Nueva York, 1999. Traducido como *Nuestros hijos y nosotros*, Javier Vergara editor, Barcelona, 2000.
21. ELIAS, M. F., NICOLSON, N. A., BORA, C. y JOHNSTON, J., *Sleep-/wake patterns of breast-fed infants in the first 2 years of life*. Pediatrics, 1986, 77:322-329.
22. STUART-MACADAM, P. y DETTWYLER, K. A., *Breastfeeding, biocultural perspectives*. Aldine de Gruyter, Nueva York, 1995.
23. SUGARMAN, M. y KENDALL-TACKETT, K., *Weaning ages in a sample of American women who practice extended breastfeeding*. Clinical Pediatrics, 1995; 34:642-647.
24. JACKSON, D., *Three in a bed, the benefits of sleeping with your baby*. Bloomsbury Publishing, Londres, 1999.
25. THEVENIN ,T., *The family bed*. Avery Publishing Group. Wayne, Nueva Jersey, 1987.
26. SEARS,W., *Nighttime parenting. How to get your baby and child to sleep*. La Leche League International, Schaumburg, Illinois, 1999.
27. SAMPEDRO, J. L., *La sonrisa etrusca*. Alfaguara, Madrid, 1992.
28. KESELMAN, G. y VILLAMUZA, N., *De verdad que no podía*. Ed. Kókinos, Madrid, 2002.
http://www.editorialkokinos.com/cuentos/deverdad.html
29. BLAIR, P. S., FLEMING, P. J., SMITH, I. J., PLATT, M. W., YOUNG, J., NADIN, P., BERRY, P. J., GOLDING, J., the CESDI SUDI research group, *Babies sleeping with parents: case-control study of factors influencing the risk of the sudden infant death syndrome*. Br. Med. J., 1999, 319:1457-1462.

30. Murray, L., Fiori-Cowley, A., Hooper, R. y Cooper, P., *The impact of postnatal depression and associated adversity on early mother-infant interactions and later infant outcome*. Child. Dev., 1996 Oct.; 67(5):2512-2526.
31. Bowlby, J., *A secure base*. Basic Books, Nueva York, 1988.
32. Ferrerós Tor, M. L., *Abrázame, mamá*. Tibidabo ediciones, Barcelona, 1999.
33. Stirnimann, F., *El niño*. Seix Barral, Barcelona, 1947.
34. Skinner, B. F., *Walden Dos*. Martínez Roca, Barcelona, 1984.
35. Miller, A., *Por tu propio bien. Raíces de la violencia en la educación del niño*. Tusquets, Barcelona, 1998.
36. Koller, T. y Willi, H., *La madre y el niño*. 2.ª ed. Delfos, Barcelona, 1946.
37. Ramos, R., *Puericultura*. Barcelona, autoedición, 1941.
38. Bowlby, J., *La separación afectiva*. Paidós, Barcelona, 1993.
39. Closa Monasterolo, R., Moralejo Benéitez, J., Ravés Olivé, M. M., Martínez Martínez, M. J. y Gómez Papí, A., *Método canguro en recién nacidos prematuros ingresados en una Unidad de Cuidados Intensivos Neonatal*. An. Esp. Pediatr., 1998, 49:495-498.
40. Vargas, Julie S., *Brief biography of B.F. Skinner*. http://www.bfskinner.org/BFSkinner/AboutSkinner.html
41. Children. Kibbutz Ketura. http://www.ketura.org.il/child.html
42. Lothane, Z., *Daniel Paul Schreber, The most famous patient in psychiatry and psychoanalysis*. http://www.mssm.edu/faculty/lothane/schreber/histo.html
43. Morton Schatzman, *Another soul murder*. The New York Review of Books. November 8, 1990. http://www.nybooks.com/articles/3458
44. Cubells, J. M. y Ricart, S., *¿Por qué lloras?* Martínez Roca, Barcelona, 1999.
45. Hollyer, B. y Smith, L., *Sleep, The secret of problem-free nights*. Ward Lock, Londres, 1996.
46. Anders, T. F., *Night-waking in infants during the first year of life*. Pediatrics, 1979, 63:860-864.
47. Curell, N., Viñallonga, X., Cubells, J. M., Molina, V., Estivill, E., Rios, J. y Langue, J., *Dormir amb els pares: prevalença i factors associats en una població de 6 a 36 mesos d'e-dat*. Pediatr. Catalana, 1999, 59:73-78.

48. LOZOFF, B., ASKEW, G. L. y WOLF, A. W., *Cosleeping and early childhood sleep problems: Effects of ethnicity and socioeconomic status.* J. Dev. Behav. Pediatr., 1996, 17:9-15.
49. LATZ, S., WOLF, A. W. y LOZOFF, B., *Cosleeping in context. Sleep practices and problems in young children in Japan and the United States.* Arch. Pediatr. Adolesc. Med., 1999, 153:339-346.
50. GARCIA, A., MALO, J., ISERN, R., JUNCOSA, S., PÉREZ, J. M., RIEROLA, M. y JUVENTENY, D., *Es desperten els nens a la nit?* But. Soc. Cat. Pediatr., 1995, 55:59.
51. ESTIVILL SANCHO, E., *Insomnio infantil.* Act. Ped. Esp., 1994, 52:398-401.
52. LOZOFF, B., WOLF, A. W., DAVIS, N. S., *Cosleeping in urban families with young children in the United States.* Pediatrics, 1984, 74:171-182.
53. OKAMI, P., WEISNER, T. y OLMSTEAD, R., *Outcome correlates of parentchild bedsharing: an eighteen-year longitudinal study.* J. Dev. Behav. Pediatr., 2002, 23:244-253.
54. FORBES, J. F., WEISS, D. S. y FOLEN, R. A., *The cosleeping habits of military children.* Mil. Med., 1992, 157:196-200.
55. FAROOQI, S., *Ethnic differences in infant care practices and in the incidence of sudden infant death syndrome in Birmingham.* Early Hum Develop., 1994, 38:209-213.
56. MOSKO, S., RICHARD, C. y MCKENNA, J., *Infant arousals during motherinfant bed sharing: implications for infant sleep and sudden infant death syndrome research.* Pediatrics, 1997, 100:841-849.
57. SCRAGG, R., MITCHELL, E. A., TAYLOR, B. J., STEWART, A., FORD, R. P. K., THOMPSON, J. M. D., ALLEN, E. M. y BECROFT, D. M. O., *Bed sharing, smoking, and alcohol in the sudden infant death syndrome.* Br. Med. J., 1993, 307:1312-1318.
58. MITCHELL, E. A., TUOHY, P. G., BRUNT, J. M., THOMPSON, J. M. D., CLEMENTS, M. S., STEWART, A. W., FORD, R. P. K. y TAYLOR, B. J., *Risk factors for sudden infant death syndrome following the prevention campaign in New Zealand: a prospective study.* Pediatrics, 1997, 100:835-840.
59. BLAIR, P. S., FLEMING, P. J., SMITH, I. J., PLATT, M. W., YOUNG, J., NADIN, P., BERRY, P. J., GOLDING, J. y the CESDI SUDI research group, *Babies sleeping with parents: case-control study of fac-*

tors influencing the risk of the sudden infant death syndrome. Br. Med. J., 1999, 319:1457-1462.
60. SCRAGG, R. K. R., MITCHELL, E. A., STEWART, A. W., FORD, R. P. K., TAYLOR, B. J., HASSALL, I. B., WILLIAMS, S. M. y THOMPSON, J. M. D., for the New Zealand Cot Death Study Group, *Infant room-sharing and prone sleep position in sudden infant death syndrome.* Lancet, 1996, 347:7-12.
61. WISBORG, K., KESMODEL, U., HENRIKSEN, T. B., OLSEN, S. F., y SECHER, N. J. A., *Prospective study of smoking during pregnancy and SIDS.* Arch. Dis. Child., 2000, 83:203-206.
62. MCKENNA, J. J., MOSKO, S. S. y RICHARD, C. A., *Bedsharing promotes breastfeeding.* Pediatrics, 1997, 100:214-219.
63. PANTLEY, E., *The no-cry sleep solution.* Contemporary Books, Chicago, 2002.
64. MALO, J., ISERN, R., GARCÍA GALLEGO, A., JUNCOSA, S., ARMENGOL, P., CABRAL, M., RAMÓN, M. A. y HERNÁNDEZ, V., *Hàbits a l'hora de dormir.* But. Soc. Cat. Pediatr., 1995, 55:45.
65. ROSENFELD, A. A., WENEGRAT, A. O. R., HAAVIK, D. K., WENEGRAT, B. G. y SMITH, C. R., *Sleeping patterns in upper-middle-class families when the child awakens ill or frightened.* Arch. Gen. Psychiatry, 1982, 39:943-947.
66. ADAIR, R., BAUCHNER, H., PHILIPP, B., LEVENSON, S., y ZUCKERMAN, B., *Night waking during infancy: role of parental presence ad bedtime.* Pediatrics, 1991, 87:500-504.
67. ADAIR, R., ZUCKERMAN, B., BAUCHNER, H., PHILIPP, B. y LEVENSON, S., *Reducing night waking in infancy: a primary care intervention.* Pediatrics, 1992, 89:585-588.
68. ALETHA SOLTER, *¿Qué hacer cuando un bebé llora?* Aware Parenting Institute. http://www.awareparenting.com/llora.htm
69. NITSCH, C. y SCHELLING, C. von, *Límites a los niños. Cuándo y cómo.* Ed. Médici, Barcelona, 1999.
70. BULINGE, P., *La légende picturale napoléonienne dans L'Aiglon d'Ed-mond Rostand.*
71. SPOCK, B. y ROTHENBERG, M. B., *Baby and Child Care.* Pocket Books, Nueva York, 1985. Traducido como *Tu hijo*, Grupo Zeta, Barcelona, 2000.

72. Nicolaÿ, F., *Los niños mal educados.* Gustavo Gili, Barcelona.
73. Sanmartín, J., *Conceptos, tipos e incidencia.* En Sanmartín, J. (ed.): *Violencia contra niños.* Centro Reina Sofía para el Estudio de la Violencia. Ariel, Barcelona, 1999.
74. Leshan, E., *When your child drives you crazy.* St. Martin's Press, Nueva York, 1985.
75. Finkelhor, D., *Victimología infantil.* En Sanmartín, J. (ed.): *Violencia contra niños.* Centro Reina Sofía para el Estudio de la Violencia. Ariel, Barcelona, 1999.
76. Green, C., *Toddler taming. A parents' guide to the first four years.* Vermilion, Londres, 1992. Traducido como *Domar niños. Guía para padres con hijos de uno a cuatro años.* Médici, Barcelona, 2000.
77. Castells, P., *Nuestros hijos y sus problemas.* Folio, Barcelona, 1995.
78. Capa García, L., Bercedo Sanz, A., Redondo Figuero, C., y González-Alciturri Casanueva, M. A., *Valoración de la conducta de los niños de Cantabria mediante el cuestionario de Eyberg.* An. Esp. Pediatr., 2000, 53:234-240.
79. Samalin, N., *Entre el amor y la ira.* Barcelona, Plural, 1993.
80. Bowlby, J., *Vínculos afectivos. Formación, desarrollo y pérdida.* Ediciones Morata, Madrid, 1986.
81. Freud, S., *Tres ensayos para una teoría sexual.* En Freud, S., *Los textos fundamentales del psicoanálisis.* Altaya, Barcelona, 1993.
82. Blancafort, M., *Puericultura actual.* Bruguera, Barcelona, 1979.
83. Christophersen, E. R., *Orientación previsora acerca de la disciplina.* Clínicas Pediátricas de Norteamérica, 1986, 4:831-841.
84. Bruer, J. T., *El mito de los tres primeros años.* Paidós, Barcelona, 2000.
85. Dilks, S. A., *Developmental aspects of child care.* Pediatr. Clin. N. Amer., 1991, 38:1529-1543.
86. Willinger M., Ko C. W., Hoffman H. J., Kessler R. C., Corwin M. J., *Trends in Infant Bed Sharing in the United States, 1993-2000. The National Infant Sleep Position Study.* Arch Pediatr Adolesc Med 2003;157:43-49.

87. Carpenter, R. G., Irgens, L. M., Blair, P. S., England, P. D., Fleming, P., Huber, H., Jorch, G., Schreuder, P., *Sudden unexplained infant death in 20 regions in Europe: case control study.* Lancet 2004;363:185-191.
88. Blair, P. S., Sidebotham, P., Berry, P. J., Evans, M., Fleming, P. J., *Major epidemiological changes in sudden infant death syndrome: a 20-year population-based study in the UK.* Lancet 2006; 367: 314-319
89. American Academy of Pediatrics Task Force on Sudden Infant Death Syndrome. *The changing concept of sudden infant death syndrome: diagnostic coding shifts, controversies regarding the sleeping environment, and new variables to consider in reducing risk.* Pediatrics, 2005; 116: 1245-1255.
90. Boucke, L., *El control temprano de los esfínteres.* www.crianzanatural.com/art/art47.html
91. Bauer, I., *Diaper free! The gentle wisdom of natural infant hygiene.* www.natural-wisdom.com
92. Centro Reina Sofía. *Menores víctimas de violencia en el ámbito familiar.* http://www.centroreinasofia.es/paneldecontrol/est/pdf/EST009-3270.pdf
93. Bradley R. H., Vandell D. L., *Child care and the well-being of children.* Arch. Pediatr. Adolesc. Med. 2007;161:669-676.
94. American Academy of Pediatrics Committee on Early Childhood, Adoption, and Dependent Care. *Quality early education and child care from birth to kindergarten.* Pediatrics, 2005; 115:187-191.

WirbelWind
Die andere Elternzeitschrift

Die deutschsprachige Still-Zeitschrift, die Sie auf Ihrem Weg der liebevollen Kindererziehung begleitet. Hier finden Familien wertvolle Tipps und Informationen für den Alltag mit ihren kleinen Kindern. Jahresabonnement (6 Ausgaben): 22 Euro

Auch Einzelhefte erhältlich! **Bestellen Sie Ihr Probeheft – gratis!**

Bücher der La Leche Liga Deutschland e.V.

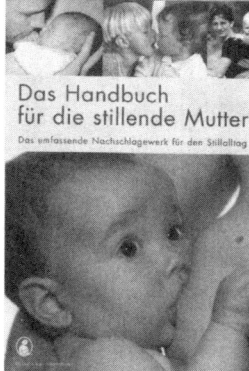

Dr. Carlos Gonzáles
Mein Kind will nicht essen
Ein Löffelchen für Mama ...
208 Seiten,
ISBN 3-932022-12-2
Der Autor beantwortet Fragen besorgter Eltern, stellt klare Verhaltensregeln auf und beruhigt so Eltern, die unter Ängsten und Schuldgefühlen leiden, weil ihr Kind nicht isst und nimmt dem Thema so die Brisanz.
Vom Autor überarbeitete und ergänzte 5. Auflage!

La Leche Liga International
Das Handbuch für die stillende Mutter
Das umfassende Nachschlagewerk für den Stillalltag. 416 Seiten,
ISBN 3-906675-02-5
Erweiterte und vollständig überarbeitete Neuauflage. Fragen aus dem Familien-, Still- und Erziehungsalltag werden in diesem Handbuch umfassend beantwortet.

Norma Jane Bumgarner
Wir stillen noch ... über das Leben mit gestillten Kleinkindern, 224 Seiten,
ISBN 3-932022-13-0
Ein Kind, das schon laufen kann und noch gestillt wird, ist in der westlichen Welt ungewöhnlich geworden. Auf einfühlsame Art macht dieses Buch Mut, das Stillen eines Kleinkindes als selbstverständliche Grundlage für das Leben anzusehen.

Cordelia Koppitz:
Guten Abend, gute Nacht!
Babys schlafen anders, 16 Seiten
Diese Broschüre will Eltern helfen, die individuellen Schlafbedürfnisse ihres Kindes zu erkennen und zu befriedigen.

Stillen – der beste Beginn
Informationen für die ersten Wochen, 24 Seiten
Kurze praktische Hinweise zum ersten Anlegen, den Bedürfnissen des Babys und der Vorbereitung auf die ersten Wochen.

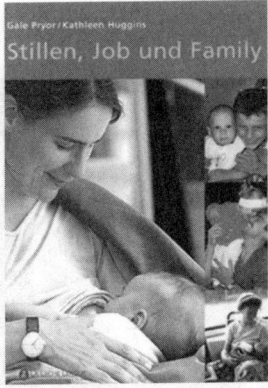

Gale Pryor/Kathleen Huggins
Stillen, Job und Family
Stillen, Erwerbstätigkeit und Familie lassen sich verbinden.
288 Seiten,
ISBN 978-3-906675-40-4
Hier finden Sie Tipps für Ihre individuelle »Stillen-Job-Family«-Organisation. Das Buch enthält Anregungen und Motivation zur individuellen Familienlösung bei Erwerbstätigkeit der Mutter,
– für die Familien ergänzende Kinderbetreuung,
– für die Unterstützung der Arbeitgebenden und des Umfelds beim Stillen im Erwerbsleben.

Dr. med. William Sears
Schlafen und Wachen
Ein Elternbuch für Kindernächte. 244 Seiten,
ISBN 3-906675-034-3
Dieses Buch lässt Eltern verstehen, wie und warum Babys anders schlafen als Erwachsene. Es bestärkt sie in ihren Fähigkeiten, für sich und ihre Kinder auch in der Nacht zu sorgen und Lösungen zu finden, die das gegenseitige Vertrauen stärken.

Dr. med. William Sears
Das »24-Stunden-Baby«
Kinder mit starken Bedürfnissen verstehen
203 Seiten,
ISBN 3-906675-04-1
Wie können wir mit einem Baby mit starken Bedürfnissen umgehen? Das Buch hilft Eltern, auf ihre eigene Intuition zu hören, ihre fürsorglichen Fähigkeiten zu entwickeln und zu stärken.

Gwen Gotsch
Stillen von Frühgeborenen
3. überarbeitete Auflage
60 Seiten, 4-farbig
ISBN 3-932022-10-6

Bücher, Broschüren und Infoblätter zum Stillen und Elternsein:

La Leche Liga Deutschland Versand
Gesellenweg 13 · 32427 Minden
Telefon 05 71/4 89 46
Fax 05 71/4 04 94 80
versand@lalecheliga.de

Zur Information und Fragen zum Stillen besuchen Sie uns bitte im Internet unter www.lalecheliga.de

La Leche Liga Österreich
c/o Maria Wiener
Zentagasse 6/13 · A-1050 Wien
www.lalecheliga.at

La Leche Liga Schweiz
Postfach 197 · CH-8053 Zürich
www.stillberatung.ch